आर॰ गुप्ता® कृत

उत्तर प्रदेश

सामान्य ज्ञान

एक परिचय

वस्तुनिष्ठ प्रश्नोत्तर तथा
समसामयिक घटनाचक्र सहित

उत्तर प्रदेश की सभी प्रतियोगी परीक्षाओं
हेतु उत्तम पुस्तक

2020
EDITION

रमेश पब्लिशिंग हाउस, नई दिल्ली

प्रकाशक

ओ॰पी॰ गुप्ता, **रमेश पब्लिशिंग हाउस**

प्रशासनिक कार्यालय

12-H, न्यू दरियागंज रोड, ऑफिसर्स मेस के सामने,

नई दिल्ली-110002 ✆ 23261567, 23275224, 23275124

E-mail: info@rameshpublishinghouse.com

Website: www.rameshpublishinghouse.com

विक्रय केन्द्र

- बालाजी मार्किट, नई सड़क, दिल्ली-6 ✆ 23253720, 23282525
- 4457, नई सड़क, दिल्ली-6, ✆ 23918938

Book Code: R-1431

ISBN: 978-93-5012-136-8

HSN Code: 49011010

उत्तर प्रदेश

एक परिचय

व्यक्ति परिचय

उत्तर प्रदेश मंत्रिमण्डल

राज्यपाल	मुख्यमंत्री	विधानसभा अध्यक्ष
राम नाइक	योगी आदित्यनाथ	हृदय नारायण दीक्षित

कैबिनेट मंत्री

योगी आदित्यनाथ

योगी आदित्यनाथ : **मुख्यमंत्री,** गृह, आवास एवं शहरी नियोजन, राजस्व, खाद्य एवं रसद, नागरिक आपूर्ति, खाद्य सुरक्षा एवं औषधि प्रशासन, अर्थ एवं संख्या, भूतत्व एवं खनिकर्म, बाढ़ नियंत्रण, कर निबन्धन, कारागार, सामान्य प्रशासन, सचिवालय प्रशासन, गोपन, सतर्कता, नियुक्ति, कार्मिक, सूचना, निर्वाचन, संस्थागत वित्त, नियोजन, राज्य सम्पत्ति, नगर भूमि, उत्तर प्रदेश पुनर्गठन समन्वय, प्रशासनिक सुधार, कार्यक्रम कार्यान्वयन, राष्ट्रीय एकीकरण, अवस्थापना, समन्वय, भाषा, बाह्य सहायतित परियोजना, अभाव, सहायता एवं पुनर्वास, लोक सेवा प्रबन्धन, किराया नियंत्रण, उपभोक्ता संरक्षण, बॉट माप एवं वे सभी विभाग जो किसी मंत्री को आवंटित नहीं हैं।

केशव प्रसाद मौर्य : **उप-मुख्यमंत्री,** लोक निर्माण, खाद्य प्रसंस्करण, मनोरंजन कर, सार्वजनिक उद्यम।

डॉ. दिनेश शर्मा : **उप-मुख्यमंत्री,** माध्यमिक शिक्षा, उच्च शिक्षा, विज्ञान एवं प्रौद्योगिकी, इलेक्ट्रॉनिक्स तथा सूचना प्रौद्योगिकी।

सूर्य प्रताप शाही : कृषि, कृषि शिक्षा एवं कृषि अनुसंधान।

सुरेश खन्ना : संसदीय कार्य, नगर विकास एवं शहरी समग्र विकास, नगरीय रोजगार एवं गरीबी उन्मूलन।

स्वामी प्रसाद मौर्य : श्रम एवं सेवायोजन, समन्वय।

सतीश महाना : औद्योगिक विकास।

राजेश अग्रवाल : वित्त।

रीता बहुगुणा जोशी : महिला कल्याण, परिवार कल्याण, मातृ एवं शिशु कल्याण एवं पर्यटन।

दारा सिंह चौहान : वन एवं पर्यावरण, जंतु उद्यान एवं उद्यान।

धर्मपाल सिंह : सिंचाई एवं सिंचाई (यांत्रिक)।

एसपी सिंह बघेल : पशुधन, लघु सिंचाई एवं मत्स्य।

सत्यदेव पचौरी : खादी ग्रामोद्योग, रेशम उद्योग, वस्त्रोद्योग, सूक्ष्म, लघु एवं मध्यम उद्यम एवं निर्यात प्रोत्साहन।

रमापति शास्त्री : समाज कल्याण, अनुसूचित जाति एवं जनजाति कल्याण।

जय प्रताप सिंह : आबकारी एवं मद्य निषेध।

ओम प्रकाश राजभर : पिछड़ा वर्ग कल्याण एवं विकलांग जन विकास।

बृजेश पाठक : विधायी एवं न्याय, अतिरिक्त ऊर्जा स्रोत, राजनैतिक पेंशन।

लक्ष्मी नारायण चौधरी : दुग्ध विकास, धर्मार्थ कार्य, संस्कृति एवं अल्पसंख्यक कल्याण, मुस्लिम वक्फ एवं हज

चेतन चौहान : खेल एवं युवा कल्याण तथा व्यावसायिक शिक्षा एवं कौशल विकास।
श्रीकांत शर्मा : ऊर्जा।
राजेन्द्र प्रताप सिंह (मोती सिंह) : ग्रामीण अभियंत्रण सेवा।
सिद्धार्थ नाथ सिंह : चिकित्सा एवं स्वास्थ्य।
मुकुट बिहारी वर्मा : सहकारिता।
आशुतोष टंडन : प्राविधिक शिक्षा एवं चिकित्सा शिक्षा।
नंद गोपाल गुप्ता 'नंदी' : स्टाम्प तथा न्यायालय शुल्क, पंजीयन एवं नागरिक उड्डयन।

राज्य मंत्री (स्वतंत्र प्रभार)

अनुपमा जैसवाल : बेसिक शिक्षा, बाल विकास एवं पुष्टाहार, राजस्व (MOS) तथा वित्त (MOS)।
सुरेश राणा : गन्ना विकास एवं चीनी मिलें, औद्योगिक विकास (MOS)।
उपेन्द्र तिवारी : जल सम्पूर्ति, भूमि विकास एवं जल संसाधन, परती भूमि विकास, वन एवं पर्यावरण, जन्तु उद्यान, उद्यान, सहकारिता (MOS)।
डॉ. महेन्द्र सिंह : ग्रामीण विकास, समग्र ग्राम विकास, चिकित्सा एवं स्वास्थ्य (MOS)।
स्वतंत्रदेव सिंह : परिवहन, प्रोटोकाल, ऊर्जा (MOS)।
भूपेन्द्र सिंह चौधरी : पंचायती राज, लोक निर्माण (MOS)।
धरम सिंह सैनी : आयुष, अभाव, सहायता एवं पुनर्वास।
अनिल राजभर : सैनिक कल्याण, खाद्य प्रसंस्करण (MOS), होमगार्ड्स, प्रांतीय रक्षक दल, नागरिक सुरक्षा।
स्वाति सिंह : एनआरआई (NRI), बाढ़ नियंत्रण, कृषि निर्यात, कृषि विपणन, कृषि विदेश व्यापार, महिला कल्याण, परिवार कल्याण, मातृ एवं शिशु कल्याण (MOS)।

राज्य मंत्री

गुलाबो देवी : समाज कल्याण, अनुसूचित जाति एवं जनजाति कल्याण।
जय प्रताप निषाद : पशुधन एवं मत्स्य, राज्य सम्पत्ति, नगर भूमि।
अर्चना पाण्डे : भूतत्व एवं खनिकर्म, आबकारी, मद्यनिषेध।
जय कुमार सिंह जैकी : कारागार, लोक सेवा प्रबंधन।
अतुल गर्ग : खाद्य एवं रसद, नागरिक आपूर्ति, किराया नियंत्रण, उपभोक्ता संरक्षण, बॉट-माप, खाद्य सुरक्षा एवं औषधि प्रशासन।
रणवेन्द्र प्रताप सिंह (धुन्नी सिंह) : कृषि, कृषि शिक्षा, कृषि अनुसंधान।
डॉ. नीलकंठ तिवारी : विधायी एवं न्याय, सूचना, खेल एवं युवा कल्याण।
मोहसिन रजा : विज्ञान एवं प्रौद्योगिकी, इलेक्ट्रॉनिक्स, सूचना प्रौद्योगिकी, मुस्लिम वक्फ, हज।
गिरीश चन्द्र यादव : नगर विकास तथा अभाव, सहायता एवं पुनर्वास।
बलदेव ओलख : अल्पसंख्यक कल्याण, सिंचाई, सिंचाई (यांत्रिक)।
मनोहरलाल मन्नु कोरी : श्रम एवं सेवायोजन।
संदीप सिंह : बेसिक शिक्षा, माध्यमिक शिक्षा, उच्च शिक्षा, प्राविधिक शिक्षा तथा चिकित्सा शिक्षा।
सुरेश पासी : आवास एवं शहरी नियोजन, व्यावसायिक शिक्षा एवं कौशल विकास।

नोट– *जिन राज्य मंत्रीगण (स्वतंत्र प्रभार) के सम्मुख आवंटित विभाग में (MOS) अंकित है, वह राज्य मंत्री (स्वतंत्र प्रभार) उस विभाग के राज्य मंत्री हैं।*

उत्तर प्रदेश के मुख्यमंत्री

योगी आदित्यनाथ

श्री योगी आदित्यनाथ उत्तर प्रदेश के वर्तमान मुख्यमंत्री हैं। वह 19 मार्च, 2017 को प्रदेश के नए मुख्यमंत्री बने हैं। पाँच जून, 1972 को उत्तराखंड के पौड़ी जिले के यमकेश्वर खंड के गांव पंचुर (ठांगर) में आनंद सिंह बिष्ट व सावित्री देवी के घर जन्मे योगी का वास्तविक नाम अजय सिंह बिष्ट है। योगी आदित्यनाथ के पिता आनंद सिंह बिष्ट वन क्षेत्राधिकारी के पद से सेवानिवृत्त हैं। मां सावित्री देवी गृहिणी हैं। वह सात भाई-बहनों में पाँचवें नंबर के हैं।

योगी आदित्यनाथ की प्रारंभिक शिक्षा गांव में ही हुई। इसके बाद उन्होंने राजकीय महाविद्यालय कोटद्वार से पीसीएम ग्रुप से स्नातक डिग्री ली। एमएससी करने वे ऋषिकेश चले गए। यहीं गोरक्षपीठाधीश्वर महंत अवैद्यनाथ के संपर्क में आए और उनसे संन्यास की दीक्षा लेने गोरखपुर चले गए। 15 फरवरी, 1994 को माघ शुक्ल पंचमी के दिन महंत अवैद्यनाथ ने अपने उत्तराधिकारी के रूप में उनका दीक्षाभिषेक किया। योगी छात्र जीवन से ही अखिल भारतीय विद्यार्थी परिषद् के कार्यकर्ता के रूप में विभिन्न राष्ट्रवादी आंदोलनों से जुड़े रहे। उन्होंने पहली बार वर्ष 1998 में गोरखपुर से लोकसभा का चुनाव लड़ा और सिर्फ 26 वर्ष की आयु में देश के सबसे युवा सांसद चुने जाने का गौरव हासिल किया। इसके बाद 1999, 2004, 2009 व 2014 के चुनाव में भी भारी अंतर से जीत दर्ज की।

योगी आदित्यनाथ लेखक भी हैं और अब तक उनकी 'यौगिक षटकर्म', 'हठयोग : स्वरूप एवं साधना', 'राजयोग : स्वरूप एवं साधना' व 'हिंदू राष्ट्र नेपाल' नामक पुस्तकें प्रकाशित हो चुकी हैं। साथ ही वे गोरखनाथ पीठ से प्रकाशित होने वाली वार्षिक पुस्तक योगवाणी के प्रधान संपादक हैं।

व्यक्तिगत परिचय

नाम	: योगी आदित्यनाथ
जन्म	: 5 जून, 1972, जिला–पौड़ी, उत्तराखंड
पुराना नाम	: अजय सिंह बिष्ट
पिता	: आनंद सिंह बिष्ट
माता	: सावित्री देवी
गुरु	: महंत अवैद्यनाथ
वैवाहिक स्थिति	: अविवाहित
शैक्षणिक योग्यता	: गणित से बीएससी (हेमवती नंदन बहुगुणा, गढ़वाल यूनिवर्सिटी, श्रीनगर, उत्तराखंड)
राजनीतिक जीवन	: उत्तर प्रदेश के गोरखपुर से 5 बार सांसद और 19 मार्च, 2017 से वर्तमान : मुख्यमंत्री उत्तर प्रदेश

●●●

राज्यपाल

1.	श्रीमती सरोजिनी नायडू	15.8.1947—02.03.1949
2.	विधुभूषण मलिक (कार्यवाहक)	03.03.1949—1.05.1949
3.	होरमस्जी पेरोशों मोदी	02.05.1949—01.06.1952
4.	कन्हैयालाल माणिकलाल मुंशी	02.06.1952—09.06.1957
5.	वाराहगिरि बैंकट गिरि	10.06.1957—30.06.1960
6.	डॉ. बी. रामकृष्ण राव	01.07.1960—15.04.1962
7.	विश्वनाथ दास	16.04.1962—30.04.1967
8.	डॉ. बेजवाड़ा गोपाला रेड्डी	01.05.1967—30.06.1972
9.	शशिकान्त वर्मा (कार्यवाहक)	01.07.1972—13.11.1972
10.	अकबर अली खान	14.11.1972—24.10.1974
11.	डॉ. मारी चेन्ना रेड्डी	25.10.1974—01.10.1977
12.	गनपत राव देवजी तपासे	02.10.1977—27.02.1980
13.	चन्द्रशेखर प्रसाद नरायण सिंह	28.02.1980—31.03.1985
14.	मोहम्मद उसमान आरिफ	31.03.1985—11.02.1990
15.	बी. सत्य नारायण रेड्डी	12.02.1990—25.05.1993
16.	मोतीलाल वोरा	25.05.1993—03.05.1996
17.	मोहम्मद शफी कुरैशी (कार्यवाहक)	03.05.1996—19.07.1996
18.	रोमेश भण्डारी	19.07.1996—17.03.1998
19.	मोहम्मद शफी कुरैशी (कार्यवाहक)	17.03.1998—19.04.1998
20.	सूरजभान	20.04.1998—23.11.2000
21.	विष्णुकान्त शास्त्री	24.11.2000—02.07.2004
22.	सुदर्शन अग्रवाल (कार्यवाहक)	03.07.2004—08.07.2004
23.	टी.वी. राजेश्वर	08.07.2004—27.07.2009
24.	बी.एल. जोशी	28.07.2009—17.06.2014
25.	डॉ. अजीज कुरैशी (कार्यवाहक)	18.06.2014—21.07.2014
26.	राम नाइक	22.07.2014 से अब तक

मुख्यमंत्री

1.	पं. गोविन्द बल्लभ पन्त	01.4.1947—27.12.1954
2.	डॉ. सम्पूर्णानन्द	28.12.1954—06.12.1960
3.	चन्द्रभान गुप्त	07.12.1960—01.10.1963
4.	श्रीमती सुचेता कृपलानी	02.10.1963—13.03.1967
5.	चन्द्रभान गुप्त	14.03.1967—02.04.1967
6.	चौधरी चरणसिंह	03.04.1967—25.02.1968
	राष्ट्रपति शासन	**25.02.1968—25.02.1969**
7.	चन्द्रभान गुप्त	26.02.1969—17.02.1970
8.	चौधरी चरणसिंह	17.02.1970—01.10.1970
	राष्ट्रपति शासन	**02.10.1970—18.10.1970**
9.	त्रिभुवन नारायण सिंह	18.10.1970—04.04.1971
10.	कमलापति त्रिपाठी	04.04.1971—12.06.1973

	राष्ट्रपति शासन	**12.06.1973—08.11.1973**
11.	हेमवती नन्दन बहुगुणा	08.11.1973—30.11.1975
	राष्ट्रपति शासन	**30.11.1975—21.01.1976**
12.	नारायण दत्त तिवारी	21.01.1976—30.04.1977
	राष्ट्रपति शासन	**30.04.1977—22.06.1977**
13.	रामनरेश यादव	23.06.1977—28.02.1979
14.	बनारसी दास	28.02.1979—17.02.1980
	राष्ट्रपति शासन	**17.02.1980—09.06.1980**
15.	विश्वनाथ प्रताप सिंह	09.06.1980—19.07.1982
16.	श्रीपति मिश्र	19.07.1982—03.08.1984
17.	नारायण दत्त तिवारी	03.08.1984—23.09.1985
18.	वीर बहादुर सिंह	24.09.1985—24.06.1988
19.	नारायण दत्त तिवारी	25.06.1988—05.12.1989
20.	मुलायम सिंह यादव	05.12.1989—24.06.1991
21.	कल्याण सिंह	24.06.1991—06.12.1992
	राष्ट्रपति शासन	**06.12.1992—04.12.1993**
22.	मुलायम सिंह यादव	04.12.1993—03.06.1995
23.	कुमारी मायावती	03.06.1995—17.10.1995
	राष्ट्रपति शासन	**18.10.1995—21.03.1997**
24.	कुमारी मायावती	21.03.1997—21.09.1997
25.	कल्याण सिंह	21.09.1997—11.11.1999
26.	राम प्रकाश गुप्त	12.11.1999—27.10.2000
27.	राजनाथ सिंह	28.10.2000—08.03.2002
	राष्ट्रपति शासन	**08.03.2002—03.05.2002**
28.	कुमारी मायावती	03.05.2002—29.08.2003
29.	मुलायम सिंह यादव	29.08.2003—11.05.2007
30.	कुमारी मायावती	13.05.2007—15.03.2012
31.	अखिलेश यादव	15.03.2012—19.03.2017
32.	योगी आदित्यनाथ	19.03.2017 से अब तक

विधानसभा अध्यक्ष

1.	राजर्षि पुरुषोत्तम दास टण्डन	31.07.1937—10.08.1950
2.	नफीसुल हसन (कार्यकारी)	11.08.1950—19.05.1952
3.	आत्माराम गोविन्द खेर	20.05.1952—25.03.1962
4.	मदन मोहन वर्मा	26.03.1962—16.03.1967
5.	जगदीश शरण अग्रवाल	17.07.1967—16.03.1969
6.	आत्माराम गोविन्द खेर	17.03.1969—18.03.1974
7.	वासुदेव सिंह	18.03.1974—12.07.1977
8.	बनारसी दास	12.07.1977—06.02.1979
9.	जगन्नाथ प्रसाद (कार्यकारी)	07.02.1979—17.02.1980
10.	श्रीपति मिश्र	18.02.1980—18.07.1982
11.	यादवेन्द्र सिंह (कार्यकारी)	19.07.1982—24.08.1982

12.	धर्म सिंह	25.08.1982—15.03.1985
13.	नियाज हसन	15.03.1985—08.01.1990
14.	हरि किशन	09.01.1990—30.07.1991
15.	केशरीनाथ त्रिपाठी	30.07.1991—15.12.1993
16.	धनीराम वर्मा	15.12.1993—20.06.1995
17.	बी. आर वर्मा	20.06.1995—26.03.1997
18.	केशरीनाथ त्रिपाठी	27.03.1997—14.05.2002
19.	केशरीनाथ त्रिपाठी	14.05.2002—19.05.2004
20.	माता प्रसाद पाण्डेय	26.07.2004—18.05.2007
21.	सुखदेव राजभर	18.05.2007—13.04.2012
22.	माता प्रसाद पांडे	13.04.2012—29.03.2017
23.	हृदय नारायण दीक्षित	30.03.2017 से अब तक

विधान परिषद के सभापति

1.	चन्द्रभाल	10.03.1949—25.01.1950
		26.01.1950—05.05.1958
2.	निजामुद्दीन (कार्यकारी)	06.05.1958—19.07.1958
3.	रघुनाथ विनायक धुलेकर	20.07.1958—05.05.1964
4.	दरबारी लाल शर्मा (प्रोटेम)	06.05.1964—04.08.1964
5.	दरबारी लाल शर्मा	05.08.1964—05.05.1968
		06.05.1968—01.03.1969
6.	वीरेन्द्र स्वरूप (कार्यकारी)	02.03.1969—14.03.1969
7.	वीरेन्द्र स्वरूप	15.03.1969—05.05.1974
8.	वीरेन्द्र स्वरूप (कार्यकारी)	06.05.1974—10.06.1974
9.	वीरेन्द्र स्वरूप	11.06.1974—26.05.1980
10.	वीरेन्द्र स्वरूप (कार्यकारी)	26.05.1980—17.06.1980
11.	वीरेन्द्र बहादुर सिंह चंदेल (प्रोटेम)	18.06.1980—05.10.1980
12.	वीरेन्द्र बहादुर सिंह	06.10.1980—05.05.1982
13.	शिव प्रसाद गुप्त	06.05.1982—02.03.1983
14.	वीरेन्द्र बहादुर सिंह	03.03.1983—05.05.1988
15.	जगदीश चन्द्र दीक्षित (प्रोटेम)	06.05.1988—05.04.1989
16.	जगदीश चन्द्र दीक्षित	06.04.1989—07.03.1990
17.	जगदीश चन्द्र दीक्षित (प्रोटेम)	08.03.1990—04.07.1990
18.	शिव प्रसाद गुप्त	05.07.1990—06.07.1992
19.	नित्यानन्द स्वामी	07.07.1992—09.05.1996
20.	नित्यानन्द स्वामी	10.05.1997—08.11.2000
21.	नित्यानन्द स्वामी (कार्यकारी)	09.11.2000—16.11.2000
22.	ओमप्रकाश शर्मा	17.11.2000—05.05.2002
23.	कुँवर मानवेन्द्र सिंह	06.05.2002—02.08.2004
24.	सुखराम यादव	03.08.2004—15.01.2010
25.	कमलकान्त गौतम (कार्यकारी)	16.01.2010—21.01.2010
26.	गणेश शंकर पाण्डेय	21.01.2010—15.01.2016
27.	रमेश यादव	11.03.2016 से अब तक

विधान सभा सदस्य (2017)

क्रम	निर्वाचन क्षेत्र	नाम
1.	बेहट	नरेश सैनी (कांग्रेस)
2.	नकुड़	धर्म सिंह सैनी (भाजपा)
3.	सहारनपुर नगर	संजय गर्ग (सपा)
4.	सहारनपुर देहात	मसूद अख्तर (कांग्रेस)
5.	देवबंद (सहारनपुर)	ब्रिजेश (भाजपा)
6.	रामपुर मनिहारन (सु.)	देवेंद्र कुमार निम (भाजपा)
7.	गंगोह	प्रदीप कुमार (भाजपा)
8.	कैराना	नाहिद हसन (सपा)
9.	थाना भवन	सुरेश कुमार (भाजपा)
10.	शामली	तेजेंद्र निर्वाल (भाजपा)
11.	बुढ़ाना	उमेश मलिक (भाजपा)
12.	चरथावल	विजय कुमार कश्यप (भाजपा)
13.	पुरकाजी (सुरक्षित)	प्रमोद उटवाल (भाजपा)
14.	मुजफ्फरनगर	कपिलदेव अग्रवाल (भाजपा)
15.	खतौली	विक्रम सिंह (भाजपा)
16.	मीरापुर	अवतार सिंह भड़ाना (भाजपा)
17.	नजीराबाद	तसलीम अहमद (सपा)
18.	नगीना (सुरक्षित)	मनोज कुमार पारस (सपा)
19.	बढ़ापुर	शुशांत कुमार (भाजपा)
20.	धामपुर	अशोक कुमार राणा (भाजपा)
21.	नहटौर (सुरक्षित)	ओम कुमार (भाजपा)
22.	बिजनौर	सूचि (भाजपा)
23.	चांदपुर	कमलेश सैनी (भाजपा)
24.	नूरपुर	नइमुल हसन (सपा)
25.	कांठ	राजेश कुमार सिंह (भाजपा)
26.	ठाकुरद्वारा	नवाब जान (सपा)
27.	मुरादाबाद देहात	हाजी इमरान कुरैशी (सपा)
28.	मुरादाबाद शहर	रितेश कुमार गुप्ता (भाजपा)
29.	कुंदरकी	मो. रिजवान (सपा)
30.	बेलारी	मो. फहीम (सपा)
31.	चंदौसी (सुरक्षित)	गुलाब देवी (भाजपा)
32.	असमोली	पिंकी यादव (सपा)
33.	संभल	इकबाल महमूद (सपा)
34.	स्वार	मो. अब्दुल्ला आजम खां (सपा)
35.	चमरौआ	नसीर अहमद खां (सपा)
36.	बिलासपुर	बलदेव सिंह औलख (भाजपा)
37.	रामपुर	आजम खान (सपा)
38.	मिलक (सुरक्षित)	राजबाला (भाजपा)
39.	धनौरा (सुरक्षित)	राजीव कुमार (भाजपा)
40.	नौगांव सादात	चेतन चौहान (भाजपा)
41.	अमरोहा	महबूब अली (सपा)
42.	हसनपुर	महेंद्र सिंह खड़गवंशी (भाजपा)
43.	सिवालखास	जितेंद्र पाल सिंह (भाजपा)
44.	सरधना	संगीत सोम (भाजपा)
45.	हस्तिनापुर (सुरक्षित)	दिनेश खटिक (भाजपा)
46.	किठोर	सत्यवीर त्यागी (भाजपा)
47.	मेरठ कैंट	सत्य प्रकाश अग्रवाल (भाजपा)
48.	मेरठ शहर	रफीक अंसारी (सपा)
49.	मेरठ दक्षिण	डॉ. सोमेंद्र तोमर (भाजपा)
50.	छपरौली	सहेंद्र सिंह रमाला (आरएलडी)
51.	बड़ौत	कृष्णपाल मलिक (भाजपा)
52.	बागपत	योगेश धामा (भाजपा)
53.	लोनी	नंद किशोर (भाजपा)
54.	मुरादनगर	अजीत पाल त्यागी (भाजपा)
55.	साहिबाबाद	सुनील कुमार शर्मा (भाजपा)
56.	गाजियाबाद	अतुल गर्ग (भाजपा)
57.	मोदीनगर	डॉ. मंजू शिवाच (भाजपा)
58.	धौलाना	असलम चौधरी (बसपा)
59.	हापुड़ (सुरक्षित)	विजय पाल (आढती) (भाजपा)
60.	गढ़मुक्तेश्वर	कमल सिंह मलिक (भाजपा)
61.	नोएडा	पंकज सिंह (भाजपा)
62.	दादरी	तेजपाल सिंह नागर (भाजपा)
63.	जेवर	धीरेन्द्र सिंह (भाजपा)
64.	सिकंदराबाद	बिमला सिंह सोलंकी (भाजपा)
65.	बुलंदशहर	वीरेन्द्र सिंह सिरोही (भाजपा)
66.	स्याना	देवेन्द्र (भाजपा)
67.	अनूपशहर	संजय (भाजपा)
68.	डिबाई	डॉ. अनीता लोधी (भाजपा)
69.	शिकारपुर	अनिल कुमार (भाजपा)
70.	खुर्जा (सुरक्षित)	विजेंद्र सिंह (भाजपा)
71.	खैर (सुरक्षित)	अनूप (भाजपा)
72.	बरौली	दलवीर सिंह (भाजपा)
73.	अतरौली	संदीप कुमार सिंह (भाजपा)
74.	छर्रा	रवेंद्र पाल सिंह (भाजपा)
75.	कोइल	अनिल पाराशर (भाजपा)
76.	अलीगढ़	संजीव राजा (भाजपा)
77.	इगलास (सुरक्षित)	राजवीर दिलेर (भाजपा)
78.	हाथरस (सुरक्षित)	हरिशंकर माहौर (भाजपा)
79.	सादाबाद	रामवीर उपाध्याय (बसपा)
80.	सिकंदरा राउ	बीरेंद्र सिंह राणा (भाजपा)

81. छाता लक्ष्मीनारायण (भाजपा)
82. मांट श्याम सुंदर शर्मा (बसपा)
83. गोवर्धन करिंदा सिंह (भाजपा)
84. मथुरा श्रीकांत शर्मा (भाजपा)
85. बलदेव (सुरक्षित) पूरन प्रकाश (भाजपा)
86. एतमादपुर रामप्रताप सिंह (भाजपा)
87. आगरा कैंट (सुरक्षित) डॉ. गिरिराज सिंह (भाजपा)
88. आगरा दक्षिण योगेंद्र उपाध्याय (भाजपा)
89. आगरा उत्तरी जगन प्रसाद गर्ग (भाजपा)
90. आगरा देहात (सुरक्षित) हेमलता दिवाकर (भाजपा)
91. फतेहपुर सीकरी उदयभान सिंह (भाजपा)
92. खैरागढ़ महेश कुमार गोयल (भाजपा)
93. फतेहाबाद जितेंद्र वर्मा (भाजपा)
94. बाह रानी पक्षालिका सिंह (भाजपा)
95. टूंडला (सुरक्षित) सत्यपाल सिंह बघेल (भाजपा)
96. जसराना रामगोपाल पप्पू लोधी (भाजपा)
97. फिरोजाबाद मनीष असीजा (भाजपा)
98. शिकोहाबाद मुकेश वर्मा (भाजपा)
99. सिरसागंज हरिओम यादव (सपा)
100. कासगंज देवेंद्र सिंह राजपूत (भाजपा)
101. अमानपुर देवेंद्र प्रताप(भाजपा)
102. पटियाली ममतेश (भाजपा)
103. अलीगंज सत्यपाल सिंह (भाजपा)
104. एटा विपिन कुमार डेविड (भाजपा)
105. मरहरा वीरेंद्र (भाजपा)
106. जलेसर (सुरक्षित) संजीव कुमार दिवाकर (भाजपा)
107. मैनपुरी राजकुमार उर्फ राजू यादव (सपा)
108. भोगांव रामनरेश अग्निहोत्री (भाजपा)
109. किशनी (सुरक्षित) ब्रजेश कुमार (सपा)
110. करहल सोबरन सिंह (सपा)
111. गुन्नौर अजीत कुमार (भाजपा)
112. बिसौली (सुरक्षित) कुशाग्र सागर (भाजपा)
113. सहसवान ओंकार सिंह (सपा)
114. बिल्सी पं. राधाकृष्ण शर्मा (भाजपा)
115. बदायूँ महेश चंद्र गुप्ता (भाजपा)
116. शेखूपुर धर्मेंद्र कुमार सिंह (भाजपा)
117. दातागंज राजीव कुमार सिंह (भाजपा)
118. बहेड़ी छत्र पाल गंगवार (भाजपा)
119. मीरगंज डॉ. डी.सी. वर्मा (भाजपा)
120. भोजीपुरा बहोरन लाल मौर्य (भाजपा)
121. नवाबगंज केसर सिंह (भाजपा)
122. फरीदपुर (सुरक्षित) डॉ. श्याम बिहारी (भाजपा)
123. बिथरी-चैनपुर राजेश कुमार मिश्रा (भाजपा)
124. बरेली शहर डॉ. अरुण कुमार (भाजपा)
125. बरेली कैंट राजेश अग्रवाल (भाजपा)
126. आंवला धर्मपाल सिंह (भाजपा)
127. पीलीभीत संजय सिंह गंगवार (भाजपा)
128. बड़खेड़ा किशन लाल राजपूत (भाजपा)
129. पूरनपुर (सुरक्षित) बाबू राम पासवान (भाजपा)
130. बीसलपुर अगयश राम सरन वर्मा (भाजपा)
131. कटरा वीर विक्रम सिंह प्रिंस (भाजपा)
132. जलालाबाद शरदवीर सिंह (सपा)
133. तिलहर रोशन लाल वर्मा (भाजपा)
134. पुवायां (सुरक्षित) चेतराम (भाजपा)
135. शाहजहांपुर सुरेश कुमार खन्ना (भाजपा)
136. ददरौल मानवेन्द्र सिंह (भाजपा)
137. पलिया हरविंदर कुमार साहनी (भाजपा)
138. निघासन पटेल रामकुमार वर्मा (भाजपा)
139. गोला गोकर्णनाथ अरविंद गिरी (भाजपा)
140. श्रीनगर (सुरक्षित) मंजू त्यागी (भाजपा)
141. धौरहरा अवस्थी बाला प्रसाद (भाजपा)
142. लखीमपुर योगेश वर्मा (भाजपा)
143. कास्ता (सुरक्षित) सौरभ सिंह (भाजपा)
144. मोहम्मदी लोकेन्द्र प्रताप सिंह (भाजपा)
145. महोली शशांक त्रिवेदी (भाजपा)
146. सीतापुर राकेश राठौर (भाजपा)
147. हरगांव (सुरक्षित) सुरेश राही (भाजपा)
148. लहरपुर सुनील वर्मा (भाजपा)
149. बिसवां महेन्द्र सिंह (भाजपा)
150. सेवटा ज्ञान तिवारी (भाजपा)
151. महमूदाबाद नरेंद्र सिंह वर्मा (सपा)
152. सिधौली (सुरक्षित) हरगोविंद भार्गव (बसपा)
153. मिश्रिख (सुरक्षित) रामकृष्ण भार्गव (भाजपा)
154. सवायजपुर कुंवर माधवेन्द्र प्रताप (भाजपा)
155. शाहाबाद रजनी तिवारी (भाजपा)
156. हरदोई नितिन अग्रवाल (सपा)
157. गोपामऊ (सुरक्षित) श्याम प्रकाश (भाजपा)
158. साण्डी (सुरक्षित) प्रभाष कुमार (भाजपा)
159. विलग्राम मल्लानवां आशीष कुमार सिंह (भाजपा)
160. बालामऊ (सुरक्षित) राम पाल वर्मा (भाजपा)
161. संडीला राजकुमार अग्रवाल (भाजपा)
162. बांगरमऊ कुलदीप सिंह सेंगर (भाजपा)
163. सफीपुर (सुरक्षित) बम्बा लाल (भाजपा)
164. मोहान (सुरक्षित) बृजेश कुमार (भाजपा)
165. उन्नाव पंकज गुप्ता (भाजपा)
166. भगवंतनगर हृदयनारायण दीक्षित (भाजपा)

167. पुरवा — अनिल सिंह (बसपा)
168. मलीहाबाद (सुरक्षित) — जय देवी (भाजपा)
169. बख्शी का तालाब — अविनाश त्रिवेदी (भाजपा)
170. सरोजनी नगर — स्वाति सिंह (भाजपा)
171. लखनऊ पश्चिम — सुरेश कुमार श्रीवास्तव (भाजपा)
172. लखनऊ उत्तर — नीरज बोरा (भाजपा)
173. लखनऊ पूर्वी — आशुतोष टंडन (भाजपा)
174. लखनऊ मध्य — ब्रजेश पाठक (भाजपा)
175. लखनऊ छावनी — रीता बहुगुणा जोशी (भाजपा)
176. मोहनलालगंज (सु.) — अंबरीश सिंह पुष्कर (सपा)
177. बछरावां (सुरक्षित) — राम नरेश रावत (भाजपा)
178. तिलोई — मयंकेश्वर शरण सिंह (भाजपा)
179. हरचंदपुर — राकेश सिंह (कांग्रेस)
180. रायबरेली — अदिति सिंह (कांग्रेस)
181. सलोन (सुरक्षित) — दल बहादुर (भाजपा)
182. सरैनी — धीरेंद्र बहादुर सिंह (भाजपा)
183. ऊंचाहार — मनोज कुमार पाण्डेय (सपा)
184. जगदीशपुर (सुरक्षित) — सुरेश कुमार (भाजपा)
185. गौरीगंज — राकेश प्रताप सिंह (सपा)
186. अमेठी — गरिमा सिंह (भाजपा)
187. इसौली — अबरार अहमद (सपा)
188. सुल्तानपुर — सूर्य भान सिंह (भाजपा)
189. सदर — सीताराम (भाजपा)
190. लंभुआ — देवमणि द्विवेदी (भाजपा)
191. कादीपुर (सुरक्षित) — राजेश गौतम (भाजपा)
192. कायमगंज (सुरक्षित) — अमर सिंह (भाजपा)
193. अमृतपुर — सुशील कुमार शाक्य (भाजपा)
194. फर्रुखाबाद — मेजर सुनील दत्त द्विवेदी (भाजपा)
195. भोजपुर — नागेन्द्र सिंह राठौर (भाजपा)
196. छिबरामऊ — अर्चना पांडेय (भाजपा)
197. तिरवा — कैलाश सिंह राजपूत (भाजपा)
198. कन्नौज (सुरक्षित) — अनिल कुमार दोहरे (सपा)
199. जसवंतनगर — शिवपाल सिंह यादव (सपा)
200. इटावा — सरिता भदौरिया (भाजपा)
201. भरथना (सुरक्षित) — सावित्री कठेरिया (भाजपा)
202. बिधूना — विनय शाक्य (भाजपा)
203. दिबियापुर — लखन सिंह (भाजपा)
204. औरैया (सुरक्षित) — रमेश चंद्र (भाजपा)
205. रसूलाबाद (सुरक्षित) — निर्मला शंखवार (भाजपा)
206. अकबरपुर रानिया — प्रतिभा शुक्ला (भाजपा)
207. सिकंदरा — अजीत पाल सिंह (भाजपा)
208. भोगनीपुर — विनोद कुमार कटियार (भाजपा)
209. बिल्हौर (सुरक्षित) — भगवती प्रसाद सागर (भाजपा)
210. बिठूर — अभिजीत सिंह सांगा (भाजपा)
211. कल्यानपुर — नीलिमा कटियार (भाजपा)
212. गोविंद नगर — सत्यदेव पचौरी (भाजपा)
213. सीसामऊ — हाजी इरफान सोलंकी (सपा)
214. आर्य नगर — अमिताभ बाजपेई (सपा)
215. किदवई नगर — महेश चंद्रा (भाजपा)
216. कानपुर छावनी — सोहिल अख्तर अंसारी (कांग्रेस)
217. महाराजपुर — सतीश महाना (भाजपा)
218. घाटमपुर (सुरक्षित) — कमल रानी (भाजपा)
219. माधौगढ़ — मूलचन्द्र सिंह (भाजपा)
220. कालपी — नरेन्द्र पाल सिंह (भाजपा)
221. उरई (सुरक्षित) — गौरी शंकर (भाजपा)
222. बबीना — राजीव सिंह 'परीछा' (भाजपा)
223. झांसी नगर — रवि शर्मा (भाजपा)
224. मऊरानी पुर (सु.) — बिहारीलाल आर्य (भाजपा)
225. गरौठा — जवाहरलाल राजपूत (भाजपा)
226. ललितपुर — रामरतन कुशवाहा (भाजपा)
227. महरोनी (सुरक्षित) — मनोहर लाल (भाजपा)
228. हमीरपुर — अशोक कुमार सिंह चंदेल (भाजपा)
229. राठ (सुरक्षित) — मनीषा अनुरागी (भाजपा)
230. महोबा — राकेश कुमार गोस्वामी (भाजपा)
231. चरखारी — बृजभूषण राजपूत (भाजपा)
232. तिंदवारी — बृजेश कुमार प्रजापति (भाजपा)
233. बबेरू — चंद्रपाल कुशवाहा (भाजपा)
234. नरैनी (सुरक्षित) — राजकरन कबीर (भाजपा)
235. बांदा — प्रकाश द्विवेदी (भाजपा)
236. चित्रकूट — चंद्रिका प्रसाद उपाध्याय (भाजपा)
237. मानिकपुर — आर.के. सिंह पटेल (भाजपा)
238. जहानाबाद — जयकुमार सिंह (अपना दल)
239. बिंदकी — करण सिंह पटेल (भाजपा)
240. फतेहपुर — विक्रम सिंह (भाजपा)
241. अयाह-शाह — विकास गुप्ता (भाजपा)
242. हुसैनगंज — रणवेन्द्र प्रताप सिंह (भाजपा)
243. खागा (सु.) — कृष्णा पासवान (भाजपा)
244. रामपुर खास — आराधना मिश्रा मोना (कांग्रेस)
245. बाबागंज (सु.) — विनोद कुमार (निर्दलीय)
246. कुण्डा — रघुराज प्रताप सिंह (निर्दलीय)
247. विश्वनाथगंज — राकेश कुमार वर्मा (अपना दल)
248. प्रतापगढ़ — संगम लाल गुप्ता (अपना दल)
249. पट्टी — राजेंद्र प्रताप सिंह (भाजपा)
250. रानीगंज — अभय कुमार (भाजपा)
251. सिराथू — शीतला प्रसाद (भाजपा)
252. मंझनपुर (सु.) — लाल बहादुर (भाजपा)

253. चैल संजय कुमार (भाजपा)
254. फाफामऊ विक्रमाजीत (भाजपा)
255. सोरांव (सु.) जमुना प्रसाद (अपना दल)
256. फूलपुर प्रवीण कुमार सिंह (भाजपा)
257. प्रतापपुर मो. मुजतबा सिद्दीकी (बसपा)
258. हंडिया हाकिम लाल (बसपा)
259. मेजा नीलम करवरिया (भाजपा)
260. करछना उज्जवल रमण सिंह (सपा)
261. इलाहाबाद पश्चिम सिद्धार्थ नाथ सिंह (भाजपा)
262. इलाहाबाद उत्तर हर्षवर्धन वाजपेयी (भाजपा)
263. इलाहाबाद दक्षिण नंदगोपाल गुप्ता नंदी (भाजपा)
264. बर्रा (सु.) डॉ. अजय कुमार (भाजपा)
265. कोरांव (सु.) राजमणि (भाजपा)
266. कुरसी साकेन्द्र प्रताप वर्मा (भाजपा)
267. रामनगर शरद कुमार अवस्थी (भाजपा)
268. बाराबंकी धर्मराज सिंह (सपा)
269. जैदपुर (सु.) उपेन्द्र सिंह (भाजपा)
270. दरियाबाद सतीशचन्द्र शर्मा (भाजपा)
271. रुदौली रामचंद्र यादव (भाजपा)
272. हैदरगढ़ (सु.) बैजनाथ रावत (भाजपा)
273. मिल्कीपुर (सु.) बाबा गोरखनाथ (भाजपा)
274. बीकापुर शोभा सिंह चौहान (भाजपा)
275. अयोध्या वेद प्रकाश गुप्ता (भाजपा)
276. गोसाईंगंज इंद्र प्रताप उर्फ खब्बू तिवारी (भाजपा)
277. कटेहरी लालजी वर्मा (बसपा)
278. टाण्डा संजू देवी (भाजपा)
279. आलापुर (सु.) अनीता (भाजपा)
280. जलालपुर रीतेश पाण्डेय (बसपा)
281. अकबरपुर राम अचल राजभर (बसपा)
282. बलहा (सु.) अक्षयवर लाल (भाजपा)
283. नानपारा माधुरी वर्मा (भाजपा)
284. मटेरा याशर शाह (सपा)
285. महसी सुरेश्वर सिंह (भाजपा)
286. बहराइच अनुपमा जायसवाल (भाजपा)
287. पयागपुर सुभाष त्रिपाठी (भाजपा)
288. कैसरगंज मुकुटबिहारी (भाजपा)
289. भिनगा मो. असलम (बसपा)
290. श्रावस्ती राम फेरन (भाजपा)
291. तुलसीपुर कैलाशनाथ शुक्ल (भाजपा)
292. गैनसड़ी शैलेश कुमार सिंह (भाजपा)
293. उतरौला रामप्रताप वर्मा (भाजपा)
294. बलरामपुर (सु.) पलटूराम (भाजपा)
295. मेहनोन विनय कुमार (भाजपा)
296. गोंडा प्रतीक भूषण सिंह (भाजपा)
297. कटरा बाजार बावन सिंह (भाजपा)
298. कर्नलगंज अजय प्रताप सिंह (भाजपा)
299. तरबगंज प्रेम नारायण पाण्डेय (भाजपा)
300. मनकापुर (सु.) रमापति शास्त्री (भाजपा)
301. गौरा प्रभात कुमार वर्मा (भाजपा)
302. सोहरतगढ़ अमर सिंह चौधरी (अपना दल)
303. कपिलवस्तु (सु.) श्याम धनी (भाजपा)
304. बांसी जयप्रताप सिंह (भाजपा)
305. इटावा डॉ. सतीश चंद्र द्विवेदी (भाजपा)
306. डुमरियागंज राघवेन्द्र प्रताप सिंह (भाजपा)
307. हरैया अजय कुमार सिंह (भाजपा)
308. कप्तानगंज चंद्र प्रकाश (भाजपा)
309. रुदौली संजय प्रताप जायसवाल (भाजपा)
310. बस्ती सदर दयाराम चौधरी (भाजपा)
311. महादेवा (सु.) रविकुमार सोनकर (भाजपा)
312. मेंहदावल राकेश सिंह बघेल (भाजपा)
313. खलीलाबाद दिग्विजय नारायण (भाजपा)
314. धनघटा (सु.) श्रीराम चौहान (भाजपा)
315. फरेंदा बजरंग बहादुर सिंह (भाजपा)
316. नौतनवा अमन मणि त्रिपाठी (निर्दलीय)
317. सिसवा प्रेमसागर पटेल (भाजपा)
318. महाराजगंज (सु.) जयमंगल (भाजपा)
319. पनियारा ज्ञानेंद्र (भाजपा)
320. कैम्पियरगंज फतेह बहादुर (भाजपा)
321. पिपराइच महेंद्र पाल सिंह (भाजपा)
322. गोरखपुर शहर राधामोहन दास अग्रवाल (भाजपा)
323. गोरखपुर देहात विपिन सिंह (भाजपा)
324. सहजनवां शीतल पाण्डेय (भाजपा)
325. खजनी (सु.) संत प्रसाद (भाजपा)
326. चौरी-चौरा संगीता यादव (भाजपा)
327. बांसगांव (सु.) विमलेश पासवान (भाजपा)
328. चिल्लूपार विनय शंकर तिवारी (बसपा)
329. खड्डा जटाशंकर त्रिपाठी (भाजपा)
330. पडरौना स्वामी प्रसाद मौर्य (भाजपा)
331. तमकुहीराज अजय कुमार लल्लू (कांग्रेस)
332. फाजिलनगर गंगा (भाजपा)
333. कुशीनगर रजनीकांत मणि त्रिपाठी (भाजपा)
334. हाटा पवन कुमार (भाजपा)
335. रामकोला (सुरक्षित) रामानंद बौद्ध (भाजपा)
336. रूद्रपुर जय प्रकाश निषाद (भाजपा)
337. देवरिया जन्मेजय सिंह (भाजपा)
338. पथरदेवा सूर्य प्रताप शाही (भाजपा)

339.	रामपुर कारखाना	कमलेश शुक्ल (भाजपा)
340.	भाटपार रानी	आशुतोष (सपा)
341.	सलेमपुर (सु.)	काली प्रसाद (भाजपा)
342.	बरहज (सु.)	सुरेश तिवारी (भाजपा)
343.	अतरौलिया	डॉ. संग्राम यादव (सपा)
344.	गोपालपुर	नफीस अहमद (सपा)
345.	सगड़ी	बन्दना सिंह (बसपा)
346.	मुबारकपुर	शाह आलम (बसपा)
347.	आजमगढ़ सदर	दुर्गा प्रसाद (सपा)
348.	निजामाबाद	आलमबादी (सपा)
349.	फूलपुर पवई	अरुण कुमार यादव (भाजपा)
350.	दीदारगंज	सुखदेव राजभर (बसपा)
351.	लालगंज (सु.)	आजाद अरिमर्दन (बसपा)
352.	मेहनगर (सु.)	कल्पनाथ पासवान (सपा)
353.	मधुबन	दारा सिंह चौहान (भाजपा)
354.	घोसी	फागू चौहान (भाजपा)
355.	मोहम्मदाबाद गोहना (सु.)	श्रीराम सोनकर (भाजपा)
356.	मऊ	मुख्तार अंसारी (बसपा)
357.	बेलथरा रोड (सु.)	धनंजय कन्नौजिया (भाजपा)
358.	रसड़ा	उमा शंकर सिंह (बसपा)
359.	सिंकदरपुर	संजय यादव (भाजपा)
360.	फेफना	उपेंद्र तिवारी (भाजपा)
361.	बलिया नगर	आनन्द (भाजपा)
362.	बांसडीह	रामगोविंद चौधरी (सपा)
363.	बैरिया	सुरेंद्र (भाजपा)
364.	बदलापुर	रमेश चंद्र मिश्रा (भाजपा)
365.	शाहगंज	शैलेंद्र यादव ललई (सपा)
366.	जौनपुर	गिरीश चन्द्र यादव (भाजपा)
367.	मल्हानी	पारसनाथ यादव (सपा)
368.	मुंगरा बादशाहपुर	सुषमा पटेल (बसपा)
369.	मछलीशहर (सु.)	जगदीश सोनकर (सपा)
370.	मड़ियाहू	लीना तिवारी (अपना दल)
371.	जाफराबाद	डॉ. हरेंद्र प्रसाद सिंह (भाजपा)
372.	केराकत (सु.)	दिनेश चौधरी (भाजपा)
373.	जखनिया (सु.)	त्रिवेणी राम (सुहेलदेव भारतीय समाज पार्टी)
374.	सैदपुर (सु.)	सुभाष पासी (सपा)
375.	गाजीपुर	संगीता (भाजपा)
376.	जंगीपुर	विरेंद्र कुमार यादव (सपा)
377.	जहूराबाद	ओम प्रकाश राजभर (सुहेलदेव भारतीय समाज पार्टी)
378.	मोहम्दाबाद	अलका राय (भाजपा)
379.	जमानियां	सुनीता (भाजपा)
380.	मुगलसराय	साधना सिंह (भाजपा)
381.	सकलडीहा	प्रभुनारायण यादव (सपा)
382.	सैयदराजा	सुशील सिंह (भाजपा)
383.	चकिया (सु.)	शारदा प्रसाद (भाजपा)
384.	पिंदरा	अवधेश सिंह (भाजपा)
385.	अजगरा (सु.)	कैलाशनाथ सोनकर (सुहेलदेव भारतीय समाज पार्टी)
386.	शिवपुर	अनिल राजभर (भाजपा)
387.	रोहनिया	सुरेन्द्र नारायण सिंह (भाजपा)
388.	वाराणसी उत्तर	रवींद्र जायसवाल (भाजपा)
389.	वाराणसी दक्षिण	डॉ. नीलकंठ तिवारी (भाजपा)
390.	वाराणसी छावनी	सौरभ श्रीवास्तव (भाजपा)
391.	सेवापुरी	नील रतन पटेल (अपना दल)
392.	भदोही	रवीन्द्रनाथ त्रिपाठी (भाजपा)
393.	ज्ञानपुर	विजय मिश्र (एनआईएसएचएडी)
394.	औरई (सु.)	दीनानाथ भास्कर (भाजपा)
395.	छानबे (सु.)	राहुल प्रकाश (अपना दल)
396.	मिर्जापुर	रत्नाकर मिश्र (भाजपा)
397.	मझाबन	शुचिस्मिता मौर्य (भाजपा)
398.	चुनार	अनुराग सिंह (भाजपा)
399.	मरिहन	रमा शंकर सिंह (भाजपा)
400.	घोरावल	अनिल कुमार मौर्य (भाजपा)
401.	राबर्ट्सगंज	भूपेश चौबे (भाजपा)
402.	ओबरा	संजीव कुमार (भाजपा)
403.	दुद्धी (सु.)	हरिराम (अपना दल)

सम-सामयिक घटनाचक्र

इलाहाबाद और फैजाबाद जिलों का नाम परिवर्तन : उत्तर प्रदेश सरकार ने धार्मिक दृष्टि से महत्वपूर्ण दो जिलों इलाहाबाद और फैजाबाद का नाम बदल दिया है। सबसे पहले सरकार ने अक्टूबर 2018 में इलाहाबाद का नाम बदलकर प्रयागराज रख दिया। उल्लेखनीय है कि अकबर ने करीब 450 साल पहले प्रयागराज का नाम बदलकर अल्लाहबाद कर दिया था। सरकार ने नवम्बर 2018 में फैजाबाद जिले का नाम बदलकर अयोध्या कर दिया है। उल्लेखनीय है कि भगवान श्रीराम की जन्मस्थली होने के कारण अयोध्या का नाम पूरी दुनिया में प्रसिद्ध है। सरकार ने इलाहाबाद और फैजाबाद मंडलों का नाम भी बदल दिया है। इलाहाबाद अब प्रयागराज मंडल और फैजाबाद अब अयोध्या मंडल के नाम से जाना जाएगा।

वाराणसी-हल्दिया जलमार्ग शुरू : प्रधानमंत्री नरेंद्र मोदी ने 12 नवम्बर, 2018 को वाराणसी में गंगा तट पर बने पहले मल्टी मॉडल टर्मिनल (बंदरगाह) को देश को समर्पित किया। वाराणसी-हल्दिया के बीच नदी पर यह पहला राष्ट्रीय जलमार्ग है, जिससे मालवाहक जहाजों का आवागमन होगा। मोदी ने इस मौके पर कोलकाता से वाराणसी पहुंचे जहाज की अगवानी भी की। 1383 किमी लम्बे वाराणसी-हल्दिया जलमार्ग की लागत 5369 करोड़ रुपए आई है। पश्चिम बंगाल के हल्दिया से खाद्य सामग्री लादकर जो जलयान 12 नवम्बर को वाराणसी के तट पर पहुंचा था।

पद्म सम्मान पाने वालों को 25 हजार पेंशन : उत्तर प्रदेश सरकार ने यश भारती और पद्म सम्मान से सम्मानित राज्य की विभूतियों को 25,000 रुपये मासिक पेंशन जीवन पर्यंत देने का फैसला किया है। यह पेंशन उन्हीं को मिल सकेगी जो सरकारी पेंशन नहीं पा रहे हों या सरकारी सेवा में कार्यरत न हों अथवा आयकरदाता न हों। उत्तर प्रदेश के यश भारती एवं पद्म सम्मान से सम्मानित महानुभावों को मासिक पेंशन नियमावली, 2018 के बाबत प्रमुख सचिव जितेन्द्र कुमार की ओर से 21 जुलाई, 2018 को शासनादेश जारी किया गया है। इस शासनादेश के अनुसार यह पेंशन उन्हीं को मिलेगी जिनकी जन्मभूमि व कर्मभूमि उत्तर प्रदेश होगी।

मुगलसराय जंक्शन का नाम परिवर्तन : उत्तर प्रदेश के मुगलसराय जंक्शन का नाम अब बदल गया है। इस ऐतिहासिक रेलवे स्टेशन का नाम आधिकारिक रूप से पंडित दीन दयाल उपाध्याय जंक्शन हो गया। 5 अगस्त, 2018 को चंदौली जिले में स्थित इस रेलवे स्टेशन के नए नाम का लोकार्पण भारतीय जनता पार्टी के अध्यक्ष अमित शाह ने किया। उल्लेखनीय है कि राष्ट्रीय स्वयंसेवक संघ के विचारक पंडित दीनदयाल उपाध्याय 11 फरवरी, 1968 को मुगलसराय स्टेशन के निकट पोल संख्या 1276 के पास रहस्यमय हालत में मृत पाए गए थे।

देवरिया में मेडिकल कॉलेज को मंजूरी : उत्तर प्रदेश के देवरिया जिले में प्रस्तावित नए मेडिकल कॉलेज को केंद्र सरकार ने अपनी मंजूरी दे दी है। प्रधानमंत्री नरेंद्र मोदी की अध्यक्षता में 18 जुलाई, 2018 को हुई केंद्रीय कैबिनेट की बैठक में इस फैसले पर मुहर लगी। इस मेडिकल कॉलेज के निर्माण पर 250 करोड़ रुपये की लागत आएगी। तीन लोकसभा सीटों के बीच कम-से-कम एक मेडिकल कॉलेज सुनिश्चित करने की केंद्र सरकार की योजना के तहत उत्तर प्रदेश सरकार ने देवरिया के सलेमपुर का चयन किया था।

1812

उत्तर प्रदेश सामान्य ज्ञान

वस्तुनिष्ठ प्रश्नोत्तर

इतिहास

1. उत्तर प्रदेश को पूर्व में किस नाम से जाना जाता था?
   A. यूनाइटेड प्रोविन्स B. उत्तरी प्रान्त
   C. अवध प्रान्त D. आर्य प्रदेश
2. धातु का प्रयोग मानव ने किस युग में सीखा?
   A. पूर्व पाषाण युग B. उत्तर पाषाण युग
   C. ताम्र युग D. किसी में नहीं
3. सर्वप्रथम मानव ने किस धातु का प्रयोग करना शुरू किया?
   A. लोहा B. तांबा C. जस्ता D. सोना
4. छठी शताब्दी में वर्तमान उत्तर प्रदेश में कितने महाजनपद थे?
   A. 8 B. 15 C. 19 D. 11
5. मौर्य वंश का संस्थापक कौन था?
   A. चन्द्रगुप्त मौर्य B. अशोक
   C. वृहद्रथ D. बिन्दुसार
6. उत्तर प्रदेश में नागों का प्रधान केन्द्र कौनसा था?
   A. सारनाथ B. मथुरा
   C. तक्षशिला D. कौशाम्बी
7. अशोक द्वारा निर्मित भारत का राजचिह्न 'सिंह स्तम्भ' उत्तर प्रदेश में कहां पर है?
   A. इलाहाबाद B. सारनाथ
   C. मथुरा D. अलीगढ़
8. पुष्यमित्र शुंग द्वारा किये गए अश्वमेध यज्ञों का विवरण किस लेख में मिलता है?
   A. सारनाथ लेख B. मथुरा लेख
   C. इलाहाबाद लेख D. अयोध्या लेख
9. गुप्त सम्राट् समुद्रगुप्त की दिग्विजयों का विवरण प्रदेश के किस लेख में मिलता है?
   A. कालसी लेख B. अयोध्या लेख
   C. इलाहाबाद लेख D. किसी से नहीं
10. गुप्तकाल में प्रदेश के कौनसे नगर व्यवसाय, शिक्षा व कला के प्रमुख केन्द्र थे?
    A. मथुरा B. कौशाम्बी
    C. प्रयाग D. सभी

1.A 2.C 3.B 4.A 5.A 6.B 7.B 8.D 9.C 10.D

11. 1857 ई. के स्वतंत्रता संग्राम का प्रारम्भ उत्तर प्रदेश के किस नगर से और कब हुआ?

A. मेरठ, 10 मई
B. लखनऊ, 10 मई
C. कानपुर, 12 मई
D. आगरा, 15 अगस्त

12. बौद्ध धर्म की वज्रयान शाखा का उदय उत्तर प्रदेश में कहां पर हुआ?

A. बुन्देलखण्ड
B. मथुरा
C. इलाहाबाद
D. सारनाथ (काशी के समीप)

13. विश्व प्रसिद्ध ताजमहल उत्तर प्रदेश के किस नगर में स्थित है?

A. लखनऊ
B. बनारस
C. आगरा
D. मेरठ

14. प्रथम स्वतंत्रता संग्राम कब हुआ?

A. 1877
B. 1757
C. 1885
D. 1857

15. दिल्ली डिवीजन उत्तर-पश्चिमी प्रदेश से किस सन् में अलग किया गया?

A. 1858
B. 1857
C. 1950
D. 1865

16. सन् 1858 में उत्तर प्रदेश की राजधानी आगरा से किस नगर में स्थानान्तरित कर दी गई?

A. बनारस
B. इलाहाबाद
C. मथुरा
D. अवध

17. उत्तर प्रदेश की वर्तमान राजधानी कौनसा नगर है?

A. आगरा
B. इलाहाबाद
C. लखनऊ
D. कानपुर

18. किस सन् में उत्तर प्रदेश का नाम संयुक्त प्रान्त रखा गया?

A. 1937
B. 1935
C. 1856
D. 1961

19. 1857 के विद्रोह में ताँत्या टोपे ने किस जगह पर क्रांति का संचालन किया?

A. मथुरा
B. काल्पी
C. कानपुर
D. लखनऊ

20. उत्तर प्रदेश भारतीय गणतन्त्र का एक पूर्ण राज्य किस सन् में बना?

A. 27 जनवरी, 1950
B. 21 मार्च, 1947
C. 6 दिसम्बर, 1950
D. 26 जनवरी, 1950

11.A 12.D 13.C 14.D 15.A 16.B 17.C 18.A 19.B 20.D

21. उत्तर प्रदेश के मेरठ शहर में क्रान्ति का आरम्भ कब हुआ?

A. 10 मई, 1857 B. 12 जून, 1857

C. 20 मई, 1857 D. 10 मार्च, 1857

22. उत्तर प्रदेश में 1857 की क्रान्ति का आरम्भ सर्वप्रथम किस नगर से हुआ?

A. लखनऊ B. कानपुर

C. इलाहाबाद D. मेरठ

23. कानपुर में 1857 में क्रान्तिकारियों का नेतृत्व किसने किया?

A. रानी लक्ष्मीबाई B. नाना साहब

C. तांत्या टोपे D. मौलवी अहमद शाह

24. लखनऊ में 1857 में क्रान्ति का संचालन किसने किया?

A. मौलवी अहमदशाह और बेगम हजरत महल

B. रानी लक्ष्मीबाई और तांत्या टोपे

C. बेगम हजरत महल और बहादुरशाह जफर

D. मौलवी अहमदशाह और नाना साहब

25. 1905 में कांग्रेस का अधिवेशन उत्तर प्रदेश के किस नगर में हुआ?

A. रायबरेली B. लखनऊ

C. इलाहाबाद D. बनारस

26. 1905 के बनारस अधिवेशन की अध्यक्षता किसने की?

A. श्री गोपालकृष्ण गोखले B. पं. मोतीलाल नेहरू

C. मदन मोहन मालवीय D. लोकमान्य बाल गंगाधर तिलक

27. 1904 में कांग्रेस का चौथा अधिवेशन उत्तर प्रदेश के किस नगर में हुआ?

A. बनारस (काशी) B. लखनऊ

C. प्रयाग (इलाहाबाद) D. कानपुर

28. अंग्रेजी सेनापति ह्यूरोज को उत्तर प्रदेश के किस क्षेत्र की क्रान्ति के दमन का कार्य सौंपा गया?

A. अवध B. कानपुर

C. बुन्देलखण्ड D. बनारस

29. पूर्वी उत्तर प्रदेश में अंग्रेजों के विरुद्ध विद्रोह का नेतृत्व किसने किया?

A. तांत्या टोपे B. रानी लक्ष्मीबाई

C. कुंवर सिंह D. नाना साहब

30. कुंवर सिंह ने अंग्रेज कर्नल मिलमेन को कब परास्त किया?

A. 26 मार्च, 1858 B. 24 अप्रैल, 1858

C. 26 मई, 1858 D. 7 अगस्त, 1858

21.A **22.D** **23.B** **24.A** **25.D** **26.A** **27.C** **28.C** **29.C** **30.A**

31. उत्तर प्रदेश में स्थित पैना नामक स्थान के जमींदारों ने अपने किसानों के साथ मिलकर अंग्रेजों की नावों को घाघरा नदी में कब डुबोया था?

A. 31 मई, 1857 B. 20 जून, 1858
C. 14 मार्च, 1857 D. 21 मई, 1857

32. उत्तर प्रदेश के गोरखपुर नगर पर नाजिम मीर मोहम्मद हसन ने कब अधिकार कर, स्वतंत्रता की घोषणा की?

A. 20 दिसम्बर, 1857 B. 21 सितम्बर, 1857
C. 12 सितम्बर, 1857 D. 22 मई, 1857

33. उत्तर प्रदेश में स्थित बरेली एवं रुहेलखण्ड पर अंग्रेजों ने पुनः अधिकार कब किया?

A. 7 मई, 1858 B. 14 जून, 1858
C. 10 मई, 1858 D. 15 फरवरी, 1858

34. फर्रुखाबाद (उत्तर प्रदेश) के नवाब तफज्जुल हुसैन, मेहंदी हसन आदि की सेनाओं ने अंग्रेजी सेना के सामने कब आत्मसमर्पण किया?

A. 16 दिसम्बर, 1858 B. 30 जनवरी, 1858
C. 5 सितम्बर, 1858 D. 30 दिसम्बर, 1858

35. गोरखपुर (उत्तर प्रदेश) के समीप स्थित चौरी-चौरा हत्याकांड कब हुआ?

A. 5 फरवरी, 1922 B. 10 अप्रैल, 1922
C. 5 फरवरी, 1921 D. 27 फरवरी, 1922

36. उत्तर प्रदेश में काकोरी षड्यंत्र कांड कब हुआ?

A. 9 जुलाई, 1925 B. 15 अगस्त, 1925
C. 16 फरवरी, 1925 D. 25 अगस्त, 1925

37. उत्तर प्रदेश के 'किसान आन्दोलन' का नेतृत्व किस नेता ने किया?

A. महात्मा गांधी B. पं. जवाहरलाल नेहरू
B. सरदार बल्लभभाई पटेल D. चौ. चरण सिंह

38. उत्तर प्रदेश का वर्तमान नाम (उत्तर प्रदेश) कब पड़ा?

A. 22 जनवरी, 1950 B. 12 जनवरी, 1950
B. 14 फरवरी, 1950 D. 16 जनवरी, 1950

39. उत्तर प्रदेश भारतीय गणतंत्र का एक पूर्ण राज्य कब बना?

A. 26 जनवरी, 1950 B. 15 जनवरी, 1950
C. 15 अगस्त, 1950 D. 20 जनवरी, 1950

40. उत्तर प्रदेश में जमींदारी प्रथा का उन्मूलन और भूमि सुधार अधिनियम कब लागू हुआ?

A. 26 जनवरी, 1951 B. 16 जनवरी, 1951
C. 26 जनवरी, 1950 D. 10 जनवरी, 1951

31.A 32.B 33.A 34.D 35.A 36.D 37.B 38.B 39.A 40.A

41. 182 ई. पू. के युद्ध में यूनानी योद्धा मेनाण्डर ने उत्तर प्रदेश के किस नगर पर कब्जा किया था?

A. आगरा B. मथुरा

C. झांसी D. फतेहपुर

42. उत्तर प्रदेश में चन्दवार का प्रसिद्ध युद्ध कब हुआ था?

A. 1194 ई. B. 1205 ई.

C. 1188 ई. D. 1199 ई.

43. प्रदेश में खानवा का प्रसिद्ध युद्ध कब हुआ था?

A. 1529 ई. B. 1554 ई.

C. 1527 ई. D. 1524 ई.

44. प्रदेश में खानवा का प्रसिद्ध युद्ध किनके बीच लड़ा गया?

A. बाबर-राणासांगा B. बाबर-इब्राहिम लोदी

C. बाबर-हेमू D. बाबर-मेदिनी राय

45. उत्तर प्रदेश में कालिंजर (1202-1203 ई.) का युद्ध किनके बीच हुआ था?

A. इल्तुतमिश-जयसिंह B. मुहम्मद गोरी-परमर्दीदेव

C. मुहम्मद गोरी-जयचन्द D. कुतुबुद्दीन ऐबक-परमर्दीदेव

46. प्रदेश के आगरा नगर पर बाबर ने कब अधिकार किया?

A. 1529 ई. B. 1526 ई.

C. 1530 ई. D. 1522 ई.

47. प्रदेश में कालिंजर के दुर्ग का घेरा शेरशाह ने कब डाला था?

A. 1540 ई. B. 1545 ई.

C. 1542 ई. D. 1548 ई.

48. शेरशाह के कालिंजर आक्रमण के समय वहां का शासक कौन था?

A. मालदेव B. वीरभान

C. पूर्णमल D. कीरत सिंह

49. प्रदेश में सामूगढ़ का प्रसिद्ध युद्ध कब हुआ था?

A. 1605 ई. B. 1627 ई.

C. 1658 ई. D. 1650 ई.

50. औरंगजेब ने अपने भाई शुजा को प्रदेश के किस नगर के निकट पराजित किया था?

A. जौनपुर B. बनारस

C. आगरा D. इलाहाबाद

41.B 42.A 43.C 44.A 45.D 46.B 47.B 48.D 49.C 50.D

51. औरंगजेब द्वारा आगरा के किले पर कब अधिकार किया गया था?

A. 8 जून, 1658 ई. B. 1 जनवरी, 1658 ई.

C. 10 मार्च, 1655 ई. D. 15 जून, 1644 ई.

52. उत्तर प्रदेश में अवध के सूबेदार शुजाउद्दौला को अंग्रेजों द्वारा कब हटाया गया?

A. 1765 ई. B. 1754 ई.

C. 1775 ई. D. 1772 ई.

53. अंग्रेज कर्नल फ्लैचर ने अवध के सूबेदार शुजाउद्दौला को पराजित कर प्रदेश के किन दो नगरों पर कब्जा किया था?

A. बनारस-इलाहाबाद B. मथुरा-जौनपुर

C. आगरा-कानपुर D. गाजीपुर-अलीगढ़

54. प्रदेश के मेरठ नगर में प्रथम स्वतंत्रता संग्राम का प्रारम्भ कब हुआ?

A. 10 अप्रैल, 1857 B. 17 जून, 1857

C. 10 मई, 1857 D. 28 मई, 1857

55. सन् 1857 में अवध में ब्रिटिश सरकार के विरुद्ध हुए विद्रोह को किसकी सहायता से दबाया जा सका?

A. पहाड़ी B. जर्मन

C. गोरखा D. जाट

56. प्रथम स्वतंत्रता संग्राम के दौरान अवध में हुए विद्रोह का नेतृत्व किसने किया था?

A. बेगम हजरत महल B. नाना साहब

C. बहादुर खान D. तांत्या टोपे

57. प्रदेश में झांसी के किले पर अंग्रेजों का अधिकार कब हुआ?

A. 25 जून, 1858 ई. B. 10 मई, 1858 ई.

C. 12 अगस्त, 1858 ई. D. 5 अप्रैल, 1858 ई.

58. अवध अंग्रेजों के अधिकार में कब आया?

A. 17 फरवरी, 1857 ई. B. 6 सितम्बर, 1857 ई.

C. 10 जुलाई, 1857 ई. D. 18 दिसम्बर, 1857 ई.

59. बहलोल लोदी (1448 ई.) ने प्रदेश के किस स्थान पर अधिकार किया था?

A. जौनपुर B. कालिंजर

C. आगरा D. मथुरा

60. ईस्ट इण्डिया कम्पनी ने 20 मार्च, 1772 ई.में प्रदेश का कौनसा बड़ा किला हथियाया था?

A. चुनार दुर्ग B. जौनपुर का किला

C. इलाहाबाद का किला D. इनमें से कोई नहीं

51.A 52.A 53.A 54.C 55.C 56.A 57.D 58.B 59.A 60.A

61. निम्नलिखित में से कौनसा व्यक्ति अलीगढ़ आन्दोलन से सम्बन्धित था?

A. सर सैय्यद अहमद खां
B. अजीमुल्ला खां
C. अबुल कलाम आजाद
D. आगा खां

62. बरेली में स्वतंत्रता संग्राम का नेतृत्व किसने किया?

A. बेगम हजरत महल
B. अजीमुल्ला खां
C. खान बहादुर खान
D. तांत्या टोपे

63. सन् 1857 के प्रथम स्वतंत्रता आन्दोलन का सबसे बड़ा केन्द्र प्रदेश का कौनसा नगर था?

A. मेरठ
B. लखनऊ
C. कानपुर
D. इलाहाबाद

64. हूण-गुप्त युद्ध के दौरान हूणों ने प्रदेश के निम्नलिखित में से किस नगर पर आक्रमण नहीं किया था?

A. मथुरा
B. कौशाम्बी
C. कन्नौज
D. अलीगढ़

65. कुतुबुद्दीन ऐबक ने 1193 ई. में प्रदेश के किस नगर को मुस्लिम राज्य में मिलाया था?

A. बिजनौर
B. अलीगढ़
C. इलाहाबाद
D. मेरठ

66. प्रयाग (इलाहाबाद) स्तम्भ लेख की लम्बाई कितनी है?

A. 30 फीट
B. 20 फीट
C. 35 फीट
D. 15 फीट

67. प्रदेश के प्रयाग (इलाहाबाद) स्तम्भ लेख को सर्वप्रथम किसने पढ़ा?

A. जेम्स प्रिसेप
B. जहांगीर
C. अल्बेरूनी
D. जेम्स फिनेट

68. प्रयाग स्तम्भ पर अशोक द्वारा कितने लेख उत्कीर्ण करवाए गए?

A. 5 लेख
B. 6 लेख
C. 8 लेख
D. 4 लेख

69. प्रयाग स्तम्भ पर अशोक के अतिरिक्त किस गुप्त शासक का महत्त्वपूर्ण लेख अंकित है?

A. कुमार गुप्त
B. चन्द्रगुप्त प्रथम
C. चन्द्रगुप्त द्वितीय
D. समुद्रगुप्त

70. प्रयाग स्तम्भ लेख पर किस मुगल शासक की राज्यारोहण की तिथि व वंशावली अंकित है?

A. जहांगीर
B. अकबर
C. शाहजहां
D. औरंगजेब

61.A 62.C 63.C 64.D 65.D 66.C 67.A 68.B 69.D 70.A

71. अहरौरा शिलालेख प्रदेश के किस जिले में पाया गया है?

A. इलाहाबाद
B. वाराणसी
C. गोरखपुर
D. अयोध्या

72. प्रदेश के सारनाथ (वाराणसी) नामक स्थान पर किस सम्राट् का अति महत्त्वपूर्ण स्तम्भ लेख स्थित है?

A. चन्द्रगुप्त द्वितीय
B. कुमार गुप्त
C. अशोक
D. समुद्रगुप्त

73. प्रदेश के किस स्तम्भ लेख से भारत के राष्ट्रीय चिह्न को लिया गया है?

A. प्रयाग स्तम्भ लेख
B. कौशाम्बी स्तम्भ लेख
C. मथुरा स्तम्भ लेख
D. सारनाथ स्तम्भ लेख

74. प्रदेश में चौखण्डी स्तूप कहां पर स्थित है?

A. इलाहाबाद
B. सारनाथ (वाराणसी)
C. कौशाम्बी
D. गोरखपुर

75. प्रदेश के सारनाथ में स्थित 'धर्म राजिक स्तूप' की खुदाई किसके द्वारा करवाई गई जिससे यह पता लगता है कि इस स्तूप का जीर्णोद्धार सात बार हुआ था?

A. 1908 ई. में श्री मार्शल द्वारा
B. 1890 ई. में श्री ए.ओ. ह्यूम द्वारा
C. 1905 ई. में श्री दयाराम साहनी द्वारा
D. 1895 में श्री कनिंघम द्वारा

76. प्रदेश के सारनाथ में स्थित 'धर्म राजिक' स्तूप का अन्तिम जीर्णोद्धार किस शताब्दी में हुआ था?

A. 12वीं शताब्दी
B. 13वीं शताब्दी
C. 11वीं शताब्दी
D. 10वीं शताब्दी

77. प्रदेश के मथुरा नगर में किस शासक का स्तम्भ लेख स्थित है?

A. हुविष्क
B. कनिष्क
C. समुद्रगुप्त
D. अशोक

78. प्रदेश के मथुरा में स्थित कनिष्क द्वारा स्थापित स्तम्भ लेख किस लिपि में लिखा है?

A. हिन्दी में
B. वैदिक लिपि में
C. संस्कृत में
D. ब्राह्मी लिपि में

79. प्रदेश के कौशाम्बी नामक स्थान पर किस शासक का स्तम्भ लेख स्थित है?

A. कनिष्क
B. बिन्दुसार
C. अशोक
D. समुद्रगुप्त

80. प्रदेश का कौशाम्बी स्तम्भ लेख किस काल में प्रयाग में लाकर स्थापित किया गया?

A. मौर्यकाल में
B. अंग्रेजों के काल में
C. गुप्तकाल में
D. मुगलकाल में

71.B 72.C 73.D 74.B 75.A 76.C 77.B 78.D 79.C 80.D

81. प्रदेश के गोरखपुर जिले के सौहगौरा नामक स्थान पर स्थित कांस्य लेख किस काल का है?

A. मौर्यकाल　　B. शककाल

C. कुषाणकाल　　D. गुप्तकाल

82. प्रदेश का अयोध्या में स्थित शिलालेख किस काल का है?

A. मौर्यकाल　　B. कुषाणकाल

C. शुंगकाल　　D. गुप्तकाल

83. प्रदेश के गाजीपुर जिले में स्थित 'भितरी स्तम्भ लेख' किस शासक द्वारा उत्कीर्ण कराया गया?

A. अशोक　　B. समुद्रगुप्त

C. कनिष्क　　D. स्कन्दगुप्त

84. प्रदेश में शिवलिंग पर अंकित लेख कहां पर स्थित है?

A. वाराणसी के समीप अहरौरा ग्राम में　　B. फतेहपुर जिले के रेहग्राम में

C. बस्ती जिले के पिपरहवा ग्राम में　　D. इनमें से कहीं नहीं

85. प्राचीन कपिलवस्तु पिपरहवा ही था, यह जानकारी प्रदेश के किस लेख द्वारा होती है?

A. पिपरहवा के धातु लेख से (जिला बस्ती)

B. अहरौरा शिलालेख से (जिला वाराणसी)

C. शिवलिंग शिलालेख से (जिला फतेहपुर)

D. अयोध्या शिलालेख से

86. प्रदेश में मुगलकालीन लाल किला कहां पर स्थित है?

A. फतेहपुर सीकरी　　B. कानपुर

C. आगरा　　D. लखनऊ

87. प्रदेश में आगरा के लाल किले के द्वार पर किस राजपूत घुड़सवार की प्रतिमा बनी हुई है?

A. अमर सिंह राठौर　　B. राजा टोडरमल

C. राजा मानसिंह　　D. पृथ्वीराज चौहान

88. फतेहपुर सीकरी के किले का निर्माण किस मुगल शासक द्वारा करवाया गया था?

A. बाबर　　B. अकबर

C. शाहजहां　　D. जहांगीर

89. प्रदेश में प्रसिद्ध 'बुलन्द दरवाजा' कहां पर स्थित है?

A. फतेहपुर सीकरी　　B. आगरा

C. जौनपुर　　D. लखनऊ

90. प्रदेश में 'शेख सलीम चिश्ती की दरगाह' कहां पर स्थित है?

A. लखनऊ　　B. सहारनपुर

C. मेरठ　　D. फतेहपुर सीकरी

81.A　82.C　83.D　84.B　85.A　86.C　87.A　88.B　89.A　90.D

91. प्रदेश में अकबर की रानी 'जोधाबाई' का महल कहां पर स्थित है?

A. आगरा B. अकबराबाद C. फतेहपुर सीकरी D. फिरोजाबाद

92. प्रदेश की निम्नलिखित इमारतों में से कौनसी फतेहपुर सीकरी में स्थित नहीं है?

A. जहांगीर का महल B. मरियम का महल

C. बीरबल का महल D. पंच महल

93. प्रदेश के मेरठ जिले में स्थित 'बरनावा का किला' किस काल में बनवाया गया था?

A. मौर्यकाल B. महाभारत काल C. रामायण काल D. मुगल काल

94. चौदहवीं शताब्दी में शर्की सुल्तानों द्वारा स्थापित 'शर्की किला' प्रदेश में कहां पर स्थित है?

A. बदायूं B. आगरा C. मेरठ D. जौनपुर

95. प्रदेश में ललितपुर जिले के देवगढ़ नामक स्थान पर बना किला किस काल का है?

A. गुप्तकाल B. मौर्यकाल C. मुगल काल D. मध्य काल

96. प्रदेश में स्थित कालाकांकर दुर्ग (प्रतापगढ़) कब और किसके द्वारा बनवाया गया था?

A. 1405 ई. में कुतुबुद्दीन ऐबक द्वारा B. 1628 ई. में राजा तेजसिंह द्वारा

C. 1608 ई. में अकबर द्वारा D. 1680 ई. में राजा मानसिंह द्वारा

97. प्रदेश में स्थित 'मंगलगढ़ दुर्ग' (हमीरपुर) किस काल में बनवाया गया था?

A. चंदेला काल B. मुगल काल C. कुषाण काल D. गुप्त काल

98. वाजिद अली शाह के समय में जिस इमारत में नर्तकियां रहा करती थीं, उसे किस नाम से पुकारा जाता था?

A. काकामहल B. खासमहल C. परीखाना पैलेस D. फिरंगी महल

99. सुमेलित कीजिए और दिए गए विकल्पों में से सही विकल्प चुनिए।

(a) हनुमानगढ़ी	1. फैजाबाद
(b) किला मुबारक	2. अयोध्या
(c) झांसी दुर्ग	3. झांसी
(d) बरावा सागर का किला	4. झांसी

	(a)	*(b)*	*(c)*	*(d)*
A.	2	1	4	3
B.	1	2	3	4
C.	2	3	1	4
D.	4	3	2	1

100. प्रदेश के झांसी जिले में स्थित बरावा सागर का किला कब और किसके द्वारा बनवाया गया?

A. 1405 में मुहम्मद तुगलक द्वारा B. 1370 में इल्तुतमिश द्वारा

C. 1808 में राजा वीरसिंह द्वारा D. 1785 में ओरछा नरेश उद्यतसिंह द्वारा

91.C 92.A 93.B 94.D 95.A 96.B 97.A 98.C 99.A 100.D

101. नीचे दिए गए जोड़ों में गलत जोड़ा बताइए?

A. गढ़वा का किला—इलाहाबाद B. तालबेहट किला—जालौन

C. महावन दुर्ग—मथुरा D. कंस का किला—मथुरा

102. प्रदेश के ललितपुर जिले में स्थित 'तालबेहट का किला' कब और किसके द्वारा बनवाया गया था?

A. 1618 में राजा भरतशाह द्वारा B. 1526 में बाबर द्वारा

C. 1645 में राजा भागमल द्वारा D. 1617 में राजा बीरबल द्वारा

103. सुमेलित कीजिए और दिए गए विकल्पों में से सही विकल्प चुनिए।

(a) कालपी दुर्ग 1. वाराणसी

(b) रामनगर दुर्ग 2. बांदा

(c) अकबरी किला 3. जालौन

(d) कालिंजर का किला 4. इलाहाबाद

	(a)	*(b)*	*(c)*	*(d)*
A.	1	2	3	4
B.	2	4	1	3
C.	3	1	4	2
D.	3	2	1	4

104. निम्नलिखित में से कौनसी इमारत अकबर द्वारा बनवाई हुई नहीं है?

A. रामबाग B. जहांगीर महल C. आगरा का किला D. अकबर का किला

105. आगरा के रामबाग का निर्माण कब और किसके द्वारा करवाया गया था?

A. अकबर, 1556 B. हुमायूं, 1532

C. शाहजहां, 1637 D. बाबर, 1526

106. प्रदेश के सिकन्दरा में स्थित अकबर का मकबरा किसके द्वारा बनवाया गया था?

A. अकबर B. जहांगीर

C. शाहजहां D. नूरजहां

107. सुमेलित कीजिए और दिए गए विकल्पों में से सही विकल्प चुनिए।

(a) एतमादुद्दौला का मकबरा 1. आगरा का किला

(b) खास महल 2. लखनऊ

(c) ताजमहल 3. आगरा

(d) बड़ा इमामबाड़ा 4. सिकन्दरा (आगरा)

	(a)	*(b)*	*(c)*	*(d)*
A.	1	3	4	2
B.	4	1	3	2
C.	2	1	4	3
D.	3	2	1	4

101.B 102.A 103.C 104.A 105.D 106.B 107.B

108. निम्नलिखित में से कौनसी इमारत आगरा के किले में स्थित नहीं है ?

A. शीशमहल
B. दीवाने खास
C. खास महल
D. चीनी का रोजा

109. प्रदेश के लखनऊ शहर में स्थित 'छोटा इमामबाड़ा' नामक इमारत का निर्माण कब और किसके द्वारा करवाया गया था ?

A. मुहमद अली शाह, 1837
B. नवाब वाजिद अली शाह, 1818
C. नवाब आसफउद्दौला, 1785
D. शाहजहां, 1705

110. मथुरा में स्थित 'सती बुर्ज' का निर्माण कब और किसके द्वारा करवाया गया ?

A. राजा कल्याण चन्द, 1563
B. आदि शंकराचार्य, 8वीं सदी
C. आमेर के राजा भगवान दास, 1570
D. राजा मानसिंह, 1675

111. प्रदेश के आगरा नगर में स्थित 'ताजमहल' का निर्माण किस मुगल शासक द्वारा करवाया गया था ?

A. अकबर
B. शाहजहां
C. जहांगीर
D. नूरजहां

112. प्रदेश की कौनसी इमारत विश्व के सात आश्चर्यों में से एक है ?

A. लाल किला
B. झांसी का किला
C. ताजमहल
D. इनमें से कोई नहीं

113. प्रदेश में 'डोमराजा का महल' कहां पर स्थित है ?

A. मथुरा
B. झांसी
C. आगरा
D. वाराणसी

114. सुमेलित कीजिए, और दिए गए विकल्पों में से सही विकल्प चुनिए ?

(*a*) राजगढ़ महल	1. आगरा
(*b*) गढ़ी महल	2. फतेहपुर सीकरी
(*c*) काला महल	3. दतिया
(*d*) सुनहरा महल	4. गाजीपुर

	(*a*)	(*b*)	(*c*)	(*d*)
A.	1	2	3	4
B.	1	3	2	4
C.	4	3	1	2
D.	3	2	1	4

108.D 109.A 110.C 111.B 112.C 113.D 114.C

115. सम्राट् अकबर की तुर्की रानी 'रुकैया बेगम का शीशमहल' प्रदेश में कहां पर स्थित है ?

A. आगरा B. फतेहपुर सीकरी

C. फिरोजाबाद D. फतेहाबाद

116. राजा जसवंत सिंह की छतरी प्रदेश में कहां पर स्थित है ?

A. आगरा B. सादाबाद

C. गोवर्धन D. फतेहपुर सीकरी

117. अंग्रेजों के साथ युद्ध में मारे गए युवकों रणधीर सिंह और बलदेव सिंह की याद में बनी छतरियां प्रदेश में कहां पर हैं ?

A. बरसाना B. मथुरा

C. गोवर्धन D. आगरा

118. मुसम्मन छतरी प्रदेश में कहां पर स्थित है ?

A. आगरा के लाल किले में

B. बालाबेहट दुर्ग में

C. फतेहपुर सीकरी के बीरबल महल में

D. सादाबाद के बलराम मन्दिर के समीप

119. मथुरा में स्थित 'कुसुम सरोवरी छतरी' किसके द्वारा बनवाई गई ?

A. बीरबल द्वारा B. राजा टोडरमल द्वारा

C. पारिख और मनीराम द्वारा D. राजा सूरजमल द्वारा

120. सुमेलित कीजिए, और दिए गए विकल्पों में से सही विकल्प चुनिए।

(a) गंगा मोहन कुंज छतरी 1. बरसाना

(b) बीरबल महल की छतरियां 2. मथुरा

(c) रूपराम छतरी 3. सादाबाद

(d) हरिदेव छतरी 4. फतेहपुर सीकरी

	(a)	*(b)*	*(c)*	*(d)*
A.	1	3	4	2
B.	2	4	1	3
C.	3	2	1	4
D.	2	3	4	1

115.B 116.A 117.C 118.A 119.D 120.B

1. उत्तर प्रदेश का भौगोलिक क्षेत्रफल कितना है?

A. 3,94,411 वर्ग कि.मी. B. 2,40,928 वर्ग कि.मी.

C. 2,44,533 वर्ग कि.मी. D. 4,58,711 वर्ग कि.मी.

2. उत्तर प्रदेश का क्षेत्रफल सम्पूर्ण भारत के क्षेत्रफल का कितना प्रतिशत है?

A. 9.97 प्रतिशत B. 7.97 प्रतिशत

C. 7.3 प्रतिशत D. 6.9 प्रतिशत

3. भारत में क्षेत्र विस्तार की दृष्टि से उत्तर प्रदेश का कौनसा स्थान है?

A. पहला B. दूसरा

C. तीसरा D. चौथा

4. वर्ष 2011 की जनगणना के आधार पर उत्तर प्रदेश की कुल जनसंख्या कितनी है?

A. 19,98,12,341 B. 22,91,12,287

C. 18,91,12,287 D. 17,91,12,287

5. वर्ष 2011 की जनगणना के आधार पर उत्तर प्रदेश में पुरुषों की संख्या कितनी है?

A. 9,40,36,957 B. 10,44,80,510

C. 11,40,36,957 D. 12,50,36,957

6. वर्ष 2011 की जनगणना के आधार पर उत्तर प्रदेश में स्त्रियों की संख्या कितनी है?

A. 8,60,75,330 B. 7,50,75,330

C. 9,53,31,831 D. 11,40,75,330

7. भारत की सम्पूर्ण जनसंख्या में उत्तर प्रदेश का अंशदान कितने प्रतिशत है?

A. 14.37% B. 17.44%

C. 16.51% D. 19.44%

8. जनसंख्या की दृष्टि से उत्तर प्रदेश का सबसे बड़ा जिला कौनसा है?

A. वाराणसी B. इलाहाबाद

C. मेरठ D. देवरिया

9. उत्तर प्रदेश का सबसे कम जनसंख्या वाला जिला कौनसा है?

A. इलाहाबाद B. सहारनपुर

C. महोबा D. देवरिया

10. उत्तर प्रदेश का सबसे बड़ा नगर (जनसंख्या की दृष्टि से) कौनसा है?

A. लखनऊ B. कानपुर C. मुजफ्फरनगर D. मेरठ

1.B 2.C 3.D 4.A 5.B 6.C 7.C 8.B 9.C 10.B

11. 2011 की जनगणना के आधार पर प्रदेश में साक्षर पुरुषों का प्रतिशत कितना है?

A. 95.73% B. 66.73%

C. 70.73% D. 77.3%

12. 2011 की जनगणना के आधार पर प्रदेश में साक्षर महिलाओं का प्रतिशत कितना है?

A. 62.44% B. 80.21%

C. 72.14% D. 57.2%

13. उत्तर प्रदेश में सबसे कम क्षेत्रफल किस जिले का है?

A. गाजियाबाद B. रामपुर

C. लखनऊ D. संत रविदास नगर

14. उत्तर प्रदेश के नवीन जिलों में से कौन शामिल नहीं है?

A. अम्बेडकर नगर B. मऊनाथ भंजन

C. टांडा D. सिद्धार्थनगर

15. 2011 की जनगणना के आधार पर उत्तर प्रदेश में प्रति 1000 पुरुषों पर स्त्रियों की संख्या कितनी है?

A. 835 B. 965

C. 912 D. 922

16. उत्तर प्रदेश में कुल कितनी कमिश्नरियां हैं?

A. 11 B. 13

C. 15 D. 18

17. भारत की जनसंख्या का लगभग कितना भाग उत्तर प्रदेश में रहता है?

A. पांचवां B. सातवां

C. छठा D. आठवां

18. उत्तर प्रदेश में जिलों की संख्या कितनी है?

A. 65 B. 68

C. 70 D. 75

19. सन् 2011 की जनगणना के अनुसार भारतवर्ष की जनसंख्या कितनी है?

A. 1,21,08,54,977 B. 1,25,50,15,247

C. 1,16,20,15,580 D. 1,54,50,15,247

20. उत्तर प्रदेश का विभाजन कर उत्तराखंड राज्य कब बना?

A. 10 नवम्बर, 2000 B. 9 नवम्बर, 2000

C. 9 दिसम्बर, 2000 D. 15 नवम्बर, 2000

11.D 12.D 13.D 14.C 15.C 16.D 17.C 18.D 19.A 20.B

21. सन 2011 की जनगणना के अनुसार उत्तर प्रदेश में साक्षर व्यक्तियों की संख्या कितनी है?

A. 11,43,97,555 B. 10,07,70,275

C. 9,27,70,275 D. 12,48,80,275

22. सन् 2011 की जनगणना के अनुसार प्रदेश में साक्षर पुरुषों की संख्या कितनी है?

A. 6,82,34,964 B. 5,93,56,220

C. 6,82,56,119 D. 8,52,56,120

23. सन् 2011 की जनगणना के अनुसार प्रदेश में साक्षर महिलाओं की संख्या कितनी है?

A. 3,55,14,156 B. 5,24,14,156

C. 4,61,62,591 D. 64,614,556

24. 'उत्तर भारत का मैनचेस्टर' प्रदेश का कौनसा नगर कहलाता है?

A. कानपुर B. अलीगढ़

C. आगरा D. लखनऊ

25. प्रदेश का कौनसा नगर 'तालानगरी' के नाम से प्रसिद्ध है?

A. आगरा B. मेरठ

C. अलीगढ़ D. सहारनपुर

26. प्रदेश का निम्नलिखित में से कौनसा नगर यमुना नदी के किनारे स्थित है?

A. इलाहाबाद B. मथुरा

C. झांसी D. वाराणसी

27. प्रदेश के आगरा मण्डल (कमिश्नरी) के अन्तर्गत निम्नलिखित में से कौनसा जिला नहीं आता है?

A. मथुरा B. फिरोजाबाद

C. रामपुर D. मैनपुरी

28. प्रदेश के बरेली मण्डल (कमिश्नरी) के अन्तर्गत निम्नलिखित में से कौनसा जिला शामिल नहीं है?

A. मथुरा B. पीलीभीत

C. बदायूं D. शाहजहांपुर

29. ब्रिटिश शासनकाल में उत्तर प्रदेश की ग्रीष्मकालीन राजधानी निम्नलिखित में से कौनसा नगर हुआ था?

A. श्रीनगर B. नैनीताल

C. मसूरी D. टिहरी गढ़वाल

21.A 22.A 23.C 24.A 25.C 26.B 27.C 28.A 29.B

30. प्रदेश का कौनसा नगर 'बागों के नगर' व 'पार्कों का नगर' के नाम से प्रसिद्ध है?

A. आगरा | B. वाराणसी
C. इलाहाबाद | D. लखनऊ

31. निम्नलिखित मण्डलों व उनसे सम्बद्ध जिलों के जोड़ों में से कौनसा गलत है?

A. मेरठ-गाजियाबाद, बुलन्दशहर, गौतमबुद्ध नगर
B. इलाहाबाद-प्रतापगढ़, फतेहपुर, उन्नाव
C. कानपुर-कानपुर, अकबरपुर, कानपुर देहात, इटावा
D. वाराणसी-जौनपुर, चन्दौली, गाजीपुर

32. महात्मा गांधी द्वारा चलाए गए 'सविनय अवज्ञा आन्दोलन' ने प्रदेश के किस स्थान पर हिंसक रूप धारण कर लिया था?

A. मेरठ | B. कानपुर
C. लखनऊ | D. चौरी-चौरा

33. प्रदेश में कहां पर महारानी विक्टोरिया का 1858 ई. का घोषणा-पत्र पढ़कर सुनाया गया था?

A. लखनऊ—अवध महल | B. इलाहाबाद—कम्पनी बाग
C. वाराणसी—सारनाथ | D. इलाहाबाद—कड़ा

34. प्रदेश की धार्मिक नगरी वाराणसी को निम्नलिखित में से किस नाम से नहीं जाना जाता है?

A. काशी | B. बनारस
C. विश्वनाथपुरी | D. प्रयाग

35. प्रदेश का कौनसा शहर 'सुहाग का शहर' के नाम से प्रसिद्ध है?

A. इलाहाबाद | B. गाजियाबाद
C. मुरादाबाद | D. फिरोजाबाद

36. प्रदेश के गंगा-यमुना दोआब में स्थित कौनसा नगर 'इम्पोरियम' के नाम से जाना जाता है?

A. मेरठ B. आगरा C. कानपुर D. लखनऊ

37. निम्नलिखित में से प्रदेश का कौनसा नगर 'कवाल टाउन' नहीं है?

A. कानपुर B. आगरा C. मेरठ D. इलाहाबाद

38. प्रदेश के सबसे दक्षिण में कौनसा जिला स्थित है?

A. ललितपुर B. मिर्जापुर C. झांसी D. सोनभद्र

39. प्रदेश के सबसे पूर्व में कौनसा जिला स्थित है?

A. बलिया B. गोंडा C. गोरखपुर D. आजमगढ़

40. प्रदेश का कौनसा नगर 'नाथनगरी' के नाम से प्रसिद्ध है?

A. बलिया B. इलाहाबाद C. गोरखपुर D. बनारस

30.D 31.B 32.D 33.C 34.D 35.D 36.C 37.C 38.D 39.A 40.C

41. उत्तर प्रदेश का सबसे प्राचीन नगर कौनसा है?

A. वाराणसी	B. इलाहाबाद

C. लखनऊ	D. आगरा

42. प्रदेश के निम्न में से किस नगर को फिरोजशाह तुगलक द्वारा बसाया गया था?

A. आगरा	B. फिरोजाबाद

C. आजमगढ़	D. फतेहाबाद

43. लखनऊ (अवध) के संस्थापक का नाम बताइए।

A. अकबर (1572 ई.)	B. सिकन्दर लोदी (1504 ई.)

C. राजा कल्याण चन्द (1560 ई.)	D. सआदत खाँ (1772 ई.)

44. प्रदेश के निम्नलिखित नगरों में से कौनसा नगर अकबर द्वारा नहीं बसाया गया था?

A. इलाहाबाद	B. जौनपुर

C. जलालपुर (अम्बेडकर नगर जिला)	D. जलालाबाद

45. प्रदेश का आजमगढ़ नगर किस मुगल शासक द्वारा बसाया गया?

A. औरंगजेब	B. हुमायूं

C. अकबर	D. शाहजहां

46. प्रदेश का कौनसा नगर 'ताज नगरी' के नाम से प्रसिद्ध है?

A. लखनऊ	B. देहरादून

C. आगरा	D. मसूरी

47. गाजीपुर जिला किस मण्डल में है?

A. मिर्जापुर	B. आजमगढ़

C. वाराणसी	D. गोरखपुर

48. प्रदेश का उच्च न्यायालय कहां पर स्थित है?

A. लखनऊ	B. इलाहाबाद

C. मेरठ	D. आगरा

49. प्रदेश में उच्च न्यायालय की स्थापना कब हुई थी?

A. 1866 ई.	B. 1908 ई.

C. 1880 ई.	D. 1915 ई.

50. प्रदेश के उच्च न्यायालय के मुख्य न्यायाधीश की नियुक्ति राष्ट्रपति किनके परामर्श से करता है?

A. प्रदेश के राज्यपाल व सर्वोच्च न्यायालय के न्यायाधीश

B. प्रदेश के राज्यपाल व मुख्यमंत्री

C. प्रदेश के मुख्यमंत्री व सर्वोच्च न्यायालय के न्यायाधीश

D. प्रधानमंत्री व प्रदेश के राज्यपाल

41.A **42.B** **43.D** **44.B** **45.A** **46.C** **47.C** **48.B** **49.A** **50.A**

51. उत्तर प्रदेश लोक सेवा आयोग का मुख्यालय कहां पर स्थित है ?

A. लखनऊ
B. वाराणसी
C. मेरठ
D. इलाहाबाद

52. प्रदेश के उच्च न्यायालय का मुख्य न्यायाधीश कितने वर्ष की आयु तक अपने पद पर बना रह सकता है ?

A. 65 वर्ष
B. 58 वर्ष
C. 62 वर्ष
D. 60 वर्ष

53. प्रदेश के उच्च न्यायालय के अधीन सबसे बड़ा न्यायालय क्या कहलाता है ?

A. जिला न्यायालय
B. दीवानी न्यायालय
C. राजस्व परिषद्
D. फौजदारी न्यायालय

54. प्रदेश के उच्च न्यायालय के अधीन माल के क्षेत्र में सबसे बड़ी अदालत कौनसी है ?

A. लोक सेवा आयोग
B. राजस्व परिषद्
C. जिला न्यायालय
D. कोई नहीं

55. प्रदेश के जिले का न्यायाधीश सेशन जज कब कहलाता है ?

A. फौजदारी मुकदमों को सुनने पर
B. दीवानी मुकदमों को सुनने पर
C. मालगुजारी सम्बन्धी मुकदमों को सुनने पर
D. उपर्युक्त में से कोई नहीं

56. प्रदेश में उच्च न्यायालय के अधीन फौजदारी का सबसे बड़ा न्यायालय क्या कहलाता है ?

A. दीवानी न्यायालय
B. सेशन कोर्ट
C. मालगुजारी न्यायालय
D. मुन्सिफ का न्यायालय

57. प्रदेश के जिला वाराणसी में पारिवारिक न्यायालय की स्थापना कब की गई ?

A. 1993-94 में
B. 1992-93 में
C. 1990-91 में
D. 1994-95 में

58. भारत का सबसे बड़ा उच्च न्यायालय किस प्रदेश में स्थित है ?

A. उत्तर प्रदेश
B. पंजाब
C. मध्य प्रदेश
D. राजस्थान

59. प्रदेश के उच्च न्यायालय की खण्डपीठ कहां पर है ?

A. मेरठ
B. कानपुर
C. सहारनपुर
D. लखनऊ

60. ज्ञानपुर तहसील किस जिले में स्थित है?

A. आजमगढ़
B. मऊ
C. संत रविदास नगर
D. बस्ती

51.D 52.C 53.A 54.B 55.A 56.B 57.D 58.A 59.D 60.C

61. प्रदेश में न्यायिक प्रशिक्षण व अनुसंधान संस्थान कब और कहां स्थापित किया गया?

A. इलाहाबाद, 1910 B. कानपुर, 1988

C. मथुरा, 1957 D. लखनऊ, 1986

62. उत्तर प्रदेश में विधान परिषद् के कुल सदस्यों में से कितने का निर्वाचन स्नातकों व अध्यापकों द्वारा किया जाता है?

A. 1/12 B. 1/4 C. 1/2 D. 1/6

63. प्रदेश लोक सेवा आयोग का अध्यक्ष अपने पद पर कितने वर्ष तक कार्य कर सकता है?

A. 60 वर्ष की आयु अथवा 4 वर्ष तक B. 62 वर्ष की आयु अथवा 6 वर्ष तक

C. 62 वर्ष की आयु अथवा 8 वर्ष तक D. 58 वर्ष की आयु अथवा 5 वर्ष तक

64. प्रदेश के दीवानी अथवा व्यवहार न्यायालय के अन्तर्गत निम्नलिखित में से कौनसा न्यायालय नहीं आता है?

A. जिला न्यायाधीश का न्यायालय B. मुन्सिफ का न्यायालय

C. खफीफा न्यायाधीश का न्यायालय D. दण्ड न्यायाधीश का न्यायालय

65. प्रदेश के माल अथवा राजस्व न्यायालय के अन्तर्गत निम्नलिखित में से कौनसा न्यायालय नहीं आता है?

A. राजस्व परिषद् न्यायालय B. मुन्सिफ का न्यायालय

C. आयुक्त का न्यायालय D. तहसीलदार का न्यायालय

66. उत्तर प्रदेश में द्विसदनीय व्यवस्थापिका है जिसमें से एक विधानसभा है तो दूसरा सदन क्या कहलाता है?

A. मंत्रिपरिषद् B. राज्यसभा

C. विधानमंडल D. विधान परिषद्

67. संविधान द्वारा प्रदेश को प्रदान सभी शक्तियों का प्रयोग करने व कार्य करने का अधिकार किसे प्राप्त है?

A. मंत्रिमण्डल को B. राज्यपाल को

C. मुख्यमंत्री को D. विधानसभा को

68. प्रदेश की मंत्रिपरिषद् किसके प्रति उत्तरदायी होती है?

A. राज्यपाल के B. विधानसभा के C. मुख्यमंत्री के D. विधान परिषद् के

69. उत्तर प्रदेश कितने संभागों में विभक्त है?

A. 12 B. 15 C. 13 D. 18

70. प्रदेश के जिले का सबसे बड़ा अधिकारी क्या कहलाता है?

A. जिलाधीश B. आयुक्त

C. तहसीलदार D. कानूनगो

61.D 62.D 63.B 64.D 65.B 66.D 67.A 68.B 69.D 70.A

71. प्रदेश की विधानसभा में कितने सदस्य हैं?

A. 405 B. 450

C. 480 D. 404

72. पूरे उत्तर प्रदेश को कुल कितने निर्वाचन क्षेत्रों में विभाजित किया गया है?

A. 430 B. 410

C. 403 D. 405

73. विधानसभा का कार्यकाल कितने वर्ष का होता है?

A. 6 वर्ष B. 2 वर्ष

C. 4 वर्ष D. 5 वर्ष

74. प्रदेश विधान परिषद् में कुल कितने सदस्य हैं?

A. 114 B. 116

C. 100 D. 104

75. प्रदेश विधान परिषद् के सदस्यों का कार्यकाल कितना होता है?

A. 6 वर्ष B. 5 वर्ष

C. 4 वर्ष D. 3 वर्ष

76. प्रदेश विधान परिषद् के सदस्यों का निर्वाचन किस पद्धति द्वारा होता है?

A. एकल संक्रमणीय पद्धति B. स्नातकों द्वारा

C. सीधे जनता द्वारा D. मनोनीत कर

77. प्रदेश से लोकसभा हेतु निर्वाचित संसद् सदस्यों की संख्या कितनी है?

A. 90 B. 80

C. 95 D. 75

78. प्रदेश विधानसभा के निर्वाचन हेतु किसी प्रत्याशी की आयु कितनी होनी चाहिए?

A. 30 वर्ष B. 25 वर्ष

C. 21 वर्ष D. 35 वर्ष

79. प्रदेश विधान परिषद् के कितने सदस्यों को राज्यपाल मनोनीत करता है?

A. 10 B. 8

C. 2 D. 18

80. प्रदेश विधान परिषद् के कितने सदस्य स्नातकों तथा शिक्षकों द्वारा चुने जाते हैं?

A. 15 B. 18

C. 12 D. 16

71.D 72.C 73.D 74.C 75.A 76.A 77.B 78.B 79.C 80.B

81. प्रदेश विधान परिषद् के कितने सदस्य प्रति दो वर्ष के पश्चात् अपना स्थान रिक्त करते हैं?

A. 1/4 B. 2/3 C. 1/2 D. 1/3

82. प्रदेश में प्रथम बार लोकायुक्त के पद की व्यवस्था कब की गई?

A. 1965 के लोकायुक्त अधिनियम के अन्तर्गत

B. 1985 के लोकायुक्त अधिनियम के अन्तर्गत

C. 1975 के लोकायुक्त अधिनियम के अन्तर्गत

D. 1995 के लोकायुक्त अधिनियम के अन्तर्गत

83. प्रदेश के प्रथम लोकायुक्त श्री विशम्भर दयाल को इस पद पर कब नियुक्त किया गया था?

A. 14 सितम्बर, 1977 B. 10 दिसम्बर, 1980

C. 18 जनवरी, 1975 D. 14 सितम्बर, 1972

84. प्रदेश विधान परिषद्, विधानमण्डल का कौनसा सदन कहलाता है?

A. प्रथम सदन B. द्वितीय सदन

C. उच्च सदन D. निम्न सदन

85. प्रदेश में स्थानीय स्वायत्त शासन का ढांचा किस प्रकार का है?

A. एकस्तरीय B. द्विस्तरीय

C. त्रिस्तरीय D. चतुर्स्तरीय

86. प्रदेश में नगरपालिका के गठन हेतु किसी नगर की जनसंख्या कम-से-कम कितनी होनी चाहिए?

A. 20 हजार B. 30 हजार

C. 40 हजार D. 50 हजार

87. प्रदेश में निम्नलिखित में से किन नगरों में महापालिका नहीं है?

A. जौनपुर व भदोही B. इलाहाबाद व मेरठ

C. आगरा व वाराणसी D. कानपुर व लखनऊ

88. प्रदेश के ग्रामीण क्षेत्रों में शासन प्रबन्ध व विकास हेतु किस संस्था का गठन किया गया है?

A. जिला परिषद् B. न्याय पंचायत

C. ग्रामसंघ D. ग्राम विकास परिषद्

89. प्रदेश राज्यपाल की नियुक्ति कौन करता है?

A. प्रधानमंत्री B. राष्ट्रपति

C. मुख्यमंत्री D. गृहमंत्री

90. प्रदेश राज्यपाल का कार्यकाल सामान्यत: कितने वर्ष का होता है?

A. 5 वर्ष B. 2 वर्ष

C. 6 वर्ष D. 4 वर्ष

81.D 82.C 83.A 84.C 85.C 86.A 87.A 88.A 89.B 90.A

91. प्रदेश राज्यपाल के पद के लिए कम-से-कम कितनी आयु होनी चाहिए?

A. 25 वर्ष B. 30 वर्ष C. 35 वर्ष D. 50 वर्ष

92. प्रदेश के लोक सेवा आयोग के अध्यक्ष की नियुक्ति कौन करता है?

A. राष्ट्रपति B. प्रधानमंत्री C. मुख्यमंत्री D. राज्यपाल

93. प्रदेश की विधानसभा को भंग करने का अधिकार किसे है?

A. राज्यपाल को B. मुख्यमंत्री को

C. राष्ट्रपति को D. किसी को नहीं

94. प्रदेश के राज्यपाल को निम्नलिखित में से कौन-सा अधिकार प्राप्त है?

A. विधानसभा को भंग करने का अधिकार

B. विधानमण्डल को आमंत्रित करने, विसर्जित करने व स्थगित करने का अधिकार

C. अध्यादेश जारी करने का अधिकार

D. उपरोक्त सभी अधिकार प्राप्त हैं

95. प्रदेश के कुछ विषयों पर अध्यादेश जारी करने के लिए राज्यपाल को किसकी स्वीकृति लेने की आवश्यकता पड़ती है?

A. राष्ट्रपति B. प्रधानमंत्री

C. मुख्यमंत्री D. उच्च न्यायालय के न्यायाधीश

96. विधानसभा में धन विधेयक किसकी सिफारिश के बिना प्रस्तुत नहीं किया जा सकता?

A. गृहमंत्री B. राज्यपाल

C. मुख्यमंत्री D. प्रधानमंत्री

97. प्रदेश के उच्च न्यायालय के न्यायाधीश की नियुक्ति राष्ट्रपति किसके परामर्श से करता है?

A. राज्यपाल B. वित्तमंत्री

C. मुख्यमंत्री D. प्रधानमंत्री

98. प्रदेश में राष्ट्रपति किसके परामर्श से राष्ट्रपति शासन लागू करता है?

A. मुख्यमंत्री B. राज्यमंत्री

C. राज्यपाल D. किसी के परामर्श से नहीं

99. प्रदेश में राष्ट्रपति शासन के दौरान राज्यपाल किसके प्रतिनिधि के रूप में कार्य करता है?

A. राष्ट्रपति B. प्रधानमंत्री

C. मुख्यमंत्री D. किसी के नहीं

100. प्रदेश में राष्ट्रपति शासन के दौरान सम्पूर्ण कार्यपालिका की शक्तियां किसके हाथ में आ जाती हैं?

A. राष्ट्रपति B. गृहमंत्री C. मुख्यमंत्री D. राज्यपाल

91.C 92.D 93.A 94.D 95.A 96.B 97.A 98.C 99.A 100.D

101. प्रदेश के प्रथम राज्यपाल का नाम बताइए?
A. श्री के.एम. मुंशी
B. श्रीमती सरोजनी नायडू
C. श्री विश्वनाथ दास
D. श्री एम. चेन्ना रेड्डी

102. श्री वराहगिरि व्यंकट गिरि कब से कब तक प्रदेश के राज्यपाल रहे?
A. 10 जून, 1950 से 30 जून, 1957
B. 16 अप्रैल, 1962 से 30 अप्रैल, 1967
C. 10 जून, 1957 से 30 जून, 1960
D. 1 जुलाई, 1962 से 13 सितम्बर, 1965

103. उत्तर प्रदेश का 72वाँ नया जिला है–
A. मैनपुरी
B. महामाया नगर
C. नोएडा
D. छत्रपति शाहूजी महाराज नगर

104. प्रदेश के मंत्रिपरिषद् का मुखिया क्या कहलाता है?
A. मुख्यमंत्री
B. राज्यपाल
C. गृहमंत्री
D. वित्तमंत्री

105. प्रदेश मुख्यमंत्री की नियुक्ति कौन करता है?
A. प्रधानमंत्री
B. मुख्य न्यायाधीश
C. राज्यपाल
D. संसद्

106. प्रदेश के मंत्रियों में प्रशासकीय विभागों का वितरण कौन करता है?
A. प्रधानमंत्री
B. मुख्यमंत्री
C. राज्यपाल
D. राष्ट्रपति

107. प्रदेश में कार्यपालिका शक्ति का प्रयोग कौन करता है?
A. राज्यपाल
B. प्रधानमंत्री
C. वित्तमंत्री
D. मुख्यमंत्री

108. प्रदेश मंत्रिपरिषद् की बैठक की अध्यक्षता कौन करता है?
A. उच्च न्यायालय का मुख्य न्यायाधीश
B. मुख्यमंत्री
C. राज्यपाल
D. उपराज्यपाल

109. प्रदेश में महत्त्वपूर्ण प्रशासकीय नियुक्तियां राज्यपाल किसके परामर्श से करता है?
A. मुख्यमंत्री
B. प्रधानमंत्री
C. राष्ट्रपति
D. उपराष्ट्रपति

110. उत्तर प्रदेश के प्रथम मुख्यमंत्री का नाम बताइए।
A. श्रीमती सुचेता कृपलानी
B. श्री चन्द्रभानु गुप्त
C. श्री गोविन्द बल्लभ पंत
D. डॉ. सम्पूर्णानन्द

101.B 102.C 103.D 104.A 105.C 106.B 107.D 108.B 109.A 110.C

111. प्रदेश में मुख्यमंत्री पद पर सबसे अधिक समय तक रहने वाले व्यक्ति का नाम बताइए।

A. गोविन्द बल्लभ पंत | B. हेमवती नंदन बहुगुणा
C. चौधरी चरण सिंह | D. श्री नारायण दत्त तिवारी

112. प्रदेश के भूतपूर्व मुख्यमंत्री श्री चन्द्रभानु गुप्त निम्न में से कितनी बार मुख्यमंत्री नियुक्त हुए?

A. छः बार B. दो बाद C. तीन बार D. चार बार

113. प्रदेश में सबसे अल्प समय तक कौन मुख्यमंत्री के पद पर रहे?

A. डॉ. सम्पूर्णानन्द | B. हेमवती नन्दन बहुगुणा
C. त्रिभुवन नारायण सिंह | D. गोविन्द बल्लभ पंत

114. उत्तर प्रदेश के मुख्यमंत्री पद से प्रधानमंत्री पद पर पहुंचने वाले किन्हीं दो व्यक्तियों के नाम बताइए?

A. चौधरी चरण सिंह-नारायण दत्त तिवारी
B. विश्वनाथ प्रताप सिंह-डॉ. सम्पूर्णानन्द
C. श्री गोविन्द वल्लभ पंत-विश्वनाथ प्रताप सिंह
D. चौधरी चरण सिंह-विश्वनाथ प्रताप सिंह

115. श्री आदित्यनाथ योगी प्रदेश के मुख्यमंत्री कब बने हैं?

A. 19-3-2017 | B. 15-9-2016
C. 30-8-2014 | D. 5-12-2015

116. सुश्री मायावती प्रथम बार प्रदेश की मुख्यमंत्री कब बनी थीं?

A. 10-6-1994 | B. 3-6-1995
C. 8-5-1992 | D. 12-4-1993

117. 'उत्तर प्रदेश राज एक्ट' पर गवर्नर जनरल द्वारा कब हस्ताक्षर किए गए?

A. 7 दिसम्बर, 1947 | B. 7 दिसम्बर, 1948
C. 7 जनवरी, 1947 | D. 10 मार्च, 1948

118. प्रदेश में पंचायतों ने कब कार्य करना आरम्भ किया?

A. 15 अगस्त, 1950 | B. 15 अगस्त, 1947
C. 15 अगस्त, 1949 | D. 15 अगस्त, 1952

119. उत्तर प्रदेश 'पंचायत राज संशोधन अधिनियम' कब पारित किया गया?

A. 1992 में | B. 1994 में
C. 1995 में | D. 1996 में

120. प्रदेश में क्षेत्र के प्रमुख और उप प्रमुखों का कार्य काल कितने वर्ष का होता है?

A. 4 वर्ष B. 6 वर्ष C. 7 वर्ष D. 5 वर्ष

111.A 112.D 113.C 114.D 115.A 116.B 117.A 118.C 119.B 120.D

121. निम्नलिखित में से कौनसा प्रदेश पंचायत व्यवस्था का अंग है ?

A. ग्राम सभा B. ग्राम पंचायत
C. क्षेत्र पंचायत D. इनमें से सभी

122. ग्राम सभा की सदस्यता प्राप्त करने के लिए कम-से-कम आयु सीमा कितनी है ?

A. 18 वर्ष B. 20 वर्ष
C. 19 वर्ष D. 21 वर्ष

123. प्रदेश ग्राम सभा का प्रधान कितने वर्ष तक अपने पद पर बना रह सकता है ?

A. 2 वर्ष तक B. 5 वर्ष तक
C. 6 वर्ष तक D. 8 वर्ष तक

124. प्रदेश ग्राम सभा के प्रधान के पद के लिए कम-से-कम आयु सीमा कितनी है ?

A. 18 वर्ष B. 25 वर्ष
C. 21 वर्ष D. 30 वर्ष

125. प्रदेश में ग्राम पंचायत का संगठन कम-से-कम कितने हजार की जनसंख्या पर किया जाता है ?

A. एक हजार B. तीन हजार
C. दो हजार D. पांच हजार

126. प्रदेश ग्राम पंचायत के प्रधान एवं उप-प्रधान के पद के लिए किसी व्यक्ति की आयु कम-से-कम कितनी होनी चाहिए ?

A. 18 वर्ष B. 30 वर्ष C. 25 वर्ष D. 21 वर्ष

127. 'प्रदेश पंचायत राज संशोधन अधिनियम' के अनुसार ग्राम पंचायत का कार्यकाल कितने वर्ष का होता है ?

A. 2½ वर्ष B. 5 वर्ष C. 3 वर्ष D. 6 वर्ष

128. वर्तमान में उत्तर प्रदेश की पंचायती राज-व्यवस्था कितने स्तरीय है ?

A. तीन स्तरीय B. चार स्तरीय
C. पांच स्तरीय D. दो स्तरीय

129. प्रदेश में वर्तमान समय में कितनी ग्राम पंचायत की समितियां हैं ?

A. पाँच B. छः C. सात D. आठ

130. प्रधान या उप-प्रधान को हटाने के लिए कोई बैठक उसके चुनाव के कितने वर्ष के भीतर नहीं बुलाई जा सकती ?

A. चार वर्ष B. तीन वर्ष C. दो वर्ष D. एक वर्ष

121.D 122.A 123.B 124.C 125.A 126.D 127.B 128.A 129.B 130.D

131. नई पंचायती राज्य-व्यवस्था में पिछड़े वर्गों के लिए ग्राम पंचायतों में कितनी प्रतिशत सीटें आरक्षित रखने का प्रावधान है ?

A. 21%　　B. 22%
C. 25%　　D. 27%

132. उत्तर प्रदेश 'पंचायत राज संशोधन अधिनियम, 1994' के अनुसार जिला परिषद् व क्षेत्र समिति के नाम बदलकर क्या रखे गए हैं ?

A. जिला पंचायत व क्षेत्र पंचायत　　B. ग्राम सभा व न्याय पंचायत
C. जिला समिति व क्षेत्र समिति　　D. कोई नहीं

133. ग्राम पंचायत में एक प्रधान और एक उप-प्रधान के अतिरिक्त कितने सदस्य हो सकते हैं।

A. 5 से 10　　B. 9 से 15
C. 10 से 15　　D. 8 से 12

134. प्रदेश जिला पंचायत के अध्यक्ष और उपाध्यक्ष का चुनाव किस प्रकार होता है ?

A. गुप्त मतदान द्वारा　　B. राज्यपाल द्वारा
C. जनता द्वारा　　D. जिला अधिकारी द्वारा

135. उत्तर प्रदेश जिला पंचायत का कार्यकाल कितना है ?

A. 10 वर्ष　　B. 6 वर्ष
C. 5 वर्ष　　D. 2 वर्ष

131.D　132.A　133.B　134.A　135.C

भौगोलिक स्थिति एवं संरचना

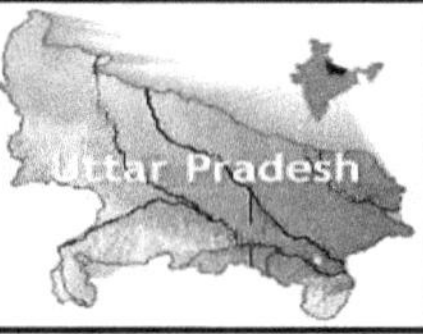

1. उत्तर प्रदेश को कितने प्राकृतिक भागों में बांटा जा सकता है?
   A. 2 B. 3 C. 4 D. 5
2. विस्तृत मैदानी भाग को कितने उप-भागों में बांटा जा सकता है?
   A. 3 B. 2 C. 4 D. 5
3. उत्तर प्रदेश के उत्तरी भाग को कौनसे देश की सीमा स्पर्श करती है?
   A. चीन B. पाकिस्तान C. नेपाल D. बांग्ला देश
4. उत्तर प्रदेश किस प्राचीनतम भू-भाग का हिस्सा है?
   A. अंगारा लैण्ड B. गोंडवाना लैण्ड
   C. ओशेविया D. यूरेशिया
5. उत्तर प्रदेश की पूर्वी सीमा निम्नलिखित में से किससे मिलती है?
   A. नेपाल B. पश्चिम बंगाल
   C. बिहार D. मध्य प्रदेश
6. गंगा के ऊपरी मैदानी भाग की जलवायु कैसी है?
   A. गर्म और आर्द्र B. गर्म
   C. आर्द्र D. शुष्क
7. गंगा के ऊपरी मैदानी भाग का ग्रीष्म ऋतु में औसत तापमान कितना रहता है?
   A. 10° से 30° से. तक B. 30° से 38° से. तक
   C. 30° से 34° से. तक D. 25° से 34° से. तक
8. गंगा के ऊपरी मैदानी भाग का शीत ऋतु में औसत तापमान कितना रहता है?
   A. 15° से 18° से. तक B. 14° से 18° से. तक
   C. 12° से 18° से. तक D. 14° से 17° से. तक
9. गंगा के ऊपरी मैदान की लम्बाई व चौड़ाई कितनी है?
   A. 500 कि.मी. एवं 80 कि.मी. B. 500 कि.मी. एवं 90 कि.मी.
   C. 600 कि.मी. एवं 80 कि.मी. D. 400 कि.मी. एवं 70 कि.मी.
10. गंगा के मध्य मैदानी भाग की ऊंचाई कितनी है?
    A. 175 से 225 मी. B. 190 से 390 मी.
    C. 150 से 325 मी. D. 145 से 225 मी.

1.A 2.A 3.C 4.B 5.C 6.A 7.C 8.B 9.A 10.D

11. गंगा नदी के पूर्वी मैदानी क्षेत्र की समुद्र तल से ऊंचाई लगभग कितनी है ?

A. 80-100 मीटर B. 90-100 मीटर

C. 80-95 मीटर D. 70-90 मीटर

12. गंगा के मध्य मैदानी भाग में पाई जाने वाली कृषि-योग्य मिट्टी कौनसी है ?

A. काँप मिट्टी B. दोमट मिट्टी

C. बलुई मिट्टी D. जलोढ़ मिट्टी

13. गंगा के पूर्वी मैदानी भाग में पाई जाने वाली प्रमुख मिट्टी कौनसी है ?

A. दोमट मिट्टी B. जलोढ़ मिट्टी

C. बलुई मिट्टी D. बलुई-दोमट मिट्टी

14. बुन्देलखण्ड व बघेलखण्ड के भू-भाग उत्तर प्रदेश के किस भाग के अन्तर्गत आते हैं ?

A. हिमालय के पर्वतीय भाग के अन्तर्गत

B. गंगा के ऊपरी मैदानी भाग के अन्तर्गत

C. गंगा के पूर्वी मैदानी भाग के अन्तर्गत

D. दक्षिणी पठारी भाग के अन्तर्गत

15. उत्तर प्रदेश के दक्षिण में स्थित पठारी भाग की सर्वाधिक ऊंची पहाड़ी कौनसी है ?

A. सोनाकर B. बघेलखण्ड

C. कैमूर D. विंध्याचल

16. उत्तर प्रदेश में 'भाभर' की तंग पट्टी किस स्थान पर पाई जाती है ?

A. तराई क्षेत्र में B. गंगा-यमुना के क्षेत्र में

C. मैदानी क्षेत्र में D. कंकरीले क्षेत्र में

17. उत्तर प्रदेश के दक्षिण में स्थित पठारी भू-भाग को किस नाम से जाना जाता है ?

A. सतपुड़ा पठार B. विंध्य पठार

C. बुन्देलखण्ड का पठार D. बघेलखण्ड का पठार

18. उत्तर प्रदेश की जलवायु कैसी है ?

A. ऊष्ण कटिबन्धीय मानसूनी B. गर्म-शुष्क मानसूनी

C. शीतोष्ण कटिबन्धीय D. समशीतोष्ण मानसूनी

19. उत्तर प्रदेश में शीत ऋतु में तापमान किस ओर से किस ओर को बढ़ता है ?

A. पूर्व से पश्चिम B. दक्षिण से उत्तर

C. पश्चिम से पूर्व D. उत्तर से दक्षिण

20. उत्तर प्रदेश में वर्षा ऋतु में औसतन कितने प्रतिशत वर्षा होती है ?

A. 65-70% B. 75-80%

C. 90-95% D. 70-75%

11.A 12.A 13.B 14.D 15.A 16.A 17.C 18.A 19.D 20.B

21. उत्तर प्रदेश में वर्षा मुख्यत: किस मानसून से होती है ?

A. उत्तर-पश्चिम B. दक्षिण-पश्चिम

C. बंगाल की खाड़ी D. अरब सागर

22. उत्तर प्रदेश को वर्षा वितरण के आधार पर कितने जलवायु विभागों में विभाजित किया गया है ?

A. दो B. तीन C. चार D. पांच

23. उत्तर प्रदेश की प्रमुख नदियों और उनके उद्‌गम स्थल के जोड़ों में से गलत जोड़ा कौनसा है ?

A. गंगा—गोमुखी हिमानी (गंगोत्री के समीप)

B. यमुना—यमुनोत्री

C. शारदा—कोणियाला

D. घाघरा—मारचा चुंगु

24. उत्तर प्रदेश की सीमा के अन्दर आकर मिलने वाली नदियों के नाम बताइए ?

A. गोमती, गंडक, कोसी B. रामगंगा, यमुना, गोमती

C. सोन, घाघरा, गंडक D. यमुना, गंडक, गोमती

25. उत्तर प्रदेश की प्रमुख नदी गंगा की कुल लम्बाई कितनी है ?

A. 3,610 कि.मी. B. 2,525 कि.मी.

C. 2,865 कि.मी. D. 2,569 कि.मी.

26. उत्तर प्रदेश में बहने वाली गोमती नदी, किस स्थान पर गंगा नदी से मिलती है ?

A. प्रयाग B. गाजीपुर

C. कन्नौज D. उपर्युक्त में से कोई नहीं

27. उत्तर प्रदेश की प्रमुख नदी गंगा किन नदियों के मिलने से बनी है ?

A. देववाहिनी, भागीरथी B. अलकनन्दा, भागीरथी

C. भागीरथी, मन्दाकिनी D. भागीरथी, गंगोत्री

28. गंगा और यमुना नदी का संगम उत्तर प्रदेश के किस नगर में होता है ?

A. कानपुर B. इलाहाबाद C. वाराणसी D. लखनऊ

29. निम्नलिखित नगरों में से कौनसा नगर गंगा नदी के किनारे स्थित नहीं है ?

A. लखनऊ B. कानपुर

C. फर्रुखाबाद D. वाराणसी

30. उत्तर प्रदेश की प्रमुख नदी यमुना की लम्बाई कितनी है ?

A. 1,375 कि.मी. B. 2,356 कि.मी.

C. 3,400 कि.मी. D. 1,200 कि.मी.

21.C 22.D 23.C 24.B 25.B 26.B 27.B 28.B 29.A 30.A

31. उत्तर प्रदेश में कौन से नगर यमुना नदी के किनारे पर स्थित हैं?
A. मथुरा, आगरा, इटावा
B मेरठ, सहारनपुर, आयोध्या
C. लखनऊ, बनारस, जौनपुर
D. मुजफ्फरनगर, बरेली, खुर्जा

32. उत्तर प्रदेश की प्रमुख नदी रामगंगा की लम्बाई कितनी है?
A. 700 कि.मी
B. 600 कि.मी.
C. 750 कि.मी.
D. 500 कि.मी.

33. उत्तर प्रदेश में स्थित शारदा नदी के अन्य नाम कौन-कौनसे हैं?
A. वाणगंगा, भागीरथी, कृष्णा नदी
B. पहाड़ी नदी, सरस्वती, नारायनी
C. काली गंगा, काली नदी, सरयू या पूर्वी रामगंगा
D. वाण नदी, गंगा नदी

34. निम्नलिखित में से कौनसा नगर गोमती नदी के किनारे स्थित है?
A. बनारस
B. लखनऊ
C. मेरठ
D. सहारनपुर

35. बेतवा नदी उत्तर प्रदेश के किस स्थान के निकट यमुना नदी से मिलती है?
A. बदायूं
B. पीलीभीत
C. आगरा
D. हमीरपुर

36. केन नदी उत्तर प्रदेश में किस नदी से आकर मिलती है?
A. गंगा
B. यमुना
C. गोमती
D. रामगंगा

37. गण्डक नदी का उद्‌गम स्थल निम्नलिखित में से कौनसा है?
A. गंगोत्री हिमनद
B. त्रिशूली हिमनद
C. मुस्टोंग हिमनद
D. गण्डक हिमनद

38. उत्तर प्रदेश में स्थित 'अयोध्या' नगर किस नदी के किनारे स्थित है?
A. गंगा
B. यमुना
C. सरयू
D. गोमती

39. उत्तर प्रदेश का मिर्जापुर नगर किस नदी के किनारे स्थित है?
A. गंगा
B. यमुना
C. गोमती
D. सरयू

40. उत्तर प्रदेश में स्थित टाण्डादारी झील का निर्माण कैसे हुआ है?
A. वर्षा के पानी से
B. भूकंप की दरार से
C. छोटी-छोटी झीलों के समूह से
D. उपरोक्त में से किसी से नहीं

31.A 32.B 33.C 34.B 35.D 36.B 37.C 38.C 39.A 40.B

41. हिंगवा झील उत्तर प्रदेश के किस नगर में स्थित है?

A. कानपुर
B. लखनऊ
C. वाराणसी
D. इलाहाबाद

42. उत्तर प्रदेश की मिट्टी को कुल कितने वर्गों में बांटा जा सकता है?

A. 2
B. 3
C. 4
D. 5

43. उत्तर प्रदेश में कौनसी मिट्टी सर्वाधिक पाई जाती है?

A. जलोढ़-दोमट
B. बलुई-दोमट
C. लाल-दोमट
D. लाल व काली मिश्रित

44. कांप मिट्टी उत्तर प्रदेश में अधिकतर कहां पर पाई जाती है?

A. अपपर्वतीय भूखण्ड में
B. सिन्धु-गंगा के मैदान में
C. A और B दोनों में
D. इनमें से कोई नहीं

45. 'राकर' मिट्टी उत्तर प्रदेश में कहां पर पाई जाती है?

A. बघेलखण्ड
B. मिर्जापुर
C. नदियों के किनारे पर
D. पर्वतीय व पठारी ढालों पर

46. उत्तर प्रदेश में 'मृदा अपरदन' के प्रमुख कारण निम्नलिखित में से कौनसे हैं?

A. वनस्पति क्षेत्र में कटाई द्वारा
B. रेगिस्तानी क्षेत्र में वायु द्वारा
C. तराई क्षेत्र में जलप्लावन द्वारा
D. उपर्युक्त सभी

47. उत्तर प्रदेश में हीरा किस जिले से निकाला जाता है?

A. बांदा
B. ललितपुर
C. जालौन
D. हमीरपुर

48. उत्तर प्रदेश में 'हिन्दुस्तान एल्यूमीनियम कॉर्पोरेशन' द्वारा एल्यूमीनियम कारखाना कहां स्थापित किया गया है?

A. रेणूकूट
B. वाराणसी
C. ललितपुर
D. हमीरपुर

49. निम्नलिखित में से उत्तर प्रदेश के किस क्षेत्र से तांबा प्राप्त होता है?

A. कजराहाट-मिर्जापुर
B. सिंगरौली-मिर्जापुर
C. सोनराई-ललितपुर
D. रेणूकोट-मिर्जापुर

50. उत्तर प्रदेश में मिर्जापुर के कजराहाट क्षेत्र में निकाले जाने वाले डोलोमाइट खनिज का उपयोग किसलिए होता है?

A. इस्पात उद्योग में निस्सरण व धातुसह हेतु
B. बॉक्साइट से एल्यूमीनियम बनाने में
C. बालू में मिश्रण कर सीमेंट बनाने में
D. तांबे को बॉक्साइट से अलग करने में

41.C 42.A 43.D 44.B 45.D 46.D 47.A 48.A 49.C 50.A

51. उत्तर प्रदेश में सोना किस क्षेत्र में प्राप्त होता है ?

A. गोमती-घाघरा नदियों से B. गोमती-शारदा नदियों से

C. शारदा-रामगंगा नदियों से D. शारदा-घाघरा नदियों से

52. देश का सर्वाधिक 'ताप विद्युत उत्पादक विद्युत गृह' उत्तर प्रदेश के किस स्थान पर है ?

A. नरौरा B. कासिमपुर

C. सिंगरौली D. टांडा

53. उत्तर प्रदेश में राक-फॉस्फेट कहाँ पाया जाता है ?

A. बांदा B. ललितपुर

C. हमीरपुर D. झांसी

54. नान-प्लास्टिक फायर क्ले उत्तर प्रदेश में कहाँ पाया जाता है ?

A. मिर्जापुर B. इलाहाबाद

C. बनारस D. जौनपुर

55. उत्तर प्रदेश में यूरेनियम के भंडार कहाँ पाए गए हैं ?

A. ललितपुर B. मिर्जापुर

C. हमीरपुर D. बांदा

56. उत्तर प्रदेश में तांबा किस जिले में पाया जाता है ?

A. मिर्जापुर B. ललितपुर

C. हमीरपुर D. बांदा

57. उत्तर प्रदेश में भारत की कुल कितने प्रतिशत कृषि-योग्य भूमि है ?

A. 22% B. 15%

C. 17% D. 19%

58. सम्पूर्ण भारत का लगभग कितना खाद्यान्न उत्तर प्रदेश उत्पादित करता है ?

A. 30.5% B. 15.7%

C. 11.3% D. 21%

59. निम्न में से कौन खरीफ की फसल है?

A. गेहूँ B. धान

C. जौ D. मटर

60. उत्तर प्रदेश में कृषि नीति को व्यावहारिक स्वरूप प्रदान करने हेतु 'प्रयोगशाला से खेतों' तक कार्यक्रम किस कृषि संस्थान की देन है ?

A. राजा बलवन्त सिंह कृषि कॉलेज B. नरेन्द्रदेव कृषि विश्वविद्यालय

C. पंतनगर विश्वविद्यालय D. चन्द्रशेखर आजाद कृषि विश्वविद्यालय

51.C 52.C 53.A 54.A 55.A 56.B 57.A 58.D 59.B 60.C

61. उत्तर प्रदेश का भारत के चावल उत्पादक राज्यों में कौनसा स्थान है ?

A. द्वितीय
B. चतुर्थ
C. प्रथम
D. पंचम

62. भारत में गेहूं का उत्पादन किस राज्य में सर्वाधिक होता है ?

A. मध्य प्रदेश
B. उत्तर प्रदेश
C. हरियाणा
D. पंजाब

63. अमरूद उत्पादन के लिए उत्तर प्रदेश का निम्नलिखित में से कौनसा जोड़ा प्रसिद्ध है ?

A. इलाहाबाद-जौनपुर
B. आगरा-इलाहाबाद
C. आगरा-जौनपुर
D. इलाहाबाद-सहारनपुर

64. उत्तर प्रदेश का भारत के बाजरा उत्पादक राज्यों में कौन-सा स्थान है?

A. प्रथम
B. तृतीय
C. चतुर्थ
D. द्वितीय

65. निम्नलिखित जोड़े में से किसमें उत्तर प्रदेश सम्पूर्ण भारत में अग्रणी है ?

A. जौ, गन्ना, सरसों, गेहूं
B. गन्ना, गेहूं, मूंगफली, जौ
C. गेहूं, चना, गन्ना, जौ
D. गन्ना, चना, गेहूं, सरसों

66. उत्तर प्रदेश का निम्न में से कौनसा जिला तराई के क्षेत्र के अन्तर्गत नहीं आता है ?

A. सहारनपुर
B. फैजाबाद
C. पीलीभीत
D. गोरखपुर

67. उत्तर प्रदेश में किस मौसम में सरसों की उपज की जाती है ?

A. खरीफ
B. रबी
C. जायद
D. उपर्युक्त सभी

68. तम्बाकू की कृषि उत्तर प्रदेश में किस कार्य के लिए की जाती है ?

A. निर्यात हेतु
B. सीरा उत्पादन हेतु
C. खाने और हुक्का हेतु
D. उपर्युक्त सभी के लिए

69. उत्तर प्रदेश में कृषि विभाग की स्थापना कब की गई ?

A. 4 जनवरी, 1920
B. 14 मार्च, 1920
C. 12 अप्रैल, 1920
D. 1 मई, 1920

70. उत्तर प्रदेश के 'कृषि विभाग' से उद्यान एवं फल उपयोग विभाग को कब अलग किया गया ?

A. अप्रैल, 1974
B. मई, 1974
C. जून, 1975
D. अप्रैल, 1979

61.A 62.B 63.B 64.D 65.A 66.A 67.B 68.C 69.D 70.A

71. सम्पूर्ण देश का कितने प्रतिशत चावल उत्तर प्रदेश में पैदा किया जाता है ?

A. 12.77% B. 13.90%

C. 10.62% D. 12.70%

72. भारत में गन्ना-उत्पादन की दृष्टि से उत्तर प्रदेश का कौनसा स्थान है ?

A. प्रथम B. द्वितीय

C. तृतीय D. चतुर्थ

73. उत्तर प्रदेश में देश के कुल उत्पादन का लगभग कितने प्रतिशत गन्ने का उत्पादन किया जाता है ?

A. 70% B. 45%

C. 60% D. 65%

74. उत्तर प्रदेश में लखनऊ में स्थित 'बीज परीक्षण प्रयोगशाला' में बीज-परीक्षण का कार्य कब शुरू किया गया ?

A. 1993-94 B. 1992-93

C. 1982-83 D. 1980-81

75. कृषि संबंधी जानकारी के लिए उत्तर प्रदेश के ब्यूरो द्वारा कौनसी मासिक पत्रिका चलाई गई ?

A. सिंचाई और कृषि B. कृषि और उर्वरक

C. कृषि और पशुपालन D. पशुपालन और गेहूं उत्पादन

76. उत्तर प्रदेश भारत के कुल गेहूं उत्पादन का कितना भाग उत्पादित करता है ?

A. 15-20% B. 30-35%

C. 20-30% D. 35-40%

77. उत्तर प्रदेश में सर्वाधिक सिंचाई निम्नलिखित में से किस साधन द्वारा की जाती है ?

A. नहर B. कुएं-नलकूप

C. तालाब D. अन्य स्रोत

78. उत्तर प्रदेश में कुओं और नलकूपों द्वारा लगभग कितने प्रतिशत भूमि की सिंचाई की जाती है ?

A. 60% B. 55%

C. 66% D. 70%

79. उत्तर प्रदेश में पक्के कुओं की संख्या लगभग कितनी है ?

A. 7,30,000 B. 90,000

C. 3,30,000 D. 4,90,000

80. उत्तर प्रदेश में निजी नलकूपों की संख्या लगभग कितनी है ?

A. 6,67,000 B. 8,51,000

C. 9,80,000 D. 8,57,000

71.A 72.A 73.B 74.D 75.C 76.D 77.B 78.C 79.A 80.D

81. उत्तर प्रदेश के गंगा–यमुना दोआब तथा यमुना के पश्चिमी क्षेत्र के लगभग कितने हेक्टेयर क्षेत्र में कृषि होती है?

A. 46.3 लाख हेक्टेयर
B. 50.2 लाख हेक्टेयर
C. 55.3 लाख हेक्टेयर
D. 40.5 लाख हेक्टेयर

82. उत्तर प्रदेश की बहुउद्देश्यीय योजनाओं एवं उनसे संबंधित नदियों के नाम दिए गए हैं। दिए गए विकल्पों में से सही विकल्प चुनिए।

1. रिहन्द योजना	(क) रामगंगा नदी
2. माताटीला बांध योजना	(घ) सरयू नदी
3. सरयू नहर परियोजना	(ग) सोन नदी
4. रामगंगा परियोजना	(घ) बेतवा नदी

	1	2	3	4
A.	(ग)	(ख)	(क)	(घ)
B.	(क)	(ख)	(ग)	(घ)
C.	(ग)	(घ)	(ख)	(क)
D.	(घ)	(ग)	(ख)	(क)

83. उत्तर प्रदेश की 'आगरा नहर' ओखला के पास किस नदी से निकाली गई है?

A. गंगा
B. यमुना
C. शारदा
D. रामगंगा

84. पश्चिमी उत्तर प्रदेश में 'ऊपरी गंगा सिंचाई परियोजना' का अनुबन्ध विश्व बैंक के साथ कब हुआ था?

A. जून, 1984
B. अगस्त, 1984
C. सितम्बर, 1985
D. फरवरी, 1985

85. उत्तर प्रदेश के मथुरा और आगरा नगरों को पर्याप्त जल उपलब्ध कराने हेतु कौनसी परियोजना चलाई जा रही है?

A. गोकुल बैराज परियोजना
B. जमरानी बांध परियोजना
C. गंगा बैराज परियोजना
D. पूर्वी गंगा नहर परियोजना

86. उत्तर प्रदेश में 'गोकुल बैराज' का निर्माण कब प्रारम्भ किया गया था?

A. दिसम्बर, 1990
B. सितम्बर, 1992
C. अक्टूबर, 1990
D. जनवरी, 1991

87. उत्तर प्रदेश की 'शारदा नहर प्रणाली' का निर्माण कार्य किस वर्ष किया गया?

A. 1925
B. 1930
C. 1928
D. 1940

88. उत्तर प्रदेश में मिर्जापुर के रेनूकूट नामक स्थान पर स्थापित 'एल्यूमीनियम संयंत्र' को किस परियोजना द्वारा विद्युत उपलब्ध होती है?

A. रिहन्द बांध परियोजना
B. गंडक परियोजना
C. नरौरा परमाणु शक्ति परियोजना
D. सिंगरौली सुपर ताप विस्तार परियोजना

81.A 82.C 83.B 84.A 85.A 86.A 87.C 88.A

89. उत्तर प्रदेश की 'गोविन्द सागर परियोजना' को दूसरे किस नाम से जाना जाता है ?

A. शारदा सहायक परियोजना
B. गंडक परियोजना
C. राजघाट बांध परियोजना
D. रिहन्द बांध परियोजना

90. 'गंडक परियोजना' की सिंचाई क्षमता कितनी है ?

A. 14.35 लाख हेक्टेयर
B. 12.40 लाख हेक्टेयर
C. 14.59 लाख हेक्टेयर
D. 15.60 लाख हेक्टेयर

91. उत्तर प्रदेश की सबसे लम्बी नहर कौनसी है ?

A. ऊपरी गंगा नहर
B. आगरा नहर
C. निचली गंगा नहर
D. शारदा नहर

92. उत्तर प्रदेश में कुल सिंचित भूमि का कितने प्रतिशत नहरों द्वारा सिंचित है ?

A. 25%
B. 30%
C. 40%
D. 50%

93. उत्तर प्रदेश में 'रानी लक्ष्मीबाई बांध परियोजना' किस नदी पर है ?

A. रामगंगा
B. घग्घर
C. बेतवा
D. भागीरथी

94. बेतवा नदी पर निर्मित 'राजघाट बांध परियोजना' में उत्तर प्रदेश के अतिरिक्त कौनसा राज्य शामिल है ?

A. मध्य प्रदेश
B. हरियाणा
C. राजस्थान
D. बिहार

95. 'गोविन्द बल्लभ सागर परियोजना' निम्नलिखित में से कहां पर स्थित है ?

A. मिर्जापुर-देवप्रयाग
B. झांसी-बेतवा
C. मिर्जापुर-पिपरी
D. बुलन्दशहर-नरौरा

96. निम्नलिखित में से किस परियोजना में उत्तर प्रदेश, बिहार व नेपाल सम्मिलित हैं ?

A. नरौरा परियोजना
B. गंडक परियोजना
C. टिहरी बांध परियोजना
D. सिंगरौली परियोजना

97. 'नरौरा परमाणु शक्ति परियोजना' का निर्माण निम्नलिखित में से कहां पर किया गया है ?

A. झांसी-बेतवा
B. मिर्जापुर-देवप्रयाग
C. बुलन्दशहर-नरौरा
D. मिर्जापुर-पिपरी

98. उत्तर प्रदेश के किस स्थान की सिंचाई हेतु 'देवकली पम्प नहर परियोजना' का कार्य प्रारम्भ किया गया ?

A. गाजीपुर (जनपद)
B. वाराणसी (जनपद)
C. मेरठ (जनपद)
D. आगरा (जनपद)

89.D 90.C 91.D 92.B 93.C 94.A 95.C 96.B 97.C 98.A

99. उत्तर प्रदेश का विद्युत उत्पादन की दृष्टि से सम्पूर्ण देश में कौनसा स्थान है?

A. प्रथम B. द्वितीय

C. तृतीय D. चतुर्थ

100. उत्तर प्रदेश में 'वन संरक्षण' की प्रक्रिया का प्रारम्भ कब से हुआ?

A. 1700 ई. B. 1900 ई.

C. 1800 ई. D. 1950 ई.

101. उत्तर प्रदेश में वनों के वैज्ञानिक प्रबन्ध हेतु प्रथम 'कार्य योजना वन विभाग' कब स्थापित किया गया?

A. 1884 ई. B. 1909 ई.

C. 1896 ई. D. 1854 ई.

102. प्रदेश के वनों को प्रशासनिक दृष्टि से कितने भागों में बांटा गया है?

A. 5 B. 4 C. 6 D. 7

103. प्रदेश में संयुक्त राष्ट्र विकास कार्यक्रम की मदद से चलाई जाने वाली वन परियोजना कौनसी है?

A. वन्य विकास परियोजना B. आधुनिक वृक्षारोपण परियोजना

C. वन रक्षण परियोजना D. आधुनिक अग्निशमन परियोजना

104. प्रदेश में सुरक्षित वनों की वन सम्पदा के उपयोग का अधिकार किसे दिया गया है?

A. उत्तर प्रदेश वन जीव परिषद् B. उत्तर प्रदेश वन निगम

C. उत्तर प्रदेश वन रक्षण विभाग D. उत्तर प्रदेश वन विभाग

105. प्रदेश में 'केन्द्रीय वानिकी परिषद्' की स्थापना कब की गई?

A. 1948 ई. B. 1954 ई.

C. 1950 ई. D. 1895 ई.

106. प्रदेश में 'भारतीय वन्य जीव परिषद्' की स्थापना कब की गई?

A. 1948 B. 1852 C. 1952 D. 1906

107. भारत वन रिपोर्ट 2015 के अनुसार उत्तर प्रदेश का कितना भू-भाग वनावरण एवं वृक्षावरण के अन्तर्गत है?

A. 44,563 वर्ग कि.मी. B. 22,566 वर्ग कि.मी.

C. 54,663 वर्ग कि.मी. D. 21,505 वर्ग कि.मी.

108. प्रदेश के किस क्षेत्र में 'उष्ण कटिबंधीय नम पर्णपाती' वन पाए जाते हैं?

A. 100 से 150 से.मी. वर्षा वाले B. 50 से 75 से.मी. वर्षा वाले

C. 75 से 100 से.मी. वर्षा वाले D. 150 से 200 से.मी. वर्षा वाले

99.B 100.C 101.A 102.C 103.D 104.B 105.A 106.C 107.D 108.A

109. बिरोज व तारपीन का तेल बनाने के लिए किस चीज का प्रयोग किया जाता है?

A. शीशम की राल B. खैर की राल C. चीड़ की राल D. साल की राल

110. कत्था किस वृक्ष से बनाया जाता है?

A. खैर B. गुरुल C. बेंत D. तेंदू

111. 'उष्ण कटिबन्धीय शुष्क पर्णपाती' वनों में निम्नलिखित में से कौनसा वृक्ष नहीं होता है?

A. बर्च B. जामुन C. पीपल D. नीम

112. वन्य प्राणियों के संरक्षण हेतु भारत सरकार ने 'इण्डियन वाइल्ड लाइफ (प्रोटेक्शन) एक्ट' कब पारित किया?

A. 1970 B. 1971 C. 1972 D. 1973

113. किस संविधान संशोधन के उपरान्त 'वन तथा वन्य प्राणी विषय' समवर्ती सूची में आ गया है?

A. 42वें B. 43वें C. 25वें D. 44वें

114. 'शहरी वन' लगाने की योजना उत्तर प्रदेश सरकार ने कब शुरू की?

A. 23 जून, 1993 B. 23 मई, 1993

C. 23 अप्रैल, 1993 D. 23 जुलाई, 1993

115. प्रदेश के राष्ट्रीय पार्क/वन्य जीव अभयारण्यों व उनसे सम्बन्धित जिलों के नाम दिए गए हैं। दिए गए विकल्पों में से सही विकल्प चुनिए।

(*a*) चन्द्रप्रभा वन्य जीव अभयारण्य (1) इलाहाबाद

(*b*) करतनियाघाट अभयारण्य (2) वाराणसी

(*c*) दुधवा नेशनल पार्क (3) बहराइच

(*d*) रानीपुर अभयारण्य (4) लखीमपुर खीरी

	(*a*)	(*b*)	(*c*)	(*d*)
A.	1	2	3	4
B.	2	3	4	1
C.	4	3	2	1
D.	3	2	1	4

116. प्रदेश के बहराइच जिले में कौनसा अभयारण्य स्थित है?

A. करतनियाघाट अभयारण्य B. चम्बल राष्ट्रीय अभयारण्य

C. कैमूर अभयारण्य D. रामपुर पक्षी अभयारण्य

117. 'किशनपुर अभयारण्य' प्रदेश के किस जिले में स्थित है?

A. मेरठ जिले में B. लखीमपुर खीरी जिले में

C. रामपुर जिले में D. झांसी जिले में

109.C 110.A 111.A 112.C 113.A 114.A 115.B 116.A 117.B

118. प्रदेश के मेरठ जिले में कौनसा अभयारण्य स्थित है ?

A. हस्तिनापुर अभयारण्य
B. रानीपुर अभयारण्य
C. महावीर स्वामी अभयारण्य
D. नवाबगंज पक्षी अभयारण्य

119. 'महावीर स्वामी अभयारण्य' प्रदेश के किस जिले में स्थित है ?

A. मेरठ जिले में
B. बहराइच जिले में
C. पीलीभीत जिले में
D. झांसी जिले में

120. प्रदेश के वाराणसी जिले में कौनसा अभयारण्य स्थित है ?

A. कैमूर अभयारण्य
B. हस्तिनापुर अभयारण्य
C. चन्द्रप्रभा अभयारण्य
D. महावीर स्वामी अभयारण्य

121. प्रदेश के उन्नाव जिले में कौनसा अभयारण्य स्थित है ?

A. चन्द्रप्रभा अभयारण्य
B. नवाबगंज पक्षी अभयारण्य
C. किशनपुर अभयारण्य
D. रानीपुर अभयारण्य

122. 'रानीपुर अभयारण्य' प्रदेश के किस जिले में स्थित है ?

A. मेरठ जिले में
B. बहराइच जिले में
C. इलाहाबाद जिले में
D. उन्नाव जिले में

123. चंबल राष्ट्रीय अभयारण्य प्रदेश के किस जिले में स्थित है ?

A. लखनऊ
B. बांदा
C. इलाहाबाद
D. बहराइच

124. गंगा नदी में पाई जाने वाली डाल्फिन मछली को किस अभयारण्य में देखा जा सकता है ?

A. रामपुर अभयारण्य
B. रानीपुर अभयारण्य
C. चन्द्रप्रभा अभयारण्य
D. मोतीचूर अभयारण्य

118.A 119.D 120.C 121.B 122.C 123.B 124.A

अर्थव्यवस्था

1. प्रदेश के निम्नलिखित में से किस नगर में दियासलाई बनाने का कारखाना नहीं है ?

A. बरेली B. सहारनपुर

C. आगरा D. इलाहाबाद

2. प्रदेश के किस जिले में 'त्रिवेणी स्ट्रक्चरल लिमिटेड' कारखाना स्थित है ?

A. मेरठ B. इलाहाबाद

C. कानपुर D. रामपुर

3. प्रदेश में सीमेंट के कारखाने कहां पर स्थित हैं ?

A. मंसूरपुर व नवाबगंज B. नोएडा व साहिबाबाद

C. चुर्क व डल्ला D. बरेली व रामपुर

4. प्रदेश का सूक्ष्म यन्त्र बनाने का प्रमुख औद्योगिक केन्द्र कौनसा है ?

A. लखनऊ B. गाजियाबाद

C. कानपुर D. हाथरस

5. उत्तर प्रदेश में मान्यता प्राप्त स्टॉक एक्सचेन्ज है

A. लखनऊ में B. कानपुर में

C. वाराणसी में D. गाजियाबाद में

6. निम्नलिखित का सुमेल कीजिए और दिए गए विकल्पों में से सही विकल्प चुनिए।

1. गाजियाबाद (क) वनस्पति घी उद्योग
2. मेरठ (ख) चमड़ा उद्योग
3. आगरा (ग) शराब उद्योग
4. मोदीनगर (घ) कृषि यंत्र उद्योग

	1	2	3	4
A.	(क)	(ख)	(ग)	(घ)
B.	(ग)	(घ)	(ख)	(क)
C.	(घ)	(ग)	(ख)	(क)
D.	(ख)	(घ)	(क)	(ग)

1.C 2.B 3.C 4.A 5.B 6.B

7. निम्नलिखित का सुमेल कीजिए और दिए गए विकल्पों में से सही विकल्प चुनिए।

1. इटावा	(क)	ऊनी वस्त्र उद्योग
2. मिर्जापुर	(ख)	सूती वस्त्र उद्योग
3. कानपुर	(ग)	रेशमी वस्त्र उद्योग
4. वाराणसी	(घ)	गलीचा उद्योग

	1	2	3	4
A.	(ख)	(घ)	(क)	(ग)
B.	(क)	(ग)	(घ)	(ख)
C.	(घ)	(ग)	(ख)	(क)
D.	(ग)	(क)	(घ)	(ख)

8. निम्नलिखित जोड़ों में से गलत जोड़ा बताइए।

A. चीनी मिट्टी के बर्तन—खुर्जा B. टॉर्च उद्योग—लखनऊ

C. खाद उद्योग—गोरखपुर D. सिगरेट उद्योग—आगरा

9. निम्नलिखित में से प्रदेश के किस नगर में उर्वरक कारखाना स्थित है?

A. गाजियाबाद B. बरेली C. गोरखपुर D. लखनऊ

10. प्रदेश के इलाहाबाद जिले में भारत सरकार का निम्न में से कौनसा संस्थान नहीं है?

A. त्रिवेणी स्ट्रक्चरल B. फाउण्ड्री फोर्ज

C. इण्डियन टेलीफोन इण्डस्ट्रीज D. भारत पम्प्स एण्ड कम्प्रेशर्स

11. प्रदेश में 'आयुध उपस्कर कारखाना' किस स्थान पर है?

A. कानपुर B. लखनऊ C. रेनूकूट D. हजरतपुर

12. प्रदेश में सरकारी क्षेत्र का संस्थान 'यूपिका' किस क्षेत्र में कार्य करता है?

A. हथकरघा निर्मित वस्त्रों की बिक्री B. चमड़ा उत्पादन

C. संगमरमर के सामान का निर्यात D. इनमें से कोई नहीं

13. वस्त्र अनुसंधान एवं प्रशिक्षण हेतु 'वस्त्र निर्माण केन्द्र' की स्थापना कहां की गई है?

A. आगरा B. कानपुर C. मथुरा D. मिर्जापुर

14. ऊनी वस्त्रों का निर्माण करने वाली प्रसिद्ध मिल 'लाल इमली' प्रदेश के किस नगर में है?

A. कानपुर B. इलाहाबाद C. मोदीनगर D. लखनऊ

15. प्रदेश के किस स्थान पर गन्ने की खोई से कार्ड-बोर्ड बनाया जाता है?

A. बरेली B. सहारनपुर C. मेरठ D. आगरा

16. प्रदेश में जूट की मिलें कहां पर हैं?

A. मेरठ व आगरा B. उन्नाव व मंसूरपुर

C. बरेली व पीलीभीत D. कानपुर व शहजनवा

7.A 8.D 9.C 10.B 11.D 12.A 13.B 14.A 15.C 16.D

17. 'ट्रान्सफार्मर फैक्ट्री' प्रदेश के किस नगर में स्थित है ?

A. आगरा B. चुर्क C. झांसी D. गाजियाबाद

18. प्रदेश के किस नगर में 'हिन्दुस्तान एयरोनॉटिक्स लिमिटेड' स्थित है ?

A. कानपुर B. जगदीशपुर

C. झांसी D. वाराणसी

19. निम्नलिखित में से कौनसा संस्थान प्रदेश के कानपुर नगर में स्थित नहीं है ?

A. फाउण्ड्री फोर्ज B. हिन्दुस्तान एयरोनॉटिक्स लिमिटेड

C. मॉडर्न बैकरीज D. भारतीय चमड़ा रंगाई व जूता संस्थान

20. 'कृत्रिम अंग निर्माण निगम' प्रदेश के किस नगर में स्थित है ?

A. लखनऊ B. आगरा

C. कानपुर D. इलाहाबाद

21. निम्नलिखित में से कौनसा संस्थान प्रदेश के लखनऊ नगर में स्थित नहीं है ?

A. अपट्रॉन कैपिसिटर सिस्टम लिमिटेड

B. अपट्रॉन डिजिटल सिस्टम लिमिटेड

C. स्कूटर्स इंडिया लिमिटेड

D. भारत इलेक्ट्रॉनिक्स लिमिटेड

22. 'भारत इलेक्ट्रॉनिक्स लिमिटेड' प्रदेश के किस नगर में स्थित है ?

A. गाजियाबाद B. कानपुर

C. मथुरा D. झांसी

23. 'तेलशोधक कारखाना' प्रदेश के किस नगर में स्थित है ?

A. आगरा B. गोरखपुर

C. मथुरा D. इलाहाबाद

24. निम्नलिखित में से प्रदेश का कौनसा नगर लकड़ी व फर्नीचर उद्योग का प्रमुख केन्द्र नहीं है ?

A. बरेली B. गाजियाबाद

C. सहारनपुर D. अलीगढ़

25. निम्नलिखित में से प्रदेश के किस नगर में कांच का कारखाना नहीं है ?

A. मथुरा B. सासनी

C. फिरोजाबाद D. बहजोई

26. उत्तर प्रदेश का वृहत्तम उद्योग निम्नलिखित में से कौनसा है ?

A. चमड़ा उद्योग B. हथकरघा उद्योग

C. फाउण्ड्री उद्योग D. कृषि उपस्कर उद्योग

17.C 18.B 19.A 20.C 21.D 22.A 23.C 24.D 25.A 26.B

27. निम्नलिखित में से कौनसा जोड़ा गलत है ?

A. आगरा—चाकू व कैंची

B. मुरादाबाद—पीतल के बर्तन

C. कन्नौज—इत्र व तेल

D. मिर्जापुर—कालीन

28. निम्नलिखित में से कौनसा जोड़ा गलत है ?

A. ताले—अलीगढ़

B. बेंत व छड़ियां—वाराणसी

C. गोटे का काम—लखनऊ, वाराणसी

D. पीतल की मूर्तियां—मथुरा

29. उत्तर प्रदेश के प्रमुख औद्योगिक केन्द्रों में कौनसा नगर प्रथम स्थान पर है ?

A. मेरठ B. आगरा C. कानपुर D. बरेली

30. प्रदेश का कौनसा नगर चमड़ा उद्योग के लिए प्रसिद्ध है ?

A. अलीगढ़ B. मेरठ C. कानपुर D. आगरा

31. प्रदेश का फिरोजाबाद नगर किस उद्योग का प्रमुख केन्द्र है ?

A. चूड़ी उद्योग B. चमड़ा उद्योग C. पोटरी उद्योग D. कपड़ा उद्योग

32. प्रदेश का कौनसा नगर ताला उद्योग के लिए प्रसिद्ध है ?

A. आगरा B. मिर्जापुर C. अलीगढ़ D. गाजियाबाद

33. प्रदेश के निम्नलिखित नगरों में से कैंची व खेल के सामान के निर्माण कार्य में कौनसा नगर अग्रणी है ?

A. मुरादाबाद B. मेरठ C. लखनऊ D. वाराणसी

34. प्रदेश के निम्नलिखित उद्योगों एवं औद्योगिक केन्द्रों के सही जोड़े बनाइए और दिए गए विकल्पों में से सही विकल्प चुनिए।

1. डीजल लोकोमोटिव वर्क्स	(क) रेनूकूट
2. भारतीय चमड़ा रंगाई तथा जूता संस्थान	(ख) वाराणसी
3. हिन्दुस्तान एल्यूमीनियम कॉर्पोरेशन	(ग) लखनऊ
4. स्कूटर्स इंडिया लिमिटेड	(घ) कानपुर

	1	2	3	4
A.	(घ)	(क)	(ग)	(ख)
B.	(ख)	(घ)	(क)	(ग)
C.	(ग)	(क)	(घ)	(ख)
D.	(क)	(घ)	(ख)	(ग)

27.A 28.B 29.C 30.D 31.A 32.C 33.B 34.B

35. प्रदेश के निम्नलिखित उद्योग व औद्योगिक केन्द्रों के सही जोड़े बनाइए और दिए गए विकल्पों में से सही विकल्प चुनिए :

1. चुर्क और डल्ला सीमेंट फैक्ट्री	(क) झांसी
2. ट्रान्सफार्मर फैक्ट्री	(ख) लखनऊ
3. अपट्रॉन कैपिसिटर लिमिटेड	(ग) कानपुर
4. कृत्रिम अंग निर्माण निगम	(घ) मिर्जापुर

	1	2	3	4
A.	(क)	(ख)	(ग)	(घ)
B.	(ख)	(ग)	(क)	(घ)
C.	(घ)	(क)	(ख)	(ग)
D.	(ग)	(घ)	(क)	(ख)

36. प्रदेश में तेलशोधक कारखाना किस स्थान पर है?

A. मथुरा B. आगरा C. गाजियाबाद D. कानपुर

37. प्रदेश में एल्यूमीनियम उद्योग की दृष्टि से कौनसा जिला अग्रणी है?

A. मथुरा B. मिर्जापुर C. अलीगढ़ D. कानपुर

38. प्रदेश का कौनसा नगर चीनी मिट्टी के बर्तनों के लिए प्रसिद्ध है?

A. मुरादाबाद B. फिरोजाबाद C. गोरखपुर D. खुर्जा

39. रेशम व जरी उद्योग के लिए प्रदेश का कौनसा जिला प्रसिद्ध है?

A. इलाहाबाद B. मुरादाबाद C. वाराणसी D. मेरठ

40. प्रदेश का मुरादाबाद नगर किस उद्योग के लिए प्रसिद्ध है?

A. पीतल के बर्तन उद्योग B. जरी उद्योग

C. कांच उद्योग D. कैंची उद्योग

41. प्रदेश के किस जिले में बेंत व बांस की बनी कलात्मक वस्तुओं का निर्माण होता है?

A. मेरठ B. बरेली C. सहारनपुर D. आगरा

42. मेरठ जिले में कृषि उपकरणों का प्रमुख केन्द्र कौनसा है?

A. मोदीनगर B. मवाना C. बड़ौत D. दौराला

43. भारत में गन्ना उत्पादन की दृष्टि से उत्तर प्रदेश का कौनसा स्थान है?

A. प्रथम B. द्वितीय C. तृतीय D. चतुर्थ

44. प्रदेश का मिर्जापुर नगर किस हस्तशिल्प उद्योग के लिए प्रसिद्ध है?

A. सिल्क B. चिकन C. कालीन D. पीतल के बर्तन

35.C 36.A 37.B 38.D 39.C 40.A 41.B 42.C 43.A 44.C

45. नक्काशीदार लकड़ी का सामान प्रदेश के किस नगर का प्रमुख हस्तशिल्प उद्योग है ?

A. कानपुर　　B. आगरा

C. मेरठ　　D. सहारनपुर

46. संगमरमर के सामान के लिए प्रदेश का कौनसा जिला प्रसिद्ध है ?

A. आगरा　　B. लखनऊ

C. मिर्जापुर　　D. मेरठ

47. प्रदेश के निम्नलिखित में से कौन-से स्थान पर चीनी मिल नहीं है ?

A. मवाना　　B. बागपत

C. दौराला　　D. हस्तिनापुर

48. प्रदेश के किस जिले में पान मसाले का उत्पादन प्रमुख रूप से होता है ?

A. बरेली　　B. गाजियाबाद　　C. कानपुर　　D. मुरादाबाद

49. उत्तर प्रदेश के परिवहन के साधनों में सबसे अधिक लोकप्रिय साधन कौनसा है ?

A. सड़क परिवहन　　B. रेल परिवहन

C. जल परिवहन　　D. वायु परिवहन

50. प्रदेश का निम्नलिखित में से कौनसा नगर 'ग्राण्ट ट्रंक रोड' के अन्तर्गत नहीं आता है।

A. लखनऊ　　B. कानपुर　　C. इलाहाबाद　　D. अलीगढ़

51. उत्तर प्रदेश राजकीय बसों को 'राज्य सड़क परिवहन निगम' के अन्तर्गत कब किया गया ?

A. 1 जून, 1982　　B. 22 मई, 1974

C. 1 जून, 1972　　D. 5 अप्रैल, 1990

52. प्रदेश के निम्नलिखित में से कौनसे नगर 'ग्राण्ट ट्रंक रोड' पर स्थित हैं ? सही विकल्प चुनिए।

1. फतेहपुर, कन्नौज, खुर्जा, अलीगढ़, बुलन्दशहर
2. इलाहाबाद, बनारस, एटा, कानपुर, गाजियाबाद
3. इटावा, मथुरा, वृन्दावन, आगरा, टुण्डला
4. हमीरपुर, बटेश्वर, कालपी, चित्रकूट, कौशाम्बी

A. सिर्फ 1 सही है　　B. सिर्फ 1, 2 सही हैं

C. सिर्फ 1, 2, 3 सही हैं　　D. सभी सही हैं

53. देश की सबसे लम्बी सड़क राजमार्ग संख्या 7 उत्तर प्रदेश के किस नगर से शुरू होती है ?

A. इलाहाबाद　　B. वाराणसी　　C. आगरा　　D. लखनऊ

54. निम्नलिखित में से कौनसा प्रदेश उत्तर प्रदेश की सीमा को स्पर्श नहीं करता है ?

A. हरियाणा　　B. बिहार　　C. राजस्थान　　D. पंजाब

45.D　46.A　47.D　48.C　49.A　50.A　51.C　52.A　53.B　54.D

55. प्रदेश में भारतीय रेलवे के किस जोन (Zone) का सर्वाधिक विस्तार है?

A. उत्तर रेलवे
B. मध्य रेलवे
C. पश्चिम रेलवे
D. उत्तर-पूर्वी रेलवे

56. बमरौली हवाई अड्डा उत्तर प्रदेश के किस जिले में स्थित है?

A. वाराणसी
B. बाराबंकी
C. इलाहाबाद
D. बरेली

57. प्रदेश की निम्न में से कौनसी रेलगाड़ियां लखनऊ से नई दिल्ली के लिए चलती हैं?

A. महानगरी एक्सप्रेस, पुष्कर एक्सप्रेस
B. मरुधर एक्सप्रेस, महानगरी एक्सप्रेस
C. गोमती एक्सप्रेस, शताब्दी एक्सप्रेस
D. गोमती एक्सप्रेस, मरुधर एक्सप्रेस

58. अमौसी हवाई अड्डा प्रदेश के निम्न में से किस जिले में स्थित है?

A. लखनऊ
B. इलाहाबाद
C. वाराणसी
D. आगरा

59. प्रदेश के प्रमुख हवाई अड्डों के निम्नलिखित जोड़ों में कौनसा गलत है?

A. बमरौली-इलाहाबाद
B. अमौसी-लखनऊ
C. चकेरी-कानपुर
D. बावतपुर-आगरा

60. प्रदेश में 'नागरिक उड्डयन प्रशिक्षण केन्द्र' कहां पर स्थित है?

A. लखनऊ
B. इलाहाबाद
C. कानपुर
D. झांसी

61. प्रदेश ने अपनी घरेलू व्यावसायिक उड़ान का शुभारम्भ कब किया?

A. 15 मई, 1995
B. 3 जनवरी, 1995
C. 23 जून, 1995
D. 23 अप्रैल, 1995

62. प्रदेश में दूरसंचार का आरम्भ कब हुआ?

A. जून, 1910
B. अप्रैल, 1877
C. मार्च, 1854
D. मार्च, 1890

63. निम्नलिखित जोड़ों में से कौनसा सही है?

A. अमौसी-आगरा
B. चकेरी-कानपुर
C. बावतपुर-इलाहाबाद
D. खेरिया-लखनऊ

64. 'इण्डियन टेलीफोन इण्डस्ट्रीज' प्रदेश के निम्नलिखित में से किन नगरों में है?

A. कानपुर-गोरखपुर
B. नैनी (इलाहाबाद)-रायबरेली
C. लखनऊ-वाराणसी
D. आगरा-अलीगढ़

55.A 56.C 57.C 58.A 59.D 60.B 61.D 62.C 63.B 64.B

65. 'एयर फोर्स ट्रपर्स स्कूल' प्रदेश में कहां पर है?

A. मेरठ
B. गोरखपुर
C. आगरा
D. इलाहाबाद

66. निम्नलिखित में से किन नगरों के मध्य 'टेलीग्राफ' द्वारा सर्वप्रथम संदेश भेजकर प्रदेश में दूरसंचार सेवा का आरंभ हुआ?

A. आगरा और कलकत्ता
B. आगरा और जयपुर
C. बरेली और दिल्ली
D. झांसी और इन्दौर

67. प्रदेश की निम्नलिखित में से किन नदियों में जल परिवहन की व्यवस्था है?

A. गंगा-घाघरा
B. घाघरा-गोमती
C. गंगा-यमुना
D. इनमें से सभी

68. उत्तर प्रदेश में समाज कल्याण विभाग की स्थापना कब की गई?

A. फरवरी, 1955
B. फरवरी, 1956
C. दिसम्बर ,1950
D. जनवरी, 1960

69. प्रदेश के निम्नलिखित में से किस स्थान पर नेत्रहीनों का विद्यालय नहीं है?

A. गोरखपुर
B. लखनऊ
C. बांदा
D. आगरा

70. प्रदेश के किन दो नगरों में मानसिक रूप से अविकसित बच्चों के लिए विद्यालय स्थित हैं?

A. बनारस व आगरा
B. लखनऊ व इलाहाबाद
C. मेरठ व झांसी
D. बरेली व मुरादाबाद

71. प्रदेश में वृद्ध व अशक्त महिलाओं व पुरुषों के लिए निम्नलिखित जिलों में से किसमें 'आवासीय गृह' की व्यवस्था है?

A. लखनऊ
B. वाराणसी
C. दोनों में
D. किसी में नहीं

72. उत्तर प्रदेश में 'भिक्षावृत्ति प्रतिरोध अधिनियम' कब लागू किया गया?

A. 1975 में
B. 1985 में
C. 1978 में
D. 1980 में

73. उत्तर प्रदेश में 'सैनिक कल्याण व पुनर्वास निदेशालय' की स्थापना कब की गई?

A. 1970 में
B. 1972 में
C. 1975 में
D. 1980 में

74. उत्तर प्रदेश में 'भूतपूर्व सैनिक कल्याण निगम लि.' की स्थापना कब हुई?

A. 15 अगस्त, 1988 में
B. 15 अगस्त, 1982 में
C. 15 अगस्त, 1989 में
D. 15 अगस्त, 1995 में

65.B 66.A 67.D 68.A 69.D 70.B 71.C 72.A 73.B 74.C

75. उत्तर प्रदेश में 'महिला कल्याण निगम लि.' की स्थापना कब की गई?

A. मार्च, 1972 में B. मार्च, 1985 में
C. मार्च, 1975 में D. मार्च, 1988 में

76. प्रदेश में विधवा से विवाह करने पर 'दम्पत्ति को पुरस्कार' देने की योजना कब से चलाई गई?

A. 1990-91 से B. 1993-94 से C. 1991-92 से D. 1995-96 से

77. प्रदेश में दहेज प्रथा से पीड़ित महिलाओं को 'आर्थिक सहायता' देने हेतु योजना का आरम्भ कब हुआ?

A. 1980-81 से B. 1990-91 से C. 1992-93 से D. 1994-95 से

78. प्रदेश में 0 से 6 वर्ष की आयु के निराश्रित व परित्यक्त बच्चों को आश्रय देने हेतु 'पोषण गृह' किस नगर में है?

A. कानपुर B. वाराणसी C. मेरठ D. लखनऊ

79. प्रदेश के 'शिशु-सदनों' में कितने वर्ष के बच्चों को रखा जाता है?

A. 2 वर्ष से लेकर 6 वर्ष तक B. 6 वर्ष से लेकर 12 वर्ष तक
C. जन्म से लेकर 6 वर्ष तक D. 8 वर्ष से लेकर 16 वर्ष तक

80. प्रदेश के निम्नलिखित नगरों में से कहां पर 'शिशु-सदन' नहीं हैं?

A. जौनपुर B. मुजफ्फरनगर C. इलाहाबाद D. आगरा

81. 'रिवाल्विंग फण्ड फाउण्डेशन' की व्यवस्था किस प्रकार की महिलाओं के लिए की गई है?

A. तलाकशुदा मुस्लिम महिलाओं के लिए
B. विधवा मुस्लिम महिलाओं के लिए
C. वृद्ध व अशक्त महिलाओं के लिए
D. दहेज प्रथा से पीड़ित महिलाओं के लिए

82. प्रदेश ही नहीं बल्कि सम्पूर्ण देश में '14 नवम्बर' किस रूप में मनाया जाता है?

A. नारी दिवस B. मजदूर दिवस
C. बाल दिवस D. स्वतन्त्रता दिवस

83. प्रदेश में 'पूरक रोजगार' के रूप में कौनसी योजना चलाई जा रही है?

A. राष्ट्रीय ग्राम रोजगार योजना B. नेहरू रोजगार योजना
C. ट्राइसेम योजना D. कोई नहीं

84. प्रदेश के औद्योगीकरण व रोजगार कार्यक्रमों के विकास हेतु किस पंचवर्षीय योजना में प्रयास किए गए?

A. पहली पंचवर्षीय योजना में B. दूसरी पंचवर्षीय योजना में
C. तीसरी पंचवर्षीय योजना में D. आठवीं पंचवर्षीय योजना में

75.D 76.C 77.B 78.D 79.C 80.B 81.A 82.C 83.A 84.B

85. प्रदेश में शिक्षित बेरोजगार नवयुवकों को रोजगार प्रदान करने हेतु कौनसी योजना चल रही है ?

A. स्व-रोजगार योजना
B. ट्राइसेम योजना
C. ग्रामीण रोजगार योजना
D. कोई नहीं

86. प्रदेश में 'जवाहर रोजगार योजना' का प्रारम्भ कब हुआ ?

A. 2 जून, 1980
B. 5 सितम्बर, 1989
C. 1 अप्रैल, 1989
D. 10 मई, 1992

87. प्रदेश में 'सुनिश्चित रोजगार योजना' का प्रारम्भ कब हुआ ?

A. 1972-73
B. 1993-94
C. 1990-91
D. 1980-81

88. उत्तर प्रदेश में 'वृद्धावस्था पेंशन योजना' का आरम्भ किस वर्ष हुआ ?

A. दिसम्बर, 1957 में
B. फरवरी, 1960 में
C. जनवरी, 1959 में
D. नवम्बर, 1962 में

89. प्रदेश के सेवायोजन कार्यालय बेरोजगारों को रोजगार दिलवाने के अतिरिक्त निम्नलिखित में से कौनसे कार्य करते हैं ?

A. ग्रामीण स्वास्थ्य सेवाओं का क्रियान्वयन
B. कृषि सेवाओं का विकास
C. लघु उद्योग-धन्धों की स्थापना
D. उपर्युक्स सभी

90. प्रदेश की 'विशेष केन्द्रीय योजना (इनोवेटिव स्कीम)' अन्य किस नाम से जानी जाती है ?

A. जवाहर रोजगार योजना की अम्ब्रैला योजना
B. इन्टेन्सीफाइड जवाहर रोजगार योजना
C. स्व-रोजगार योजना
D. ग्राम विकास योजना

91. प्रदेश में 'समाजवादी पेंशन योजना' का प्रारम्भ कब हुआ?

A. 2011-12
B. 2012-13
C. 2013-14
D. 2014-15

85.A 86.C 87.B 88.A 89.D 90.A 91.D

कला, संस्कृति, धार्मिक एवं ऐतिहासिक पर्यटन स्थल

1. उत्तर प्रदेश के किस स्थान से 'घोषिताराम' नामक बौद्ध विहार का पता लगा था?
   A. मथुरा B. राजघाट C. कौशाम्बी D. अहिच्छत्र
2. उत्तर प्रदेश के किस नगर में भारत का सबसे प्राचीन संग्रहालय स्थित है?
   A. लखनऊ B. कानपुर C. मथुरा D. इलाहाबाद
3. उत्तर प्रदेश के किस नगर में दो पुरातत्त्व संग्रहालय स्थित हैं?
   A. वाराणसी B. इलाहाबाद C. कानपुर D. लखनऊ
4. मध्यकालीन, मुगल तथा इस्लामिक इतिहास का एशिया का सबसे बड़ा संग्रह कहां है?
   A. फतेहपुर सीकरी पंचमहल संग्रहालय
   B. आगरा किला संग्रहालय, आगरा
   C. मौलाना आजाद लाइब्रेरी, अलीगढ़ विश्वविद्यालय
   D. हजरत महल लखनऊ संग्रहालय, लखनऊ
5. कुषाणकालीन कला का सर्वश्रेष्ठ संग्रह निम्नलिखित में से उत्तर प्रदेश के किस नगर के संग्रहालय में सुरक्षित है?
   A. सारनाथ B. मथुरा C. लखनऊ D. वाराणसी
6. गोरखपुर में स्थित 'राहुल सांस्कृत्यायन संस्थान' में किन दुर्लभ वस्तुओं का संग्रह है?
   A. हस्तशिल्प एवं कला B. चित्रकारी
   C. मुहरें, मृदापात्र, सिक्के D. पुरातत्त्व
7. 'मोतीलाल नेहरू बाल संग्रहालय' प्रदेश में निम्नलिखित में से कहां स्थित है?
   A. झांसी B. लखनऊ C. इलाहाबाद D. गोरखपुर
8. प्रसिद्ध कवि मलिक मुहम्मद जायसी द्वारा रचित 'पद्मावत' की देवनागरी लिपि में लिखी गई प्राचीनतम पोथी प्रदेश के किस संग्रहालय में सुरक्षित है?
   A. छत्रसाल संग्रहालय B. लखनऊ संग्रहालय
   C. रानीमहल संग्रहालय D. गुरुकुल कांगड़ी संग्रहालय
9. उत्तर प्रदेश के 'राजकीय संग्रहालय, लखनऊ' की स्थापना कब हुई थी?
   A. 1910 ई. B. 1953 ई. C. 1853 ई. D. 1863 ई.
10. उत्तर प्रदेश के 'राजकीय संग्रहालय, मथुरा' की स्थापना कब हुई थी?
    A. 1874 ई. B. 1810 ई. C. 1857 ई. D. 1975 ई.

1.C 2.A 3.A 4.C 5.D 6.C 7.B 8.B 9.D 10.A

11. धर्मचक्र प्रवर्तन की मुद्रा में बैठे हुए भगवान बुद्ध की प्रतिमा उत्तर प्रदेश के किस संग्रहालय में सुरक्षित है ?

A. भारत कला भवन, वाराणसी B. प्रयाग संग्रहालय, इलाहाबाद
C. पुरातत्त्व संग्रहालय, सारनाथ D. राजकीय संग्रहालय, झांसी

12. मुगल और कांगड़ा शैली के चित्रों का सबसे अधिक संग्रह किस संग्रहालय में है ?

A. प्रयाग संग्रहालय, इलाहाबाद B. भारत कला भवन, वाराणसी
C. पुरातत्त्व संग्रहालय, सारनाथ D. राजकीय संग्रहालय, अल्मोड़ा

13. 'लोककला संग्रहालय, लखनऊ' में कितनी कलाकृतियों का संग्रह किया गया है ?

A. 1625 B. 1610
C. 1600 D. 1620

14. उत्तर प्रदेश में 'रामकथा संग्रहालय' किस स्थान पर है ?

A. अल्मोड़ा B. लखनऊ C. गोरखपुर D. अयोध्या (फैज़ाबाद)

15. प्रदेश में 'बौद्ध संग्रहालय' कहां पर स्थित है ?

A. कुशीनगर, पड़रौना B. कानपुर
C. बनारस D. झांसी

16. प्रदेश में 'रज़ा लाइब्रेरी' कहां पर स्थित है ?

A. बरेली B. रामपुर
C. आगरा D. इलाहाबाद

17. 'रज़ा लाइब्रेरी' की स्थापना किसने की थी ?

A. नवाब फैजुल्ला खां B. पं. गोविन्द बल्लभ पंत
C. मौलाना अबुल कलाम आजाद D. डॉ. जाकिर हुसैन

18. मलिक मंझन की 'मदमालती' नामक पुस्तक की सम्पूर्ण प्रतियां प्रदेश के किस संग्रहालय में सुरक्षित हैं ?

A. राजकीय संग्रहालय, झांसी B. प्रयाग संग्रहालय, इलाहाबाद
C. रज़ा लाइब्रेरी, रामपुर D. राजकीय संग्रहालय, लखनऊ

19. 'भारत कला भवन' उत्तर प्रदेश में कहां पर स्थित है ?

A. लखनऊ B. वाराणसी
C. बरेली D. इलाहाबाद

20. महात्मा बुद्ध की 'परिनिर्वाण स्थली' कहां है ?

A. कुशीनगर B. वाराणसी
C. इलाहाबाद D. कौशाम्बी

11.C 12.B 13.C 14.D 15.A 16.B 17.A 18.C 19.B 20.A

21. उत्तर प्रदेश से सबसे अधिक मेले किस स्थान पर लगते हैं?

A. मथुरा B. कानपुर

C. आगरा D. हमीरपुर

22. उत्तर प्रदेश में स्थित बरसाना (मथुरा) का होलिकोत्सव किस नाम से प्रसिद्ध है?

A. रंग-गुलाल होली B. छड़ीमार होली

C. लठमार होली D. डांडिया होली

23. 'संत वारिस अलीशाह' की दरगाह प्रदेश में किस स्थान पर है?

A. अलीगढ़ B. मेरठ

C. लखनऊ D. बाराबंकी

24. कुंभ के बाद उत्तर प्रदेश का सबसे बड़ा मेला कौनसा है?

A. बटेश्वर मेला B. नौचंदी मेला

C. देवी पाटन मेला D. मानेश्वर मेला

25. वसन्त का 'नौचंदी मेला' प्रदेश में किस स्थान पर लगता है?

A. लखनऊ B. अलीगढ़

C. कानुपर D. मेरठ

26. प्रदेश का 'नौचंदी मेला' कहां पर लगता है?

A. आगरा B. लखनऊ

C. मेरठ D. मुजफ्फरनगर

27. प्रसिद्ध 'कुम्भ मेला' निम्नलिखित में से किस नगर में नहीं लगता है?

A. हरिद्वार B. उज्जैन

C. इलाहाबाद D. वाराणसी

28. उत्तर प्रदेश में प्रतिवर्ष लगभग कितने मेलों का आयोजन किया जाता है?

A. 700 B. 2250

C. 1120 D. 1810

29. 'स्वामी हरिदास जयन्ती' का प्रतिवर्ष उत्तर प्रदेश के किस नगर में आयोजन किया जाता है?

A. वृन्दावन B. आगरा

C. इलाहाबाद D. वाराणसी

30. हिन्दू-मुस्लिम एकता का प्रतीक 'सुलह कुल' उत्सव प्रदेश में कहां मनाया जाता है?

A. आगरा B. कानपुर

C. मेरठ D. अलीगढ़

21.A 22.C 23.D 24.B 25.A 26.C 27.D 28.B 29.A 30.A

31. प्रदेश में 'गढ़ का मेला' कहां लगता है?

A. राजघाट
B. हापुड़
C. गढ़मुक्तेश्वर
D. बुलन्दशहर

32. प्रदेश में 'कबीर मेले' का आयोजन किस स्थान पर किया जाता है?

A. आगरा में
B. बस्ती में मगहर नामक स्थान पर
C. अलीगढ़ में
D. मेरठ में

33. 'शहीद मेले' का आयोजन प्रदेश में प्रतिवर्ष कहां पर किया जाता है?

A. मेरठ
B. अलीगढ़
C. बुलन्दशहर
D. हापुड़

34. प्रदेश के आगरा जिले में बटेश्वरनाथ के प्रसिद्ध मन्दिर में लगने वाला 'पशुओं का मेला' किस मेले के नाम से जाना जाता है?

A. प्रदर्शनी मेला
B. जलजीवा मेला
C. बटेश्वर मेला
D. मानेश्वर मेला

35. उत्तर प्रदेश में 'नककटैया मेला' कहाँ पर आयोजित किया जाता है?

A. लखनऊ
B. वाराणसी
C. इलाहाबाद
D. सहारनपुर

36. प्रदेश में 'अर्द्धकुम्भ' का आयोजन कितने वर्ष पश्चात् किया जाता है?

A. प्रति 6 वर्ष में
B. प्रति 8 वर्ष में
C. प्रति 4 वर्ष में
D. प्रति 12 वर्ष में

37. उत्तर प्रदेश का कौनसा नगर 'घाटों व मन्दिरों की नगरी' के नाम से प्रसिद्ध है?

A. वाराणसी
B. आगरा
C. इलाहाबाद
D. गोरखपुर

38. बौद्धों का प्रसिद्ध तीर्थस्थल 'सारनाथ' प्रदेश के किस नगर के निकट स्थित है?

A. इलाहाबाद
B. फैजाबाद
C. गोरखपुर
D. वाराणसी

39. रामायण के रचयिता महर्षि वाल्मीकि का आश्रम प्रदेश के किस नगर में स्थित है?

A. बिठूर
B. वाराणसी
C. अयोध्या
D. चित्रकूट

40. गोस्वामी तुलसीदास को समर्पित 'तुलसीदास मानस मन्दिर' प्रदेश में कहां स्थित है?

A. इलाहाबाद
B. मथुरा
C. वाराणसी
D. आगरा

31.C 32.B 33.D 34.C 35.B 36.A 37.A 38.D 39.A 40.C

41. प्रदेश के ललितपुर में 'देवीसिंह बुंदेला' ने कौन-सा मन्दिर बनवाया था?

A. विष्णु मन्दिर, ललितपुर　　B. शिव मन्दिर, ललितपुर

C. नरसिंह मन्दिर, देवगढ़ किला　　D. दशावतार मन्दिर

42. प्रदेश में 'मुस्लिम शैली के मन्दिर' कहां स्थित हैं?

A. इलाहाबाद में　　B. मथुरा में

C. कानपुर में　　D. वाराणसी में

43. प्रदेश का 'शाकम्भरी देवी का मन्दिर' किस जिले में स्थित है?

A. मेरठ जिले में　　B. इलाहाबाद जिले में

C. सहारनपुर जिले में　　D. आगरा जिले में

44. 'बिल्वेश्वरनाथ का मन्दिर' प्रदेश के किस नगर में है?

A. मेरठ　　B. अयोध्या

C. मुजफ्फरनगर　　D. सहारनपुर

45. प्रसिद्ध 'बाबा औघड़नाथ का मन्दिर' प्रदेश के किस नगर में है?

A. आगरा　　B. अलीगढ़

C. मेरठ　　D. मथुरा

46. 'मनसादेवी' का प्रसिद्ध मन्दिर प्रदेश के किस नगर में है?

A. बुलन्दशहर　　B. मेरठ

C. वाराणसी　　D. अलीगढ़

47. 'द्वारकाधीश' का प्रसिद्ध मन्दिर प्रदेश के किस नगर में है?

A. वृन्दावन　　B. आगरा

C. मथुरा　　D. वाराणसी

48. प्रसिद्ध 'जे.के. मन्दिर' प्रदेश के किस नगर में स्थित है?

A. इलाहाबाद　　B. कानपुर

C. लखनऊ　　D. सहारनपुर

49. प्रदेश का प्रसिद्ध 'राधास्वामी मन्दिर' किस नगर में स्थित है?

A. आगरा　　B. मेरठ

C. सहारनपुर　　D. मोदीनगर

50. प्रसिद्ध 'अलोपी देवी का मन्दिर' किस जिले में स्थित है?

A. इलाहाबाद जिले में　　B. सहारनपुर जिले में

C. आगरा जिले में　　D. गोरखपुर जिले में

41.C　42.B　43.C　44.A　45.C　46.B　47.C　48.B　49.A　50.A

51. 'बटेश्वरनाथ मन्दिर' प्रदेश के किस जिले में स्थित है?

A. सहारनपुर B. आगरा

C. गोरखपुर D. मेरठ

52. प्रदेश के किस जिले में भारतमाता का मन्दिर बना हुआ है?

A. वाराणसी B. इलाहाबाद

C. मथुरा D. आगरा

53. 'सर्पदेव नागबसु' का प्राचीन मन्दिर प्रदेश के किस जिले में स्थित है?

A. कानपुर B. मथुरा

C. मेरठ D. इलाहाबाद

54. प्रसिद्ध 'चन्द्रिका देवी का मन्दिर' प्रदेश के किस जिले में है?

A. लखनऊ B. गोरखपुर

C. ललितपुर D. कानपुर

55. 'अवन्तिका देवी का मन्दिर' उत्तर प्रदेश के किस जिले में है?

A. जालौन B. मेरठ

C. बुलन्दशहर D. सहारनपुर

56. प्रसिद्ध 'सरस्वती देवी का मन्दिर' प्रदेश के किस जिले में है?

A. मेरठ B. अलीगढ़

C. अयोध्या D. वाराणसी

57. 'लाडली का मन्दिर' प्रदेश के किस जिले में है?

A. वाराणसी B. इलाहाबाद

C. मथुरा D. मेरठ

58. 'वेणी माधव मन्दिर' प्रदेश में कहां स्थित है?

A. बांदा B. सहारनपुर

C. इलाहाबाद D. वाराणसी

59. 'गोललेश्वर' का प्रसिद्ध मन्दिर प्रदेश के किस जिले में स्थित है?

A. मेरठ B. इलाहाबाद

C. जालौन D. बांदा

60. विश्व प्रसिद्ध 'श्री राम मन्दिर' प्रदेश के किस स्थान पर स्थित है?

A. अलीगढ़ B. अयोध्या

C. वाराणसी D. इलाहाबाद

51.B 52.A 53.D 54.A 55.C 56.A 57.C 58.C 59.C 60.B

61. उत्तर प्रदेश के किस नगर में मुगल शासक अकबर की राजपूत रानी 'मरियम' की दरगाह स्थित है?

A. आगरा　　B. कानपुर

C. मेरठ　　D. अलीगढ़

62. आगरा के किले में मुगल शासक शाहजहां द्वारा निर्मित मस्जिद किस नाम से जानी जाती है?

A. जामा मस्जिद　　B. अटाला मस्जिद

C. मोती मस्जिद　　D. लाल दरवाजा मस्जिद

63. प्रदेश में 'शेख सलीम चिश्ती' की दरगाह कहां पर स्थित है?

A. लखनऊ　　B. फतेहपुर सीकरी

C. आगरा　　D. जौनपुर

64. जौनपुर में स्थित 'झाझरी मस्जिद' का निर्माण किसने करवाया था?

A. इब्राहिम शर्की　　B. जहांगीर

C. शेरशाह शूरी　　D. अकबर

65. 'बाले मियां की दरगाह' प्रदेश के किस नगर में स्थित है?

A. अलीगढ़　　B. अयोध्या

C. मिर्जापुर　　D. मेरठ

66. 'सूफी सन्त शाह अलाउद्दीन साबिर की दरगाह' उत्तर प्रदेश में कहां पर है?

A. काम्पिल　　B. कलियर

C. मथुरा　　D. बिठूर

67. 'सूफी सन्त सैयद अब्दुल रज्जाक की दरगाह' प्रदेश में किस स्थान पर है?

A. फतेहपुर सीकरी　　B. आगरा

C. बांसा (बाराबंकी)　　D. किछौछा (फैजाबाद)

68. 'सन्त हजरत सुल्तानुल आरफीन की दरगाह' प्रदेश में किस स्थान पर है?

A. बदायूं　　B. इलाहाबाद

C. सोरों (एटा)　　D. उन्नाव

69. 'फकीर सैयद सालार मसूद गाजी की दरगाह' प्रदेश में कहां पर स्थित है?

A. देवबन्द　　B. बहराइच

C. बदायूं　　D. मेरठ

70. प्रदेश के किस स्थान पर 'सूफी सन्त हाजी वारिस अलीशाह' की मजार स्थित है?

A. जौनपुर　　B. वाराणसी

C. देवा　　D. बहराइच

61.A　62.C　63.B　64.A　65.D　66.B　67.C　68.A　69.B　70.C

71. 'संत सैयद महमूद शाह अशरफ जहांगीर की दरगाह' प्रदेश में किस स्थान पर है?

A. बांसा (बाराबंकी) B. देवबन्द

C. बदायूं D. किछौछा (अम्बेड़कर नगर)

72. मुगल शासक अकबर द्वारा निर्मित अनेक छतरियों वाली प्रसिद्ध 'जामा मस्जिद' प्रदेश में कहां पर स्थित है?

A. फतेहपुर सीकरी B. इलाहाबाद

C. लखनऊ D. जौनपुर

73. औरंगजेब के गवर्नर बहराम खां द्वारा बनवाई गई 'चुनार मस्जिद' प्रदेश के किस स्थान पर है?

A. अलीगढ़ B. मिर्जापुर

C. मथुरा D. जौनपुर

74. शर्की सुल्तानों द्वारा जौनपुर में निर्मित सर्वश्रेष्ठ मस्जिद कौनसी है?

A. आसफुद्दौला मस्जिद B. जामा मस्जिद

C. अटाला मस्जिद D. रूमी मस्जिद

75. 'हुमायूं मस्जिद' का कारीगर कौन था?

A. जाफरी B. शिताब

C. रुकमुद्दीन अली D. अलमसूद

76. निम्न में से किसने सितार का आविष्कार किया था?

A. अकबर B. अमीर खुसरो

C. जहांगीर D. शाहजहां

77. प्रदेश के प्रसिद्ध संगीतज्ञ स्वामी हरिदास किस मुगल शासक के समकालीन थे?

A. अकबर B. बाबर

C. शाहजहां D. औरंगजेब

78. प्रदेश के ही नहीं बल्कि भारत के प्रसिद्ध संगीताचार्य तानसेन किस शासक के दरबारी संगीतज्ञ थे।

A. इल्तुतमिश B. शाहजहां

C. जहांगीर D. अकबर

79. प्रसिद्ध संगीताचार्य तानसेन के गुरु कौन थे?

A. स्वामी रामानन्द B. पं. जगन्नाथ

C. स्वामी हरिदास D. ठाकुर प्रसाद

80. प्रदेश के किस शासक ने प्रसिद्ध 'खयाल' राग का सृजन किया था?

A. सुल्तान हुसैन शर्की B. जहांगीर

C. वाजिद अली शाह D. अकबर

71.D 72.A 73.B 74.C 75.D 76.B 77.A 78.D 79.C 80.A

81. उत्तर प्रदेश में जौनपुर जिले की कहार जाति द्वारा किया जाने वाला नृत्य कौनसा है ?

A. करमा
B. चौनफुल
C. चौरसिया नृत्य
D. छपेली

82. प्रदेश के मिर्जापुर जिले में आदिवासियों द्वारा कौन-सा नृत्य किया जाता है ?

A. चौचरी
B. करमा
C. नौटंकी
D. चौरसिया

83. प्रदेश का कौनसा लोकनृत्य गुजरात के डांडिया नृत्य जैसा है ?

A. जागर नृत्य
B. घरकरही नाच
C. सयना नृत्य
D. पाई डण्डा

84. निम्नलिखित जोड़ों में से कौनसा गलत है ?

A. छोलिया-गोरखपुर
B. शीला-मिर्जापुर
C. करमा-मिर्जापुर
D. राई नृत्य-बुन्देलखण्ड

85. बुन्देलखण्ड के कुम्हारों में प्रचलित नृत्य जिसमें स्त्री पात्रों की भूमिका भी पुरुष करते हैं, कौनसा है ?

A. धुरिया समाज
B. राई नाच
C. छोलिया नृत्य
D. शैरा नाच

86. प्रदेश का कौनसा नृत्य है जिसमें नर्तक कुश्ती लड़ने, कबड्डी खेलने और चिड़ियों जैसी चेष्टाएं करते हैं ?

A. झूमर नृत्य
B. कमसारी नृत्य
C. जागर नृत्य
D. नटवरी

87. उत्तर प्रदेश में सर्वाधिक प्रचलित लोकनृत्य निम्नलिखित में से कौनसा है ?

A. छपेली
B. चौनफुल
C. नौटंकी
D. करमा

88. प्रदेश में अवधी व भोजपुरी भाषा वाले क्षेत्रों में कौन-सा लोकगीत गाया जाता है ?

A. बिरहा
B. लांगुरिया
C. आल्हा
D. रसिया

89. प्रदेश में बुन्देलखण्ड क्षेत्र में वीररस से भरपूर प्रसिद्ध गायन शैली कौनसी है ?

A. रसिया
B. कजरी
C. आल्हा
D. चैता

90. प्रदेश का छोलिया नृत्य-गीत किस जाति में प्रचलित है ?

A. पासी
B. राजपूत
C. कहार
D. धोबी

81.C 82.B 83.D 84.A 85.A 86.D 87.C 88.A 89.C 90.B

91. उत्तर प्रदेश की सांस्कृतिक परम्परा में 'पूरन भगत' निम्नलिखित में से क्या है?

A. नृत्यनाटिका B. लोकनृत्य
C. लोकगीत D. कुछ नहीं

92. 'विरहा', 'आल्हा', 'रसिया' आदि लोकगीतों की परम्परा किस प्रदेश में पाई जाती है?

A. उत्तर प्रदेश B. महाराष्ट्र
C. गुजरात D. राजस्थान

93. प्रदेश के ब्रज क्षेत्र का प्रसिद्ध लोकगीत कौनसा है?

A. बिरहा B. कजरी
C. रसिया D. आल्हा

94. प्रदेश के मिर्जापुर जिले के आदिवासियों द्वारा कौन-सा नृत्य किया जाता है?

A. छपेली नृत्य B. पाई डण्डा नृत्य
C. देवी नृत्य D. करमा नृत्य

95. प्रदेश के प्रसिद्ध अच्छन महाराज, शंभू महाराज व लच्छू महाराज की कत्थक नृत्यशैली किस नाम से प्रसिद्ध है?

A. सैनिया घराना B. लखनऊ घराना
C. टप्पा गायकी D. बड़ा खयाल

96. प्रदेश की किस जनजाति की उपजातियां कठरिया, डिगोरा तथा राना हैं?

A. बुक्सा B. खरवार
C. माहीगीर D. थारू

97. प्रदेश के किस क्षेत्र में थारू जनजाति निवास करती है?

A. तराई B. मैदानी
C. पठारी D. इनमें से कोई नहीं

98. प्रदेश के किस जिले में थारू जनजाति के लोगों को शिक्षित करने हेतु महाविद्यालय स्थापित किया गया है?

A. जौनपुर B. लखीमपुर
C. पीलीभीत D. गोरखपुर

99. प्रदेश की कौनसी जनजाति बिजनौर जिले के ग्रामीण क्षेत्रों में निवास करती है?

A. थारू B. बुक्सा
C. खरवार D. माहीगीर

100. प्रदेश की कौनसी जनजाति द्वारा ग्राम देवी की पूजा की जाती है?

A. माहीगीर B. खरवार C. थारू D. बुक्सा

91.C 92.A 93.C 94.D 95.B 96.D 97.A 98.B 99.B 100.D

101. खरवार नामक जनजाति प्रदेश के किस जिले में निवास करती है ?
A. मिर्जापुर
B. बरेली
C. कानपुर
D. मेरठ

102. प्रदेश की खरवार जनजाति की निम्नलिखित में से कौनसी उपजाति नहीं है ?
A. सूरजवंशी
B. खेरी
C. पटबन्दी
D. बनरावत

103. थारू जनजाति में कैसी परिवार प्रथा है ?
A. संयुक्त प्रथा
B. सीमित प्रथा
C. दोनों प्रकार की प्रथाएं
D. दोनों में से कोई नहीं

104. लठमरवा भोज किस जनजाति में प्रचलित है ?
A. बुक्सा
B. थारू
C. खरवार
D. इनमें से कोई नहीं

105. 'बजहर' नामक त्यौहार किस जनजाति में लोकप्रिय है ?
A. थारू
B. खरवार
C. बुक्सा
D. सभी में

106. बिरादरी पंचायत किस जनजाति का प्रमुख आदिवासी राजनीतिक संगठन है ?
A. थारू
B. खरवार
C. बुक्सा
D. इनमें से कोई नहीं

107. प्रदेश की खरवार जाति द्वारा निम्नलिखित में से कौन-सा त्यौहार नहीं मनाया जाता ?
A. मकर संक्रान्ति
B. होली
C. दीपावली
D. ग्राम देवीपूजा

108. राउत और मोझयाली किस जनजाति की उपजातियां हैं ?
A. बुक्सा
B. थारू
C. खरवार
D. किसी भी जनजाति की नहीं

109. नाग-बिच्छू पूजा का रिवाज किस जनजाति में प्रचलित है ?
A. थारू
B. खरवार
C. बुक्सा
D. सभी जनजातियों में

110. निम्नलिखित में से कौनसी चित्रकला शैली उत्तर प्रदेश की है ?
A. कंदरा शैली या मिर्जापुर की विलुप्त शैली
B. बृज या मथुरा शैली
C. बुंदेली शैली
D. उपरोक्त सभी

101.A 102.D 103.A 104.B 105.A 106.C 107.D 108.C 109.B 110.D

111. प्रदेश की 'आगरा शैली' अन्य किस नाम से जानी जाती है?
A. मुगल शैली
B. बाबर शैली
C. जहांगीर शैली
D. इनमें से कोई नहीं

112. निम्नलिखित में से कौनसा चित्रकार उत्तर प्रदेश से संबंधित है?
A. श्रीकृष्ण चैतन्य भट्ट
B. चमन सिंह 'चमन'
C. जगन्नाथ मुरलीधर अहिवादी
D. सभी

113. निम्नलिखित में से कौनसा चित्रकार उत्तर प्रदेश से संबंधित नहीं है?
A. बद्रीनाथ
B. नारायण कुमार
C. मुनि सिंह
D. चांद प्रसाद

114. प्रदेश का निम्नलिखित में से कौनसा चित्रकार मिश्रित चित्रकला शैली से संबंधित है?
A. रामचन्द्र शुक्ल
B. रणवीर सिंह सक्सेना
C. सुमानव
D. सभी

115. प्रदेश का निम्नलिखित में सै कौनसा चित्रकार मिश्रित चित्रकला शैली से संबंधित नहीं है?
A. डी.पी. धूलिया
B. विश्वनाथ खन्ना
C. योगेन्द्र नाथ वर्मा
D. नन्द किशोर खन्ना

116. निम्नलिखित में से प्रदेश का कौनसा चित्रकार कलैण्डर व धार्मिक चित्रों के लिए प्रसिद्ध है?
A. नित्यानन्द
B. सेवाराम
C. अजमत शाह
D. योगेन्द्र नाथ वर्मा

117. निम्नलिखित में से कौनसा फिल्मी व टी.वी. कलाकार उत्तर प्रदेश का नहीं है?
A. भारत भूषण
B. के.एन. सिंह
C. नसीरुद्दीन शाह
D. प्राण

118. निम्नलिखित में से कौनसा फिल्मी कलाकार प्रदेश से संबंधित है?
A. जयंत
B. अरुण गोविल
C. कंवलजीत
D. सभी

119. प्रदेश के निम्नलिखित में से किस कलाकार को फिल्मों में सबसे अधिक प्रसिद्धि मिली?
A. अमिताभ बच्चन
B. सुजीत कुमार
C. जयंत
D. सभी

120. निम्नलिखित में से कौनसी फिल्म अभिनेत्री उत्तर प्रदेश से संबंधित है?
A. मंदाकिनी
B. कल्पना कार्तिक
C. लीला मिश्रा
D. सभी

111.A 112.D 113.D 114.D 115.A 116.B 117.D 118.D 119.A 120.D

121. निम्नलिखित में से कौनसा निर्माता-निर्देशक उत्तर प्रदेश से संबंधित है ?
A. प्रकाश मेहरा B. अलीसरदार जाफरी
C. अनिल शर्मा D. यश चोपड़ा

122. 'पाकीजा' फिल्म प्रदेश के किस प्रसिद्ध निर्माता-निर्देशक द्वारा बनाई गई थी ?
A. कमाल अमरोही B. बासु चटर्जी C. हरमेश मल्होत्रा D. रतन मोहन

123. निम्नलिखित में से कौनसा फिल्म लेखक प्रदेश से संबंधित है ?
A. डॉ. राही मासूम रजा B. पं. मुखराज शर्मा
C. कमाल अमरोही D. सभी

124. सुमेलित कीजिए और दिए गए विकल्पों में से सही विकल्प चुनिए।

(a) अमृत लाल नागर	1. कलाकार
(b) नौशाद	2. लेखक
(c) विवेक मुश्रान	3. गायक
(d) अनूप जलोटा	4. संगीतकार

	(a)	*(b)*	*(c)*	*(d)*
A.	1	3	2	4
B.	2	4	1	3
C.	4	3	1	2
D.	1	2	3	4

125. निम्नलिखित जोड़ों में से गलत जोड़ा बताइए।
A. ओम प्रकाश शर्मा-लेखक B. रवीन्द्र जैन-संगीतकार
C. शकील बदायूंनी-गीतकार D. पुरुषोत्तम दास जलोटा-गीतकार

126. वाराणसी घराने की गायकी का जनक किसे माना जाता है ?
A. हुसैन खां B. वाजिद अली शाह
C. पं. बड़े रामदास जी मिश्र D. पं. राम सहाय

127. प्रदेश के अन्तर्राष्ट्रीय ख्यातिप्राप्त शहनाई वादक का नाम बताइए।
A. उस्ताद हुसैन शर्की B. उस्ताद बिस्मिल्ला खां
C. पं. रामजी मिश्र D. कामता प्रसाद

128. उत्तर प्रदेश के पं. रविशंकर निम्नलिखित में से किससे संबंधित थे ?
A. सितार वादन B. तबला वादन C. शहनाई वादन D. सारंगी वादन

129. निम्नलिखित जोड़ों में से गलत जोड़ा चुनिए।
A. पं. गोपाल जी मित्र—सारंगी वादक B. पं. ओंकार नाथ ठाकुर—वायलिन वादक
C. बिरजू महाराज—शास्त्री नृत्य D. किशन महाराज—कत्थक नृत्य

130. सन् 1919 में ब्रिटिश शासनकाल में उत्तर प्रदेश के शासक को किस नाम से जाना जाता था ?
A. वायसराय B. गवर्नर C. लार्ड D. गवर्नर जनरल

121.D 122.A 123.D 124.B 125.D 126.C 127.B 128.A 129.D 130.B

131. उत्तर प्रदेश के निम्नलिखित नगरों में से कौनसा नगर 'कुम्भनगर' के नाम से प्रसिद्ध है?

A. वाराणसी　　B. मथुरा
C. इलाहाबाद　　D. अयोध्या

132. प्रदेश के निम्नलिखित में से किस नगर में कुम्भ मेला लगता है?

A. इलाहाबाद　　B. वाराणसी
C. आगरा　　D. इनमें से सभी

133. प्रदेश ही नहीं बल्कि भारत-प्रसिद्ध कुम्भ मेले का आयोजन कितने वर्ष बाद किया जाता है?

A. प्रति छठे वर्ष　　B. प्रति बारहवें वर्ष
C. प्रति दसवें वर्ष　　D. प्रति चौथे वर्ष

134. प्रदेश में प्रसिद्ध अर्द्धकुम्भ मेले का आयोजन कितने वर्ष बाद किया जाता है?

A. प्रति बारहवें वर्ष　　B. प्रति आठवें वर्ष
C. प्रति छठे वर्ष　　D. प्रति दूसरे वर्ष

135. 'विदुर का टीला' नामक स्थान प्रदेश में कहां पर स्थित है?

A. इलाहाबाद　　B. मथुरा
C. हस्तिनापुर　　D. गोकुल

136. जैन धर्म का प्रमुख तीर्थस्थल प्रदेश का कौनसा नगर है?

A. मथुरा　　B. हस्तिनापुर
C. इलाहाबाद　　D. खेरिया

137. प्रसिद्ध जैन तीर्थस्थल हस्तिनापुर, प्रदेश के किस जिले के अन्तर्गत आता है?

A. मेरठ जिला　　B. बिजनौर जिला
C. सहारनपुर जिला　　D. आगरा जिला

138. प्रदेश का कौनसा नगर श्रीकृष्ण की जन्मस्थली है?

A. मथुरा　　B. बरसाना
C. आगरा　　D. झांसी

139. प्रदेश के किस नगर में खुसरो बाग स्थित है?

A. लखनऊ　　B. वाराणसी
C. मेरठ　　D. इलाहाबाद

140. उच्च न्यायालय प्रदेश के किस नगर में स्थित है?

A. इलाहाबाद　　B. लखनऊ
C. आगरा　　D. कानपुर

131.C　132.A　133.B　134.C　135.C　136.B　137.A　138.A　139.D　140.A

141. प्रसिद्ध आनन्द भवन प्रदेश के किस नगर में स्थित है?

A. मेरठ
B. लखनऊ
C. इलाहाबाद
D. आगरा

142. संकिसा प्रदेश के किस जिले में स्थित है?

A. मेरठ
B. फर्रुखाबाद
C. बागपत
D. वाराणसी

143. विश्व-प्रसिद्ध ताजमहल प्रदेश के किस नगर में स्थित है?

A. मथुरा
B. आगरा
C. लखनऊ
D. फतेहपुर सीकरी

144. एतमादुद्दौला का मकबरा प्रदेश के किस नगर के समीप स्थित है?

A. आगरा
B. मेरठ
C. अलीगढ़
D. इलाहाबाद

145. प्रसिद्ध बुलन्द दरवाजा प्रदेश में कहां पर स्थित है?

A. आगरा
B. अलीगढ़
C. फतेहपुर सीकरी
D. मेरठ

146. शेख सलीम चिश्ती की दरगाह प्रदेश में कहां पर स्थित है?

A. मेरठ
B. फतेहपुर सीकरी
C. अलीगढ़
D. लखनऊ

147. जोधाबाई का महल प्रदेश में कहां पर स्थित है?

A. लखनऊ
B. आगरा
C. अलीगढ़
D. फतेहपुर सीकरी

148. 'भीतरगांव' का प्रसिद्ध मन्दिर प्रदेश के किस जिले में स्थित है?

A. कानपुर
B. इलाहाबाद
C. लखनऊ
D. आगरा

149. 'बिठूर' नामक तीर्थस्थल प्रदेश के किस जिले में स्थित है?

A. आगरा जिले में
B. झांसी जिले में
C. कानपुर जिले में
D. सहारनपुर जिले में

150. प्रदेश का कौनसा नगर श्रीराम की जन्मस्थली है?

A. अयोध्या
B. आगरा
C. मथुरा
D. वाराणसी

141.C 142.B 143.B 144.A 145.C 146.B 147.D 148.A 149.C 150.A

151. अयोध्या से किस वंश के शासक का महत्त्वपूर्ण शिलालेख मिला है?

A. अशोक
B. समुद्रगुप्त
C. पुष्यमित्र शुंग
D. चन्द्रगुप्त

152. प्रसिद्ध तीर्थस्थल सारनाथ प्रदेश के किस जिले में स्थित है?

A. वाराणसी
B. फैजाबाद
C. इलाहाबाद
D. सहारनपुर

153. उत्तर प्रदेश के पर्यटक स्थलों एवं वहां के दर्शनीय स्थलों के जोड़े दिए जा रहे हैं। गलत जोड़ा बताइए।

A. वाराणसी-विश्वनाथ मन्दिर
B. आगरा-ताजमहल
C. इलाहाबाद-सारनाथ स्तूप
D. लखनऊ-इमामबाड़ा

154. प्रदेश में स्थित कुशीनगर किसलिए प्रसिद्ध है?

A. बुद्ध को बोध
B. भगवान बुद्ध का जन्मस्थान
C. बुद्ध का महापरिनिर्वाण
D. इनमें से किसी के लिए नहीं

155. लोदी वंश के शासक सिकन्दर लोदी ने जौनपुर के शासक हुसैनशाह को कब परास्त किया था?

A. 1404 ई.
B. 1550 ई.
C. 1477 ई.
D. 1445 ई.

156. देश का प्राचीनतम विश्वविद्यालय प्रदेश में कहां पर है?

A. वाराणसी
B. आगरा
C. मेरठ
D. इलाहाबाद

157. उर्दू कवि मिर्जा गालिब तथा संगीतज्ञ उस्ताद फैयाज खां का जन्मस्थान प्रदेश में कहां पर है?

A. बाराबंकी
B. मेरठ
C. आगरा
D. लखनऊ

158. प्रदेश के किस जिले में राधास्वामी मत का प्रमुख केन्द्र, दयालबाग स्थित है?

A. आगरा
B. मेरठ
C. लखनऊ
D. सहारनपुर

159. भगवान बुद्ध द्वारा ज्ञान-प्राप्ति के बाद सर्वप्रथम उपदेश कहां पर दिया गया?

A. अयोध्या
B. सोरों
C. सारनाथ
D. कालपी

160. सारनाथ में किस सम्राट् का प्रसिद्ध स्तम्भ स्थित है?

A. समुद्रगुप्त
B. चन्द्रगुप्त मौर्य
C. कुमारगुप्त
D. अशोक

151.C 152.A 153.C 154.C 155.D 156.D 157.C 158.A 159.C 160.C

161. निम्नलिखित इमारतों में से कौनसी जौनपुर में स्थित नहीं है?

A. इब्राहिम नायब की मस्जिद
B. हुसैनाबाद बारादरी
C. अटाला मस्जिद
D. लाल दरवाजा मस्जिद

162. अवध (लखनऊ) का अन्तिम नवाब कौन था?

A. वाजिद अली शाह
B. सआदत अली
C. सफदर जंग
D. मुहम्मद अली शाह

163. प्रदेश के किस स्थान पर महात्मा बुद्ध ने निर्वाण प्राप्त किया था?

A. श्रावस्ती
B. गढ़मुक्तेश्वर
C. कुशीनगर
D. सारनाथ

164. प्रसिद्ध 'दशावतार मन्दिर' प्रदेश में कहां पर है?

A. देवगढ़
B. सोरों
C. कुशीनगर
D. वाराणसी

165. प्रसिद्ध धार्मिक स्थल 'देवगढ़' प्रदेश के किस जिले में है?

A. वाराणसी
B. झांसी
C. जालौन
D. बहराइच

166. गोस्वामी तुलसीदास जी की जन्मस्थली प्रदेश में कहां पर है?

A. सोरों
B. कालपी
C. राजापुर
D. कोई नहीं

167. 'गुप्त गोदावरी' नामक दर्शनीय स्थल प्रदेश में कहां पर है?

A. चित्रकूट
B. देवबन्द
C. सोरों
D. शृंगीरामपुर

168. प्रदेश का निम्नलिखित में से कौनसा स्थान चित्रकूट में नहीं है?

A. चरणपादुका
B. तपोवन
C. जानकी कुण्ड
D. कामन्दगिरि

169. प्रसिद्ध कालिंजर का किला प्रदेश के किस जिले में है?

A. बांदा
B. झांसी
C. एटा
D. जालौन

170. कर्णवास प्रदेश के किस जिले में स्थित है?

A. बिजनौर
B. बुलन्दशहर
C. मेरठ
D. सहारनपुर

161.B 162.A 163.C 164.A 165.B 166.C 167.A 168.B 169.A 170.B

171. प्रदेश के मिर्जापुर जिले में स्थित 'चुनार' का प्राचीन नाम क्या था?

A. चैनौर
B. चालुक्य
C. चरणादि
D. कोई नहीं

172. प्रसिद्ध 'नैमिषारण्य तीर्थ' प्रदेश के किस जिले में है?

A. सहारनपुर
B. सीतापुर
C. मेरठ
D. बुलन्दशहर

173. निम्नलिखित में से कौनसा स्थल नैमिषारण्य तीर्थ के अन्तर्गत नहीं आता है?

A. बाल्मीकि आश्रम
B. व्यास गद्दी
C. श्री ललिता देवी का मन्दिर
D. चक्रतीर्थ

174. प्रदेश का प्रसिद्ध 'दुधवा नेशनल पार्क' किस जिले में स्थित है?

A. लखीमपुर (खीरी)
B. बांदा
C. हमीरपुर
D. वाराणसी

175. प्रदेश में किस स्थान पर देश का सर्वाधिक तापविद्युत उत्पादक, विद्युतगृह स्थित है?

A. बिजनौर
B. मुजफ्फरनगर
C. सहारनपुर
D. सिंगरौली

176. प्रदेश के किस नगर में शहीद स्मारक और स्वतंत्रता संग्राम केन्द्र की स्थापना की गई है?

A. मेरठ
B. इलाहाबाद
C. लखनऊ
D. कानपुर

177. सन् 1857 में अवध में ब्रिटिश शासन के विरुद्ध विद्रोह को किसकी सहायता से दबाया जा सका?

A. पहाड़ी
B. जर्मन
C. गोरखा
D. जाट

178. लार्ड डलहौजी की विलय नीति के कारण अवध को किस वर्ष ब्रिटिश शासन में मिलाया गया था?

A. 1885 ई.
B. 1856 ई.
C. 1891 ई.
D. 1852 ई.

179. अकबर ने फतेहपुर सीकरी को अपनी राजधानी कब बनाया था?

A. 1560 ई. में
B. 1565 ई. में
C. 1574 ई. में
D. 1505 ई. में

180. प्रदेश में मूर्तिकला में काम आने वाला पत्थर कहां मिलता है?

A. बुन्देलखण्ड व आगरा
B. वाराणसी व इलाहाबाद
C. बरेली व बांदा
D. मुरादाबाद व मिर्जापुर

171.C 172.B 173.A 174.A 175.D 176.A 177.C 178.B 179.C 180.A

181. प्रदेश में देश की सबसे बड़ी भूल-भुलैया कहां और कौनसी है?

A. दीवाने-खास, आगरा B. जन्तर-मन्तर, मथुरा

C. इमामबाड़ा, लखनऊ D. जन्तर-मन्तर, वाराणसी

182. देश में प्रथम बार लोहे का पुल कहां और किसने बनवाया?

A. लखनऊ में गोमती नदी पर (जोसप कम्पनी ने)

B. आगरा में यमुना नदी पर (मुगल बादशाह शाहजहां ने)

C. वाराणसी में गंगा नदी पर (अंग्रेजों ने)

D. इलाहाबाद में गंगा नदी पर (जोसप कम्पनी ने)

183. प्रदेश में विंध्याचल क्षेत्र निम्नलिखित में से कहां स्थित है?

A. गंगा-यमुना के मैदानी क्षेत्र के दक्षिण में

B. हिमालय के दक्षिणी क्षेत्र में

C. हिमालय के पूर्वी क्षेत्र में

D. गंगा-यमुना के मैदानी क्षेत्र में

184. निम्नलिखित में से कौनसा जोड़ा गलत है?

A. इलाहाबाद—सारनाथ स्तूप B. आगरा—ताजमहल

C. वाराणसी—विश्वनाथ मन्दिर D. लखनऊ—इमामबाड़ा

185. बाल्मीकि रामायण के रचयिता महर्षि बाल्मीकि का आश्रम प्रदेश में कहां पर है?

A. बिठूर B. हरिद्वार C. अयोध्या D. कौशाम्बी

186. प्रदेश में लखीमपुर-खीरी के निकट कौनसा प्रसिद्ध धार्मिक स्थल है?

A. महर्षि बाल्मीकि का आश्रम B. नैमिषारण्य

C. नीलकंठ महादेव का मन्दिर D. गोला गोकर्णनाथ

187. प्रसिद्ध धार्मिक स्थल 'कम्पिल' प्रदेश के किस जिले में स्थित है?

A. एटा B. फर्रुखाबाद C. सहारनपुर D. मेरठ

188. 'शुक्रताल' प्रदेश के किस जिले में स्थित है?

A. मेरठ B. मुजफ्फरनगर C. फैजाबाद D. सहारनपुर

189. प्रसिद्ध तीर्थस्थल कम्पिल (जिला फर्रुखाबाद) निम्नलिखित में से किसकी जन्मस्थली नहीं है?

A. गुरु द्रोणाचार्य B. जैन तीर्थंकर विमल नाथ

C. महात्मा बुद्ध D. द्रोपदी

190. प्रदेश में मुगल बादशाह औरंगजेब ने चार घाटों का निर्माण कहां करवाया था?

A. फतेहपुर सीकरी—जिला आगरा B. बिठूर—जिला कानपुर

C. राजापुर—जिला बांदा D. मुगल घाट—जिला फर्रुखाबाद

181.C 182.A 183.A 184.A 185.A 186.D 187.B 188.B 189.C 190.D

भाषा, साहित्य, शिक्षा एवं खेल

1. विश्व के सबसे प्राचीन ग्रन्थ 'ऋग्वेद' की रचना भारत के किस प्रदेश में हुई थी?

A. उत्तर प्रदेश B. राजस्थान

C. मध्य प्रदेश D. पंजाब

2. महाभारत के रचयिता महर्षि वेदव्यास ने उत्तर प्रदेश में किस स्थान पर अपने साहित्य की रचना की?

A. सहारनपुर B. इलाहाबाद

C. नैमिषारण्य D. वाराणसी

3. महाकवि कालिदास ने निम्नलिखित में से किस प्रसिद्ध ग्रन्थ की रचना की थी?

A. यशोधरा B. अभिज्ञान शाकुन्तलम्

C. मृगनयनी D. गीतावली

4. प्रदेश के निम्नलिखित में से किस कवि ने 'ब्रजभाषा' में काव्य रचना नहीं की?

A. सूरदास B. केशवदास C. भारवि D. बिहारी

5. प्रदेश के 'ब्रजभाषा' के महाकवि सूरदास ने किस प्रसिद्ध काव्य की रचना की थी?

A. पद्मावत B. रामचरित मानस

C. साखी D. सूरसागर

6. उत्तर प्रदेश के किस आदिकवि ने प्रसिद्ध ग्रन्थ रामायण की रचना की थी?

A. वेदव्यास B. बाल्मीकि C. भवभूति D. कालिदास

7. प्रदेश के प्रसिद्ध कवि जायसी ने निम्न में से किस प्रसिद्ध ग्रन्थ की रचना की थी?

A. पद्मावत B. अभिज्ञान शाकुन्तलम्

C. विनय पत्रिका D. मेघूदत

8. साखी, सबद, रमैनी आदि, प्रदेश के किस महाकवि की रचना हैं?

A. सूरदास B. तुलसीदास C. कबीरदास D. केशवदास

9. निम्नलिखित में से कौनसी रचना महाकवि गोस्वामी तुलसीदास की नहीं है?

A. विनय पत्रिका B. रामचरित मानस

C. गीतावली D. मेघदूत

10. प्रसिद्ध गद्यकार भारतेन्दु हरिश्चन्द्र और आचार्य श्यामसुन्दर दास प्रदेश के किस स्थान के रहने वाले थे?

A. वाराणसी B. उन्नाव C. इलाहाबाद D. लखनऊ

1.A 2.C 3.B 4.C 5.D 6.B 7.A 8.C 9.D 10.A

11. प्रसिद्ध गद्यकार आचार्य महावीर प्रसाद द्विवेदी प्रदेश के किस जिले के रहने वाले थे?

A. मेरठ B. इलाहाबाद C. उन्नाव D. वाराणसी

12. सुमेलित कीजिए और दिए गए विकल्पों में से सही विकल्प चुनिए।

(a) आचार्य पद्मसिंह — 1. उन्नाव

(b) आचार्य महावीर प्रसाद द्विवेदी — 2. लखनऊ

(c) आचार्य रुद्रदत्त शर्मा — 3. बिजनौर

(d) आचार्य अंबिका प्रसाद वाजपेयी — 4. धामपुर (जिला बिजनौर)

	(a)	*(b)*	*(c)*	*(d)*
A.	1	3	2	4
B.	2	4	3	1
C.	4	2	1	3
D.	3	1	4	2

13. निम्नलिखित कृतियों में से कौनसी कृति उत्तर प्रदेश के प्रसिद्ध उपन्यासकार मुंशी प्रेमचन्द्र की नहीं है?

A. गबन B. निर्मला C. गोदान D. चन्द्रगुप्त

14. सुमेलित कीजिए, और दिए गए विकल्पों में से सही विकल्प चुनिए।

(a) जयशंकर प्रसाद — 1. सांध्यगीत (संग्रह)

(b) हरिवंश राय बच्चन — 2. कामायनी

(c) महादेवी वर्मा — 3. साकेत

(d) मैथिलीशरण गुप्त — 4. मधुशाला

	(a)	*(b)*	*(c)*	*(d)*
A.	2	4	1	3
B.	1	3	4	2
C.	2	1	3	4
D.	4	3	2	1

15. नीचे दिए गए जोड़ों में से गलत जोड़ा बताइए।

A. मैथिलीशरण गुप्त—यशोधरा (प्रबन्ध काव्य)

B. सुमित्रानन्दन पंत—नीलाम्बरा

C. महादेवी वर्मा—रश्मि

D. जयशंकर प्रसाद—कंकाल

16. प्रसिद्ध उपन्यासकार वृंदावन लाल वर्मा उत्तर प्रदेश में कहां के रहने वाले थे?

A. झांसी B. उन्नाव C. इलाहाबाद D. वाराणसी

11.C 12.D 13.D 14.A 15.B 16.A

17. नीचे दिए गए जोड़ों में से गलत जोड़ा बताइए?

A. पं. गोविन्द बल्लभ पंत—नाटककार

B. डॉ. रामकुमार वर्मा—नाटककार

C. श्री मैथिलीशरण गुप्त—कवि

D. सूर्यकांत त्रिपाठी निराला—नाटककार

18. प्रदेश के किस लेखक द्वारा 'शतरंज के खिलाड़ी' नामक कहानी लिखी गई?

A. भगवती प्रसाद वाजपेयी B. भगवती चरण वर्मा

C. मुंशी प्रेमचन्द D. अमृतलाल नागर

19. प्रदेश के किस लेखक को उसके निबन्ध 'हिन्दी, उर्दू और हिन्दुस्तानी' पर 1931 में हिन्दुस्तानी अकादमी, इलाहाबाद से पुरस्कार मिला?

A. पं. पद्मसिंह शर्मा B. पं. सुन्दरलाल

C. प्रेमचन्द D. आचार्य रामचन्द्र शुक्ल

20. प्रदेश का कौनसा नगर उर्दू के प्रसिद्ध शायर गालिब का जन्म स्थान है?

A. आगरा B. लखनऊ C. एटा D. फर्रुखाबाद

21. देश में उर्दू पुस्तकों का सबसे महत्त्वपूर्ण प्रकाशन केन्द्र प्रदेश के किस नगर में है?

A. आगरा B. इलाहाबाद C. लखनऊ D. गोरखपुर

22. हास्य कवि काका हाथरसी, जिनका असली नाम 'प्रभुलाल गर्ग' था, का निधन कब हुआ?

A. 23 अक्टूबर, 1995 B. 5 सितम्बर, 1995

C. 18 सितम्बर, 1995 D. 28 सितम्बर, 1995

23. तेरहवीं शताब्दी के प्रसिद्ध कवि अमीर खुसरो का जन्म कहां पर हुआ था?

A. आगरा B. बाराबंकी C. लखनऊ D. पटियाली (जिला एटा)

24. स्व. कवि काका हाथरसी ने ब्रजभाषा की कौनसी फिल्म बनाई?

A. बैरागी साजन B. बसाव गांव के किनारे

C. यमुना किनारे D. हंसती दुनिया

25. उर्दू का प्रथम नाटक 'इन्द्रसभा' कब और किसके द्वारा लिखा गया?

A. आरजू लखनवी, 1835 B. आगा हसन अमानत, 1835

C. मिर्जा रज्जब अली बेग, 1789 D. सज्जाद हुसैन, 1805

26. 'कला रत्न' की उपाधि से विभूषित हास्य कवि काका हाथरसी को 1985 में किस पुरस्कार से सम्मानित किया गया था?

A. पद्मभूषण B. साहित्य अकादमी पुरस्कार

C. पद्मश्री D. साहित्य विभूषण

17.D 18.C 19.A 20.A 21.C 22.C 23.D 24.C 25.B 26.C

27. प्रदेश सरकार द्वारा प्रदान किया जाने वाला रवीन्द्र पुरस्कार निम्नलिखित में से कौन प्राप्त कर चुका है?

A. लक्ष्मी नारायण लाल B. पं. श्याम सुन्दर दास

C. महादेवी वर्मा D. हजारी प्रसाद द्विवेदी

28. निम्न में से कौनसी बोली उत्तर प्रदेश में नहीं बोली जाती है?

A. अवधी B. भोजपुरी

C. ब्रज D. डोंगरी

29. निम्नलिखित में से कौनसा जोड़ा गलत है?

A. जगनिक कवि—आल्हाचरित B. कवि विद्याधर—चन्द्रकान्ता

C. वृन्दावनलाल वर्मा—मृगनयनी D. मैथिलीशरण—साकेत

30. निम्न में से कौनसी कृति महाकवि भूषण द्वारा रचित नहीं है?

A. शिवराज भूषण B. शिवाबावनी

C. कीर्तिलता D. छत्रसाल दसक

31. निम्न में से कौनसी कृति भारतेन्दु हरिश्चन्द्र द्वारा रचित नहीं है?

A. शिवाबावनी B. बादशाह दर्पण

C. कश्मीर कुसुम D. भारत दुर्दशा

32. प्रदेश के लखनऊ, इलाहाबाद और कानपुर के निकटवर्ती क्षेत्रों में प्रमुख रूप से कौनसी बोली बोली जाती है?

A. अवधी B. खड़ी बोली C. पांचाली D. ब्रजभाषा

33. महाकवि जायसी का पद्मावत किस भाषा में लिखा गया ग्रन्थ है?

A. ब्रज B. खड़ी बोली C. पांचाली D. अवधी

34. 'निर्मला' किस प्रसिद्ध उपन्यासकार की रचना है?

A. प्रेमचन्द B. जयशंकर प्रसाद C. कालिदास D. भगवती चरणवर्मा

35. उत्तर प्रदेश द्वारा देवनागरी लिपि में लिखित 'हिन्दी' को अपनी राजभाषा कब घोषित किया गया?

A. अक्टूबर, 1948 B. दिसम्बर, 1947

C. अक्टूबर, 1947 D. सितम्बर, 1944

36. प्रदेश के हिन्दी संस्थान द्वारा हिन्दी सेवा के लिए साहित्यकारों को कौनसा पुरस्कार नहीं दिया जाता है?

A. लोहिया अति विशिष्ट सम्मान B. साहित्य भूषण सम्मान

C. भारत-भारती सम्मान D. ज्ञानपीठ पुरस्कार

27.A 28.D 29.B 30.C 31.A 32.A 33.D 34.A 35.C 36.D

37. 1927 में हिन्दी, उर्दू, ब्रजभाषा, अवधी आदि भाषाओं के विकास के लिए प्रदेश में किस संस्था का गठन किया गया?

A. हिन्दुस्तानी अकादमी, इलाहाबाद B. उर्दू अकादमी, इलाहाबाद
C. संस्कृत संस्थान, लखनऊ D. उर्दू-हिन्दी अकादमी, इलाहाबाद

38. प्रसिद्ध उपन्यास 'मृगनयनी' के लेखक का नाम बताइए।

A. मुंशी प्रेमचन्द B. वृंदावन लाल वर्मा
C. बाबू देवकी नंदन खत्री D. भगवती चरण वर्मा

39. प्रसिद्ध उपन्यास 'गोदान' किसके द्वारा लिखा गया है?

A. अमृतलाल नागर B. यशपाल
C. मुंशी प्रेमचन्द D. भगवतीचरण वर्मा

40. हिन्दी के प्रसिद्ध साहित्यकार व आलोचक डॉ. नगेन्द्र कहां के रहने वाले थे?

A. आगरा B. मथुरा
C. जौनपुर D. अलीगढ़

41. लखनऊ में स्थित डॉ. भीमराव अम्बेडकर विश्वविद्यालय की स्थापना कब हुई थी?

A. 1987 में B. 1985 में C. 1989 में D. 1986 में

42. उत्तर प्रदेश का प्रथम विश्वविद्यालय कौनसा है?

A. इलाहाबाद विश्वविद्यालय B. मेरठ विश्वविद्यालय
C. बुन्देलखण्ड विश्वविद्यालय D. आगरा विश्वविद्यालय

43. प्रदेश का 'उच्च शिक्षा निदेशालय' कहां पर स्थित है?

A. लखनऊ B. इलाहाबाद
C. कानपुर D. वाराणसी

44. प्रदेश का के.जी. मेडिकल कॉलेज कहां पर स्थित है?

A. लखनऊ B. मेरठ
C. कानपुर D. वाराणसी

45. प्रदेश के कौनसे दो मेडिकल कॉलेज केन्द्र सरकार द्वारा संचालित हैं?

A. के.जी. मेडिकल कॉलेज, लखनऊ; जवाहरलाल नेहरू मेडिकल कॉलेज, अलीगढ़
B. जवाहरलाल नेहरू मेडिकल कॉलेज, अलीगढ़; इंस्टीट्यूट ऑफ साइंसेज, वाराणसी
C. इलाहाबाद मेडिकल कॉलेज, इलाहाबाद; मेरठ मेडिकल कॉलेज, मेरठ
D. झांसी मेडिकल कॉलेज, झांसी; इंस्टीट्यूट ऑफ साइंसेज, वाराणसी

46. प्रदेश का बुन्देलखण्ड विश्वविद्यालय कहां पर स्थित है?

A. झांसी B. बरेली C. पीलीभीत D. कानपुर

37.A 38.B 39.C 40.D 41.C 42.A 43.B 44.A 45.B 46.A

47. निम्नलिखित में से किस विश्वविद्यालय में मेडिकल कॉलेज नहीं है?

A. रुहेलखण्ड विश्वविद्यालय B. आगरा विश्वविद्यालय

C. कानपुर विश्वविद्यालय D. अलीगढ़ मुस्लिम विश्वविद्यालय

48. उत्तर प्रदेश में निम्न में से किसे विश्वविद्यालय का स्तर प्राप्त नहीं है?

A. लखनऊ विश्वविद्यालय, लखनऊ B. इलाहाबाद विश्वविद्यालय, इलाहाबाद

C. आयुर्वेद कॉलेज, फैजाबाद D. इनमें से सभी को

49. भारत में सबसे अधिक विश्वविद्यालय किस प्रदेश में हैं?

A. महाराष्ट्र B. उत्तर प्रदेश

C. पंजाब D. राजस्थान

50. प्रदेश का वीर बहादुर सिंह पूर्वांचल विश्वविद्यालय किस नगर में स्थित है?

A. जौनपुर B. लखनऊ

C. बरेली D. कानपुर

51. सम्पूर्णानन्द संस्कृत विश्वविद्यालय प्रदेश में किस नगर में स्थित है?

A. इलाहाबाद B. सहारनपुर

C. वाराणसी D. आगरा

52. प्रदेश के किस नगर में 'चन्द्रशेखर कृषि एवं प्रौद्योगिक विश्वविद्यालय' स्थित है?

A. लखनऊ B. गोरखपुर C. इलाहाबाद D. कानपुर

53. फैजाबाद नगर में कौनसा 'कृषि विश्वविद्यालय' स्थित है?

A. चन्द्रशेखर आजाद कृषि एवं प्रौद्योगिक विश्वविद्यालय

B. गोविन्द बल्लभ पंत कृषि एवं प्रौद्योगिक विश्वविद्यालय

C. आचार्य नरेन्द्र देव कृषि एवं प्रौद्योगिक विश्वविद्यालय

D. उपर्युक्त में से कोई नहीं

54. पशु चिकित्सा अनुसंधान संस्थान प्रदेश में कहां पर स्थित है?

A. सारनाथ, वाराणसी B. गाजियाबाद

C. कानपुर D. इज्जत नगर, बरेली

55. स्कूल ऑफ पेपर टेक्नोलॉजी प्रदेश में कहां पर स्थित है?

A. कानपुर B. मुरादाबाद C. सहारनपुर D. लखनऊ

56. प्रदेश का कौनसा शोध संस्थान आगरा में स्थित है?

A. सेण्ट्रल बिल्डिंग रिसर्च इंस्टीट्यूट

B. सेण्ट्रल ड्रग रिसर्च इंस्टीट्यूट

C. एरियल डिलीवरी रिसर्च एण्ड डिफेन्स इंस्टीट्यूट

D. डिफेन्स रिसर्च लैबोरेटरी

47.A 48.C 49.B 50.A 51.C 52.D 53.C 54.D 55.C 56.C

57. एअर फोर्स पैराटूपर्स ट्रेनिंग स्कूल प्रदेश के किस नगर में स्थित है ?
A. वाराणसी B. सहारनपुर C. कानपुर D. आगरा

58. निम्नलिखित औषधि शोध संस्थानों में से कौनसा प्रदेश के लखनऊ नगर में स्थित नहीं है ?
A. ड्रग कम्पोजिट रिसर्च यूनिट, स्टेट आयुर्वेदिक कॉलेज
B. फैमिली प्लानिंग रिसर्च इकाई, स्टेट आयुर्वेदिक कॉलेज
C. ड्रग कम्पोजिट रिसर्च यूनिट
D. इफेक्ट ऑफ आरोग्यवर्धनी, स्टेट आयुर्वेदिक कॉलेज

59. 'सेठ गंगासागर जटिया पॉलीटेक्निक' प्रदेश में कहां पर स्थित है
A. बुलन्दशहर B. गाजियाबाद C. कानपुर D. इटावा

60. 'एरोनॉटिकल ट्रेनिंग इंस्टीट्यूट' प्रदेश के किस नगर में है ?
A. कानपुर B. वाराणसी C. इलाहाबाद D. लखनऊ

61. 'राजकीय चर्म संस्थान' प्रदेश के किन दो नगरों में स्थित है ?
A. कानपुर-मेरठ B. कानपुर-आगरा C. आगरा-बरेली D. गोरखपुर-मथुरा

62. निम्न में से गलत जोड़ा छांटिए—
A. हीवेट पॉलीटेक्निक — लखनऊ
B. डी.जे. पॉलीटेक्निक — बड़ौत, मेरठ
C. इंस्टीट्यूट ऑफ इंजीनियरिंग एण्ड रूरल टेक्नॉलाजी — वाराणसी
D. फिरोज गांधी पॉलीटेक्निक — रायबरेली

63. श्रीमती अनार देवी खण्डेलवाल महिला पॉलीटेक्निक प्रदेश के किस नगर में है ?
A. आगरा B. इलाहाबाद C. मेरठ D. मथुरा

64. निम्न में से गलत जोड़ा छांटिए—
A. बीरबल साहनी इंस्टीट्यूट ऑफ पैलियो-बॉटनी — लखनऊ
B. सेण्ट्रल बिल्डिग रिसर्च इंस्टीट्यूट — बनारस
C. इण्डियन इंस्टीट्यूट ऑफ टेक्नोलॉजी — कानपुर
D. सेण्ट्रल ड्रग रिसर्च इंस्टीट्यूट — लखनऊ

65. निम्नलिखित में से कौन-सी लाइब्रेरी प्रदेश के लखनऊ नगर में स्थित नहीं है ?
A. उत्तर प्रदेश स्टेट म्यूजियम लाइब्रेरी
B. एप्रोप्रिएट टेक्नोलॉजी डेवलपमेन्ट एसोसिएशन लाइब्रेरी
C. जियोलॉजिकल सर्वे ऑफ इण्डिया लाइब्रेरी
D. डिफेन्स इंस्टीट्यूट ऑफ वर्क स्टडी टेक्नीकल लाइब्रेरी

66. 'आचार्य नरेन्द्र देव बौद्ध विद्या संस्थान' प्रदेश के किस नगर में है ?
A. फैजाबाद B. लखनऊ C. कानपुर D. बनारस

57.D 58.C 59.A 60.D 61.B 62.C 63.D 64.B 65.D 66.A

67. 'भातखण्डे हिन्दुस्तानी संगीत महाविद्यालय' प्रदेश के किस नगर में है?

A. लखनऊ B. इलाहाबाद C. वाराणसी D. आगरा

68. जैन विद्या शोध संस्थान प्रदेश के किस नगर में है?

A. मेरठ B. लखनऊ C. सहारनपुर D. आगरा

69. उत्तर प्रदेश में राजर्षि टंडन मुक्त विश्वद्यालय किस जिले में है?

A. लखनऊ B. इलाहाबाद C. वाराणसी D. मेरठ

70. के.डी. सिंह 'बाबू' स्टेडियम प्रदेश के किस नगर में स्थित है?

A. कानपुर B. मेरठ C. लखनऊ D. मोदीनगर

71. वीर बहादुर सिंह स्पोर्ट्स कॉलेज प्रदेश के किस नगर में स्थित है?

A. गोरखपुर B. मेरठ C. लखनऊ D. जौनपुर

72. खेल का सामान बनाने के प्रदेश के दो प्रमुख केन्द्र कौन से नगर में हैं?

A. मुरादाबाद व इलाहाबाद B. आगरा व मेरठ

C. कानपुर व सहारनपुर D. बरेली व मुजफ्फरनगर

73. प्रदेश के निम्नलिखित स्थानों में से किस स्थान पर खेल प्रशिक्षण स्टेडियम नहीं है?

A. लखनऊ B. मेयोहाल, इलाहाबाद

C. आगरा D. जौनपुर

74. प्रदेश के प्रसिद्ध खिलाड़ी ध्यानचन्द्र किस खेल से सम्बन्धित थे?

A. क्रिकेट B. वॉलीबॉल C. हॉकी D. बैडमिंटन

75. निम्नलिखित का सुमेल कीजिए और दिए गए विकल्पों में से सही विकल्प चुनिए :

(a) सैयद मोदी 1. क्रिकेट

(b) मुहम्मद इलियास 2. हॉकी

(c) आनन्द शुक्ला 3. नौकायन

(d) राजेन्द्र सिंह 4. वॉलीबॉल

	(a)	*(b)*	*(c)*	*(d)*		*(a)*	*(b)*	*(c)*	*(d)*
A.	1	2	3	4	B.	2	4	1	3
C.	3	2	1	4	D.	4	3	2	1

76. निम्नलिखित का सुमेल कीजिए और दिए गए विकल्पों में से सही विकल्प चुनिए :

(a) एस. मसूद अहमद 1. कुश्ती

(b) मायालाल 2. बैडमिंटन

(c) श्रीमती दमयंती ताम्बे 3. हॉकी

(d) सैयद अली 4. शूटिंग

	(a)	*(b)*	*(c)*	*(d)*		*(a)*	*(b)*	*(c)*	*(d)*
A.	4	1	2	3	B.	1	4	3	2
C.	3	2	1	4	D.	2	1	4	3

67.A 68.B 69.B 70.C 71.A 72.B 73.D 74.C 75.B 76.A

77. प्रदेश की प्रसिद्ध खिलाड़ी कु. वीणा भूषण किस खेल से सम्बन्धित हैं?

A. बैडमिंटन B. तैराकी C. टेबल टेनिस D. एथलेटिक्स

78. निम्नलिखित का सुमेल कीजिए और दिए गए विकल्पों में से सही विकल्प चुनिए :

(a) एस.एन. यादव	1. बॉडी बिल्डिंग
(b) रणवीर सिंह	2. तैराकी
(c) मुहम्मद वसी खान	3. बैडमिंटन
(d) एम.एल. मल्होत्रा	4. वॉलीबॉल

	(a)	*(b)*	*(c)*	*(d)*		*(a)*	*(b)*	*(c)*	*(d)*
A.	1	3	2	4	B.	2	4	1	3
C.	4	2	1	3	D.	2	1	4	3

79. प्रदेश के खिलाड़ी मुहम्मद कैफ किस खेल से सम्बन्धित हैं?

A. एथलेटिक्स B. तैराकी C. टेबल टेनिस D. क्रिकेट

80. प्रदेश के खिलाड़ी मेजर ए. के. सिंह ने किस खेल में विश्व रिकार्ड बनाया?

A. नौकायन B. तैराकी C. हॉकी D. वॉलीबॉल

81. निम्नलिखित का सुमेल कीजिए और दिए गए विकल्पों में से सही विकल्प चुनिए :

(a) पी.के. बनर्जी	1. शूटिंग
(b) अशोक कुमार	2. पावर लिफ्टिंग
(c) मसूद वलीम	3. सोलो ग्लाइडिंग
(d) श्याम सिंह	4. हॉकी

	(a)	*(b)*	*(c)*	*(d)*		*(a)*	*(b)*	*(c)*	*(d)*
A.	2	3	1	4	B.	1	4	3	2
C.	4	2	1	3	D.	3	4	1	2

82. प्रदेश का निम्नलिखित में से कौनसा खिलाड़ी हॉकी से सम्बन्धित है?

A. सुरेश गोयल B. कैप्टन एस. शेखर

C. जमना लाल शर्मा D. मसूद वलीम

83. प्रदेश के खिलाड़ी सुरेश रैना किस खेल से सम्बन्धित है?

A. बैडमिंटन B. हॉकी C. शूटिंग D. क्रिकेट

84. विश्व रिकॉर्ड बनाने वाले कैप्टन एस. शेखर किस खेल से सम्बन्धित हैं?

A. नौकायन B. हॉकी C. बैडमिंटन D. बॉडी बिल्डिंग

85. प्रदेश के किस खिलाड़ी ने ग्लासगो राष्ट्रमंडल खेल–2014 में स्वर्ण पदक जीता है?

A. अमित कुमार B. जीतू राय C. साक्षी मलिक D. पवन कुमार

86. प्रदेश के खिलाड़ी आनन्द शुक्ला का सम्बन्ध किस खेल से है?

A. हॉकी B. क्रिकेट C. तैराकी D. नौकायन

77.C 78.B 79.D 80.A 81.D 82.C 83.D 84.A 85.B 86.B

1. निम्नलिखित में से कौनसा राजनेता उत्तर प्रदेश का रहने वाला नहीं है?
   A. पं. मदन मोहन मालवीय B. पं. मोतीलाल नेहरू
   C. डॉ. कैलाशनाथ काटजू D. महात्मा गांधी
2. निम्नलिखित में से प्रदेश का कौनसा व्यक्ति राजनीति से संबंधित नहीं है?
   A. चौधरी चरण सिंह B. आचार्य नरेन्द्र देव
   C. जोश मलीहाबादी D. सी.वाई. चिंतामणि
3. प्रदेश का निम्नलिखित मे से कौनसा नेता भारत का राष्ट्रपति बना?
   A. फखरुद्दीन अली अहमद B. डॉ. सम्पूर्णानन्द
   C. रफी अहमद किदवई D. जवाहरलाल नेहरू
4. स्वतंत्र भारत के प्रथम प्रधानमंत्री किस प्रदेश से थे?
   A. महाराष्ट्र B. उत्तर प्रदेश C. गुजरात D. पंजाब
5. उत्तर प्रदेश के निम्नलिखित में से किस संस्कृत विद्वान् ने 1977 में विश्व संस्कृत सम्मेलन में भारत का प्रतिनिधित्व किया था?
   A. बद्रीनाथ शुक्ला B. डॉ. मदन मिश्रा C. महादेवी वर्मा D. लक्ष्मीनारायण लाल
6. देश के, उत्तर प्रदेश के निवासी, उस प्रधानमंत्री का नाम बताइए जो अपने कार्यकाल में कभी संसद में नहीं जा सका?
   A. वी.पी. सिंह B. चौधरी चरण सिंह
   C. चन्द्रशेखर D. राजीव गांधी
7. भारत का पहला केन्द्रीय कारागार उत्तर प्रदेश में कब और कहां स्थापित किया गया था?
   A. मेरठ, 1850 में B. बरेली, 1846 में
   C. आगरा, 1846 में D. लखनऊ, 1907 में
8. प्रदेश में स्थित देश के प्रथम केन्द्रीय कारागार का प्रथम महानिरीक्षक किसे नियुक्त किया गया था?
   A. सर विलियम जॉन B. लार्ड कनिंघम
   C. लार्ड वैवेल D. विलियम एच. डडहॉक
9. प्रदेश में 'सम्पूर्णानन्द कारागार प्रशिक्षण संस्थान' किस स्थान पर है?
   A. कानपुर B. बरेली C. लखनऊ D. वाराणसी
10. लखनऊ में स्थित वर्तमान 'भातखण्डे हिन्दुस्तानी संगीत महाविद्यालय' की नींव कब पड़ी?
   A. 15 जुलाई, 1926 B. 20 जून, 1926
   C. 10 दिसम्बर, 1926 D. 4 सितम्बर, 1926

1.D 2.C 3.A 4.B 5.A 6.B 7.C 8.D 9.C 10.A

11. लखनऊ में स्थित वर्तमान 'भातखण्डे हिन्दुस्तानी संगीत महाविद्यालय' का पहले क्या नाम था?

A. हिन्दुस्तानी म्युजिक B. मैरिस कॉलेज ऑफ हिन्दुस्तानी म्युजिक
C. पाश्चात्य हिन्दुस्तानी म्युजिक D. सर विलियम मैरिस

12. उत्तर प्रदेश में लोक आयुक्त की नियुक्ति कब से की गई है?

A. 15 अक्टूबर, 1977 B. 10 जनवरी, 1977
C. 5 फरवरी, 1977 D. 14 सितम्बर, 1977

13. प्रदेश में 'पशुपालन विभाग' की स्थापना कब की गई?

A. 1942 में B. 1954 में C. 1944 में D. 1956 में

14. प्रदेश में मत्स्य पालन का शुभारम्भ कब हुआ?

A. 1944 में B. 1942 में C. 1955 में D. 1947 में

15. प्रदेश में स्वतंत्र रूप से 'मत्स्य विभाग' की स्थापना किसकी अधीनता में और कब की गई?

A. डॉ. बी. रेड्डी, 1947
B. डॉ. बी. सुन्तदराज, मत्स्य विकास अधिकारी, 1947
C. डॉ. सुब्रामणियम स्वामी, 1950
D. श्री पी. के. नारायण, 1985

16. विश्व का सबसे बड़ा कुम्भ मेला उत्तर प्रदेश के किस शहर में लगता है?

A. इलाहाबाद B. वाराणसी C. बहराइच D. लखनऊ

17. अमरोहा को उत्तर प्रदेश का 70वां जिला बनाया गया था। इसका नाम क्या रखा गया है?

A. ज्योतिबा फुले नगर B. मायानन्द नगर
C. शिवालिक नगर D. बुद्ध नगर

18. प्रदेश का निम्नलिखित में से कौनसा विश्वविद्यालय निजी पहल, वैयक्तिक अंशदान या दान पर शुरू नहीं किया गया था?

A. बनारस हिन्दू विश्वविद्यालय B. अलीगढ़ मुस्लिम विश्वविद्यालय
C. विश्वभारती D. चौ. चरणसिंह मेरठ विश्वविद्यालय

19. प्रदेश के सूचना केन्द्र का मुख्यालय किस नगर में है?

A. इलाहाबाद B. लखनऊ
C. वाराणसी D. मेरठ

20. उत्तर प्रदेश प्रकाशन विभाग द्वारा कौनसी मासिक पत्रिका प्रकाशित की जाती है?

A. उत्तर प्रदेश संदेश B. उत्तर प्रदेश मासिक
C. नया दौर D. उपरोक्त सभी

11.B 12.D 13.C 14.A 15.B 16.A 17.A 18.D 19.B 20.D

21. उत्तर प्रदेश चलचित्र विभाग की स्थापना कब हुई थी?
A. 1950 B. 1955
C. 1973 D. 1975

22. 'उत्तर प्रदेश वार्षिकी' का प्रकाशन प्रदेश के किस नगर से होता है?
A. लखनऊ B. गोरखपुर
C. इलाहाबाद D. आगरा

23. 'सूचना पंचांग' का प्रकाशन प्रदेश के किस विभाग द्वारा किया जाता है?
A. फोटो फिल्म शाखा द्वारा B. शिक्षा विभाग द्वारा
C. सूचना एवं जनसम्पर्क विभाग द्वारा D. साहित्य विभाग द्वारा

24. प्रदेश के 'प्रकाशन विभाग' द्वारा प्रकाशित मासिक पत्रिका 'नया दौर' किस भाषा में प्रकाशित होती है?
A. हिन्दी B. उर्दू C. अवधी D. ब्रज

25. उत्तर प्रदेश की प्रथम महिला मुख्यमंत्री कौन थीं?
A. सरोजनी नायडू B. सुचेता कृपलानी
C. विजयलक्ष्मी पंडित D. इन्दिरा गांधी

26. उर्दू का प्रथम नाटक 'इंद्रसभा' कब और किसके द्वारा लिखा गया?
A. मियां अमानत (1835) B. महावत खां (1859)
C. गिरजाधर (1835) D. रोशनलाल (1835)

27. देश की सबसे बड़ी भूल-भूलैया उत्तर प्रदेश में कहां पर और कौनसी है?
A. दीवाने खास, आगरा B. इमामबाड़ा, लखनऊ
C. जन्तर-मन्तर, वाराणसी D. जन्तर-मन्तर, मथुरा

28. प्रदेश ही नहीं बल्कि भारत का पहला पुल कहां पर और किसके द्वारा बनवाया गया?
A. लखनऊ में गोमती नदी पर (जेसप कम्पनी द्वारा)
B. आगरा में यमुना नदी पर (मुगल बादशाह द्वारा)
C. मथुरा में यमुना नदी पर (अंग्रेजों द्वारा)
D. इलाहाबाद में गंगा नदी पर (अकबर द्वारा)

29. प्रदेश का कौन-सा नगर चूड़ी उद्योग के लिए सबसे प्रसिद्ध है?
A. लखनऊ B. फिरोजाबाद
C. आगरा D. बरेली

30. प्रदेश का सबसे बड़ा आलू उत्पादक जिला कौनसा है।
A. सहारनपुर B. जौनपुर
C. फर्रुखाबाद D. बरेली

21.D 22.A 23.C 24.B 25.B 26.A 27.B 28.A 29.B 30.C

31. भारत का सबसे बड़ा गन्ना उत्पादक प्रदेश कौन-सा है?

A. पंजाब | B. हरियाणा
C. राजस्थान | D. उत्तर प्रदेश

32. प्रदेश में सर्वाधिक दूरी तय करने वाला राष्ट्रीय राजमार्ग कौन-सा है?

A. राष्ट्रीय राजमार्ग 24 | B. राष्ट्रीय राजमार्ग 28
C. राष्ट्रीय राजमार्ग 2 | D. राष्ट्रीय राजमार्ग 3

33. नीचे दिये गए निम्नलिखित जोड़ों में से कौन-सा जोड़ा गलत है?

A. सुचेता कृपलानी—प्रथम महिला मुख्यमंत्री
B. आचार्य रामचन्द्र शुक्ल—हिन्दी गद्य के प्रथम लेखक
C. श्रीमती सरोजनी नायडू—प्रथम महिला राज्यपाल
D. कारनेलिया सोराबजी—प्रथम महिला खिलाड़ी

34. प्रदेश की सबसे बड़ी नदी कौनसी है?

A. गंगा B. गोमती C. यमुना D. शारदा

35. उत्तर प्रदेश की सबसे विशाल शैक्षिक परीक्षा आयोजित करने वाली संस्था का नाम बताइये?

A. उत्तर प्रदेश लोक सेवा आयोग, इलाहाबाद
B. उत्तर प्रदेश माध्यमिक शिक्षा परिषद्, इलाहाबाद
C. अवर सेवा चयन परिषद्, इलाहाबाद
D. केन्द्रीय परीक्षा बोर्ड समिति, इलाहाबाद

36. प्रदेश में सबसे अधिक लघु उद्योग किस नगर में हैं?

A. आगरा में B. अलीगढ़ में C. कानपुर में D. मेरठ में

37. प्रदेश के कौनसे दो नगर खेल का सामान बनाने के सबसे बड़े केन्द्र हैं?

A. इलाहाबाद व झांसी | B. कानपुर व बरेली
C. मथुरा व मुरादाबाद | D. आगरा व मेरठ

38. प्रदेश का प्रथम विश्वविद्यालय कहां पर और कब स्थापित किया गया?

A. मेरठ (1856 ई.) | B. इलाहाबाद (1887 ई.)
C. लखनऊ (1889 ई.) | D. आगरा (1877 ई.)

39. प्रदेश के प्रथम अंग्रेजी दैनिक 'लीडर' के प्रकाशक कौन थे?

A. केशवदास | B. महात्मा गांधी
C. डॉ. राजेन्द्र प्रसाद | D. पं. मदनमोहन मालवीय

40. जनगणना-2011 के अनुसार प्रदेश का सबसे अधिक साक्षरता वाला जिला कौन-सा है?

A. गौतमबुद्ध नगर B. आगरा C. बरेली D. मेरठ

31.D 32.C 33.D 34.A 35.B 36.A 37.D 38.B 39.D 40.A

पिछली परीक्षाओं में पूछे गए प्रश्न

1. जनपद प्राथमिक शिक्षा कार्यक्रम का आरम्भ हुआ–
A. 1991 में B. 1994 में C. 1996 में D. 1999 में

2. उत्तर प्रदेश की सबसे महत्वपूर्ण नकदी फसल है–
A. आलू B. गन्ना C. गेहूँ D. दलहन

3. प्रतिवर्ष सूफी संत हाजी वारिस अली शाह की मजार पर मेला लगता है–
A. फतेहपुर सीकरी, आगरा में B. कलियर, सहारनपुर में
C. देवा शरीफ, बाराबंकी में D. गढ़मुक्तेश्वर, गाजियाबाद में

4. उत्तर मध्य क्षेत्र सांस्कृतिक केन्द्र स्थित है–
A. दिल्ली में B. इलाहाबाद में
C. लखनऊ में D. वाराणसी में

5. निम्नलिखित में से किस धार्मिक समुदाय का उत्तर प्रदेश में तीसरा बड़ा स्थान है?
A. बौद्ध B. ईसाई
C. जैन D. सिख

6. उत्तर प्रदेश में शिक्षा मित्र योजना की शुरुआत किस वर्ष की गई थी?
A. 1999-2000 B. 2001-02
C. 2000-01 D. 2002-03

7. उत्तर प्रदेश में किसान मित्र योजना आरम्भ हुई थी–
A. 18 जून, 2004 को B. 18 जून, 2003 को
C. 18 जून, 2002 को D. 18 जून, 2001 को

8. उत्तर प्रदेश का प्रमुख लोकगीत (Folk song) है–
A. धमार B. बिरहा
C. टप्पा D. कव्वाली

9. उत्तर प्रदेश के निम्नलिखित खिलाड़ियों में से किसने अर्जुन पुरस्कार व लक्ष्मण पुरस्कार दोनों प्राप्त किए हैं–
A. मोहम्मद कैफ B. आर.पी. सिंह
C. सुरेश रैना D. रनबीर सिंह

10. उत्तर प्रदेश में किसान बही योजना लागू की गई थी–
A. 1992 में B. 1993 में
C. 1994 में D. 1995 में

1.B 2.B 3.C 4.B 5.D 6.C 7.C 8.B 9.A 10.A

11. निम्नलिखित में से किस फसल के उत्पादन में उत्तर प्रदेश देश में प्रथम स्थान पर नहीं है?
A. गेहूँ (Wheat) B. जौ (Barley) C. गन्ना (Sugarcane) D. चावल (Rice)

12. अर्जुन बाँध नहर से उत्तर प्रदेश का लाभान्वित जिला है?
A. एटा B. इटावा C. गोरखपुर D. हमीरपुर

13. उत्तर प्रदेश शासन द्वारा जिस आयु वर्ग तक के बच्चों को प्राथमिक शिक्षा उपलब्ध कराने में उच्च प्राथमिकता दी जा रही है, वह है–
A. 5 वर्ष तक B. 7 वर्ष तक C. 12 वर्ष तक D. 14 वर्ष तक

14. 'हिन्डालको' (HINDALCO) स्थापित है–
A. राबर्ट्सगंज में B. रेनूकुट में C. मोदीनगर में D. गोंडा में

15. उत्तर प्रदेश उद्योग बन्धु योजना का उद्देश्य (Object) है–
A. उत्तर प्रदेश में उत्पादित वस्तुओं के निर्यात को प्रोत्साहित करना
B. औद्योगिक इकाइयों की समयबद्ध स्थापना सुनिश्चित करना
C. औद्योगिक श्रमिकों को तकनीकी प्रशिक्षण प्रदान करना
D. व्यावसायिक प्रशासन में प्रशिक्षण प्रदान करना

16. सूची-I और सूची-II को सुमेलित कीजिए। सही उत्तर का चयन सूची के नीचे दिए गए कूट से कीजिए :

सूची-I (मेले)	**सूची-II (आयोजन स्थान)**
(a) बटेश्वर	1. बाराबंकी
(b) देवा	2. मेरठ
(c) हरिदास जयन्ती	3. आगरा
(d) नौचन्दी	4. वृन्दावन

कूट :

	(a)	*(b)*	*(c)*	*(d)*
A.	3	2	1	4
B.	2	1	4	3
C.	1	4	2	3
D.	3	1	4	2

17. महर्षि वाल्मीकि आश्रम स्थापित है–
A. श्रावस्ती में B. बिठूर में
C. काल्पी में D. उपर्युक्त में से कहीं नहीं

18. उत्तर प्रदेश के किस जिले में यूरेनियम के सीमित भण्डार की खोज की गई है?
A. बाँदा B. ललितपुर
C. सोनभद्र D. हमीरपुर

19. उत्तर प्रदेश में परमाणु ऊर्जा केन्द्र स्थापित है–
A. मथुरा में B. सिंगरौली में C. नरौरा में D. अलीगढ़ में

11.D 12.D 13.D 14.B 15.B 16.D 17.B 18.B 19.C

20. राजीव गांधी पेट्रोलियम प्रौद्योगिकी संस्थान स्थित है–

A. अमेठी में B. जायस में
C. जगदीशपुर में D. रायबरेली में

21. उत्तर प्रदेश में कृत्रिम रबड़ का कारखाना स्थित है–

A. बरेली में B. गाजियाबाद में
C. मोदीनगर में D. गोरखपुर में

22. उत्तर प्रदेश की सर्वाधिक लम्बी नहर है–

A. निचली गंगा नहर B. घाघरा नहर
C. शारदा नहर D. केन नहर

23. उत्तर प्रदेश में राष्ट्रीय कथक संस्थान स्थित है–

A. आगरा में B. लखनऊ में
C. कानपुर में D. वाराणसी में

24. उत्तर प्रदेश उत्तर प्रदेश में शष्य जलवायु क्षेत्रों (Climatic Zones) की संख्या है–

A. 5 B. 7
C. 11 D. 9

25. धुरिया लोकनृत्य (Folk Dance) है–

A. अवध का B. बुन्देलखण्ड का
C. पूर्वांचल का D. रोहेलखण्ड का

26. निम्नलिखित में से कौन जनपद इलाहाबाद जनपद के साथ सीमा नहीं बनाता है?

A. चित्रकूट B. जौनपुर
C. संत रविदास नगर D. सोनभद्र

27. उत्तर प्रदेश में सर्वाधिक क्षेत्रफल वाली आम की प्रजाति है–

A. चौसा B. दशहरी
C. लंगड़ा D. सफेदा

28. उत्तर प्रदेश में एक रेल कोच फैक्ट्री की स्थापना की जा रही है–

A. मेरठ में B. नोएडा में
C. रायबरेली में D. वाराणसी में

29. रोजगार की दृष्टि से उत्तर प्रदेश का सबसे बड़ा उद्योग है–

A. हथकरघा उद्योग B. सूती वस्त्र उद्योग
C. चीनी उद्योग D. सीमेण्ट उद्योग

20.B 21.C 22.C 23.B 24.D 25.B 26.D 27.B 28.C 29.A

30. निम्नलिखित में से कौन-सा युग्म सही सुमेलित है?

A. नरोरा – तापीय शक्ति संयंत्र

B. मथुरा – तेल शोधशाला

C. इलाहाबाद – एल्युमिनियम परिष्करण

D. सिंगरौली – जल शक्ति स्टेशन

31. उत्तर प्रदेश में भारत कला भवन स्थित है–

A. इलाहाबाद में B. आगरा में C. मथुरा में D. वाराणसी में

32. भारत में चावल कृषित क्षेत्र में उत्तर प्रदेश की कोटि है–

A. प्रथम B. द्वितीय C. तृतीय D. चतुर्थ

33. निम्नलिखित में से किस फसल के उत्पादन में उत्तर प्रदेश देश का सबसे बड़ा उत्पादक है?

A. चावल के B. मक्का के C. जौ के D. आलू के

34. सूची-I को सूची-II से सुमेलित कीजिए तथा नीचे दिए गए कूट से सही उत्तर चुनिए :

सूची-I (कांग्रेस अधिवेशन का वर्ष)	**सूची-II (उत्तर प्रदेश में कांग्रेस अधिवेशन का स्थान)**
(a) 1892	1. लखनऊ
(b) 1905	2. इलाहाबाद
(c) 1935	3. मेरठ
(d) 1946	4. वाराणसी

कूट :

	(a)	*(b)*	*(c)*	*(d)*
A.	3	4	2	1
B.	2	3	1	4
C.	2	4	1	3
D.	1	2	4	3

35. 2011 की जनगणना के अनुसार उत्तर प्रदेश का जनसंख्या घनत्व है–

A. 829 प्रति वर्ग किलोमीटर B. 1028 प्रति वर्ग किलोमीटर

C. 928 प्रति वर्ग किलोमीटर D. 889 प्रति वर्ग किलोमीटर

36. उत्तर प्रदेश में निम्नलिखित में से कौन-सी जनजाति सर्वाधिक जनसंख्या वाली है?

A. सहरिया B. थारू C. अगरिया D. माहीगीर

37. उत्तर प्रदेश में हैं–

A. 60 लोक सभा सीट B. 70 लोक सभा सीट

C. 80 लोक सभा सीट D. 90 लोक सभा सीट

30.B 31.D 32.A 33.D 34.C 35.A 36.B 37.C

38. ओबरा ताप विद्युत केन्द्र की स्थापना किस देश के सहयोग से की गई?

A. सोवियत रूस　　B. जापान
C. जर्मनी　　D. अमरीका

39. 2011 ई. की जनगणना के अनुसार उत्तर प्रदेश में महिला साक्षरता दर है–

A. 68.87%　　B. 65.13%
C. 53.12%　　D. 57.2%

40. उत्तर प्रदेश में सबसे ऊँचा बाँध कौन-सा है?

A. माता-टीला　　B. मेजा
C. रिहन्द　　D. राम-गंगा

41. उत्तर प्रदेश में यूरेनियम उपलब्ध है–

A. ललितपुर जिले में　　B. झाँसी जिले में
C. मिर्जापुर जिले में　　D. हमीरपुर जिले में

42. फिरोजाबाद किस उत्पादन के लिए मशहूर है?

A. चूड़ियाँ　　B. ताले
C. चाकू　　D. जूते

43. निम्नलिखित में से कौन-सा उत्तर प्रदेश का लोकगीत नहीं है?

A. बिरहा　　B. ढोला मारू
C. कजरी　　D. रसिया

44. सैयद सालार मेला कहाँ लगता है?

A. बहराइच में　　B. मनकापुर में
C. बाराबंकी में　　D. खलीलाबाद में

45. उत्तर प्रदेश में उर्दू प्रशिक्षण एवं अनुसंधान केन्द्र अवस्थित है–

A. बाराबंकी में　　B. बरेली में
C. लखनऊ में　　D. रामपुर में

46. केन्द्रीय उपोष्ण उद्यान संस्थान (Central Institute for Sub-tropical Horticulture—CISH) स्थित है–

A. झाँसी में　　B. सहारनपुर में
C. लखनऊ में　　D. वाराणसी में

47. बखीरा पक्षी-विहार जहाँ स्थित है, वह जगह है–

A. बस्ती　　B. फैजाबाद
C. गोण्ड　　D. उन्नाव

38.A　39.D　40.D　41.A　42.A　43.B　44.A　45.C　46.C　47.A

48. वह स्तूप-स्थल, जिसका सम्बन्ध भगवान बुद्ध के जीवन की किसी घटना से नहीं रहा है, है–

A. सारनाथ B. सांची

C. बोधगया D. कुशीनगर

49. भारत में उत्तर प्रदेश जिस पैदावार का सबसे बड़ा उत्पादक है, वह है–

A. खाद्यान्न (Cereals) B. तिलहन (Oilseeds)

C. दलहन (Pulses) D. मसाले (Spices)

50. रोजगार की दृष्टि से उत्तर प्रदेश का सबसे बड़ा उद्योग है–

A. सूती मिल (Textile mills) B. हथकरघा (Handloom)

C. चमड़ा (Leather) D. सीमेंट (Cement)

51. उत्तर प्रदेश में बौद्ध एवं जैनियों दोनों की प्रसिद्ध तीर्थस्थली (Pilgrimage) है–

A. सारनाथ B. कौशाम्बी

C. कुशीनगर D. देवीपाटन

52. उर्दू को, जिस वर्ष उत्तर प्रदेश की दूसरी आधिकारिक भाषा के रूप में सरकारी मान्यता प्रदान की गई, वह था–

A. 1987 B. 1989

C. 1999 D. 1991

53. उत्तर प्रदेश में 'ऑपरेशन ग्रीन' कब लागू किया गया था?

A. 1 जुलाई, 2001 B. 1 जुलाई, 2005

C. 2 अक्टूबर, 2001 D. 6 जून, 2006

54. उत्तर प्रदेश के ब्रजमण्डल का सम्बन्ध इनमें से किस लोकनृत्य से है?

A. चरकुला B. छोलिया

C. जोगिनी D. नटवरी

55. उत्तर प्रदेश में दियासलाई उद्योग का प्रमुख केन्द्र है–

A. बरेली B. मुरादाबाद

C. सहारनपुर D. मिर्जापुर

56. उत्तर प्रदेश में 'नॉलेज पार्क' की स्थापना, जहाँ की गई है, वह जगह है–

A. लखनऊ B. वाराणसी

C. नोएडा D. ग्रेटर नोएडा

57. निम्नलिखित जनजातियों में से किसकी संख्या उत्तर प्रदेश में सर्वाधिक है?

A. बनरावत B. थारू

C. सहारिया D. धुरिया

48.B 49.A 50.B 51.B 52.B 53.B 54.A 55.A 56.D 57.B

58. उत्तर प्रदेश में भारतीय सूचना प्रौद्योगिकी संस्थान, जहाँ स्थापित किया गया है, वह जगह है–

A. इलाहाबाद | B. कानपुर
C. बरेली | D. उपर्युक्त में से कोई नहीं

59. उत्तर प्रदेश में लघु एवं मध्यम उपक्रमों को, जिसके द्वारा दीर्घकालीन ऋण उपलब्ध कराया जाता है, वह है–

A. उत्तर प्रदेश लघु उद्योग निगम | B. उत्तर प्रदेश औद्योगिक विकास निगम
C. उत्तर प्रदेश वित्तीय निगम | D. उपर्युक्त सभी

60. उत्तर प्रदेश, निम्नलिखित में से किन फसलों का देश में सबसे बड़ा उत्पादक है?

1. आलू 2. चावल 3. गन्ना 4. तम्बाकू

सही उत्तर का चयन नीचे दिए गए कूट से कीजिए–

A. 1 एवं 2 B. 2 एवं 3 C. 3 एवं 4 D. 1 एवं 3

61. भातखण्डे संगीत संस्थान, लखनऊ डीम्ड विश्वविद्यालय बना–

A. 1998 में B. 2001 में C. 2003 में D. 2004 में

62. उत्तर प्रदेश में विकास केन्द्र परियोजना (Growth Centre Project) का शुभारम्भ किया गया था–

A. अक्टूबर 2001 में | B. सितम्बर 2005 में
C. दिसम्बर 2005 में | D. फरवरी 2006 में

63. कार्तिक एक लोकनृत्य (Folk Dance) है–

A. बुन्देलखण्ड का | B. अवध का
C. पूर्वांचल का | D. रुहेलखण्ड का

64. उत्तर प्रदेश में कृत्रिम रबड़ का कारखाना अवस्थित है–

A. गाजियाबाद | B. कानपुर
C. लखनऊ | D. नोएडा

65. उत्तर प्रदेश के किस शहर में महात्मा बुद्ध ने संघ में स्त्रियों की प्रवज्या की अनुमति दी थी–

A. सारनाथ | B. श्रावस्ती
C. संकिसा | D. कारिपल्य

66. उत्तर प्रदेश में जैन एवं बौद्ध दोनों का प्रसिद्ध तीर्थ स्थान है–

A. देवीपाटन | B. कौशाम्बी
C. कुशीनगर | D. सारनाथ

58.A 59.B 60.D 61.B 62.C 63.A 64.A 65.C 66.B

67. सूची-I को सूची-II से सुमेलित कीजिए तथा सूचियों के नीचे दिए गए कूट का प्रयोग करते हुए सही उत्तर चुनिए :

सूची-I (मेला)	**सूची-II (जिला)**
(a) गोविन्द साहब	1. बहराइच
(b) कैलाश मेला	2. सहारनपुर
(c) सैयद सालार	3. अम्बेडकर नगर
(d) शाकुम्भरी देवी	4. आगरा

	(a)	*(b)*	*(c)*	*(d)*		*(a)*	*(b)*	*(c)*	*(d)*
A.	2	3	1	4	B.	3	4	1	2
C.	3	1	4	2	D.	1	4	2	3

68. निम्नलिखित में से किसने लखनऊ के सांस्कृतिक क्रियाकलापों में योगदान नहीं दिया था?

A. बिन्दा दीन B. उस्ताद दूल्हे खाँ
C. मेंहदी D. इलियास खाँ

69. उत्तर प्रदेश में मूल्य वर्धित कर (VAT) लागू हुआ–

A. 1 अप्रैल, 2007 से B. 1 जनवरी, 2008 से
C. 1 जनवरी, 2009 से D. 1 अप्रैल, 2008 से

70. निम्नलिखित कथनों पर विचार कीजिए–

(1) तीसरी रेल कोच फैक्ट्री उत्तर प्रदेश के अमेठी में स्थापित की जा रही है।
(2) उत्तर प्रदेश में फिरोजाबाद पॉटरी उद्योग के लिए प्रसिद्ध है।
(3) यू.पी. डेस्को, इलेक्ट्रॉनिक्स विभाग के अन्तर्गत एक निगम है।
(4) प्रथम पॉलिएस्टर रेशा फैक्ट्री, उत्तर प्रदेश के बाराबंकी में स्थापित की गई है।

इन कथनों में,

कूट :

A. केवल 1 तथा 2 सही हैं B. केवल 2 तथा 3 सही हैं
C. केवल 3 तथा 4 सही हैं D. उपर्युक्त में से कोई सही नहीं है

71. उत्तर प्रदेश ने उच्चतम औद्योगिक वृद्धि दर अंकित की–

A. 5वीं पंचवर्षीय योजना में B. 6वीं पंचवर्षीय योजना में
C. 10वीं पंचवर्षीय योजना में D. 11वीं पंचवर्षीय योजना में

72. हिन्दू-मुस्लिम एकता का प्रतीक 'सुलह कुल' उत्सव उत्तर प्रदेश में आयोजित किया जाता है–

A. मेरठ में B. अलीगढ़ में C. लखनऊ में D. आगरा में

67.B 68.C 69.B 70.D 71.B 72.D

73. द ऑपरेशन ग्रीन परियोजना का उत्तर प्रदेश में शुभारम्भ हुआ था–
A. 1952 में B. 1995 में C. 2001 में D. 2005 में

74. उत्तर-दक्षिण तथा पूर्व-पश्चिम गलियारे (Corridors) मिलते हैं–
A. झाँसी में B. कानपुर में C. लखनऊ D. वाराणसी में

75. निम्नलिखित में से कौन-सा एक उत्तर प्रदेश के सन्दर्भ में सही सुमेलित नहीं है?
A. खाद्य अनुसन्धान एवं विश्लेषण केन्द्र – लखनऊ
B. खाद्य पार्क – नोएडा
C. सरदार वल्लभाई पटेल कृषि विश्वविद्यालय – मेरठ
D. भारतीय दलहन शोध संस्थान – कानपुर

76. सुविख्यात चित्र सत्यम् शिवम् सुन्दरम् की रचना की थी–
A. महेन्द्रनाथ सिंह ने B. नन्द किशोर शर्मा ने
C. शिवनन्दन नौटियाल ने D. सरदार शोभा सिंह

77. उत्तर प्रदेश में 'कम्प्यूटर एडेड डिजाइनिंग' परियोजना का केन्द्र स्थित है–
A. आगरा में B. इलाहाबाद में C. कानपुर में D. लखनऊ में

78. उत्तर प्रदेश की जनसंख्या वृद्धि की दर राष्ट्रीय औसत से अधिक रही–
A. 1941-51 के दशक में B. 1951-61 के दशक में
C. 1961-71 के दशक में D. 1971-81 के दशक में

79. उत्तर प्रदेश में नगरीय संख्या की उच्चतम वृद्धि दर रही–
A. 1961-71 के दौरान B. 1971-81 के दौरान
C. 1981-91 के दौरान D. 1991-2001 के दौरान

80. उत्तर प्रदेश की जनसंख्या अधिक है–
1. ब्राजील 2. इंडोनेशिया 3. जापान 4. रूस
नीचे दिए गए कूट से सही उत्तर चुनिए–
कूट :
A. 1 तथा 2 B. 1 तथा 3
C. 2 तथा 3 D. 3 तथा 4

81. निम्नांकित में से कौन-सा उत्तर प्रदेश का परम्परागत (Traditional) उद्योग है?
A. पटसन B. चमड़ा C. चीनी D. लोहा एवं इस्पात

82. उत्तर प्रदेश सरकार को आय का सबसे बड़ा भाग प्राप्त होता है–
A. व्यापार कर से
B. पंजीकरण शुल्क से
C. जमीन की मालगुजारी (Land Revenue) से
D. केन्द्र से उत्पाद शुल्क के भाग से

73.C 74.A 75.D 76.D 77.D 78.D 79.D 80.D 81.C 82.A

83. उद्योगों को उन शहरों के नाम से सुमेलित कीजिए, जिनमें उनका मुख्य उत्पादन होता है–

सूची-I	सूची-II
(a) रेणुकूट	1. खेल का सामान
(b) ऋषिकेश	2. एण्टीबायोटिक प्लान्ट
(c) मेरठ	3. ताले
(d) अलीगढ़	4. एल्युमिनियम उद्योग

	(a)	*(b)*	*(c)*	*(d)*		*(a)*	*(b)*	*(c)*	*(d)*
A.	4	2	3	1	B.	2	4	1	3
C.	4	2	1	3	D.	2	4	3	1

84. संगीत शिक्षा हेतु उत्तर प्रदेश में जो प्रथम संगीत महाविद्यालय स्थापित हुआ, वह था–

A. भारतेन्दु नाट्य अकादमी

B. भातखण्डे हिन्दुस्तानी संगीत महाविद्यालय

C. ललित कला अकादमी

D. संगीत नाटक अकादमी

85. उत्तर प्रदेश में समसपुर पक्षी विहार किस जिले में स्थित है?

A. उन्नाव B. रायबरेली

C. गोण्डा D. गाजियाबाद

86. पिछले दो दशकों में उत्तर प्रदेश की जनसंख्या में वृद्धि का कारण है–

A. बढ़ती साक्षरता की दर B. स्वास्थ्य सुधार एवं बीमारियों पर नियन्त्रण

C. सुधरती कृषि D. तेजी से शहरीकरण

87. उत्तर प्रदेश कितने जलवायु क्षेत्रों में विभाजित किया गया है?

A. 11 शस्य जलवायु क्षेत्र B. 9 शस्य जलवायु क्षेत्र

C. 7 शस्य जलवायु क्षेत्र D. इनमें से कोई नहीं

88. निम्नलिखित युग्मों में से कौन-सा सुमेलित नहीं है?

A. डीजल लोकोमोटिव वर्क्स – वाराणसी

B. इण्डियन टेलीफोन इण्डस्ट्रीज – रायबरेली

C. भारत इलेक्ट्रॉनिक लि. – नोएडा

D. तेलशोधन कार्य – मथुरा

83.C 84.B 85.B 86.B 87.B 88.C

89. सूची-I को सूची-II के साथ सुमेलित कीजिए। सही उत्तर का चयन सूची के नीचे दिए गए कूट से कीजिए–

सूची-I (मेले)	**सूची-II (आयोजन स्थल)**
(a) बटेश्वर	1. बाराबंकी
(b) देवा	2. मेरठ
(c) हरिदास जयंती	3. आगरा
(d) नौचन्दी	4. वृन्दावन

	(a)	*(b)*	*(c)*	*(d)*
A.	3	2	1	4
B.	2	1	4	3
C.	1	4	2	3
D.	3	1	4	2

90. महर्षि वाल्मीकि आश्रम कहाँ पर स्थापित है?

A. श्रावस्ती में
B. बिठूर में
C. काल्पी में
D. उपर्युक्त में से कोई नहीं

91. उत्तर प्रदेश के किस जिले में यूरेनियम के सीमित भण्डार की खोज की गई है?

A. बाँदा
B. ललितपुर
C. सोनभद्र
D. हमीरपुर

92. प्रमुख लोकनृत्य (Folk Dance) चरकुला निम्नलिखित में से किस क्षेत्र का है?

A. बृजभूमि
B. बुन्देलखण्ड
C. अवध
D. उपर्युक्त में से कोई नहीं

93. भारतीय दलहन शोध संस्थान जहाँ स्थित है, वह जगह है–

A. इलाहाबाद
B. कानपुर
C. फैजाबाद
D. लखनऊ

94. रोजगार की दृष्टि से उत्तर प्रदेश का सबसे बड़ा उद्योग कौन-सा है?

A. सूती मिल (Textile Mills)
B. हथकरघा (Handloom)
C. चमड़ा (Leather)
D. सीमेन्ट (Cement)

95. आँवले का सर्वाधिक उत्पादन करने वाला जिला कौन-सा है?

A. जौनपुर
B. प्रतापगढ़
C. रायबरेली
D. सुल्तानपुर

96. बखीरा पक्षी विहार जहाँ स्थित है, वह जगह है–

A. बस्ती
B. फैजाबाद
C. गोण्डा
D. उन्नाव

89.D 90.B 91.B 92.A 93.B 94.B 95.B 96.A

97. सूची-I को सूची-II के साथ सुमेलित कीजिए। सही उत्तर का चयन नीचे दिए गए कूट से कीजिए–

सूची-I (केन्द्र)	**सूची-II (उद्योग)**
(a) आँवला	1. पॉलीफाइबर
(b) मोदीनगर	2. उर्वरक
(c) बाराबंकी	3. रबड़
(d) कानपुर	4. विस्फोटक

कूट :

	(a)	*(b)*	*(c)*	*(d)*
A.	1	2	3	4
B.	3	2	4	1
C.	2	3	1	4
D.	4	3	2	1

98. लोक नृत्य 'राहुला' का सम्बन्ध उत्तर प्रदेश के निम्नलिखित में से किस एक क्षेत्र से है?

A. पूर्वी क्षेत्र से
B. पश्चिमी क्षेत्र से
C. मध्य क्षेत्र से
D. बुन्देलखण्ड क्षेत्र से

99. प्रतिवर्ष प्रसिद्ध सूफी संत हाजी वारिस अली शाह की मजार पर मेला लगता है–

A. फतेहपुर सीकरी में
B. कलियार में
C. देवा शरीफ में
D. गढ़मुक्तेश्वर में

100. निम्नलिखित में से कौन-सा घराना नृत्य संस्कृति से सम्बन्धित है?

A. ख्याल और बाज लखनऊ
B. बनारसी राजघराना
C. रामपुर दरबार
D. आगरा घराना

101. 2011 की जनगणना के अनुसार उत्तर प्रदेश में सर्वाधिक जन घनत्व (Highest density of population) वाला जिला है–

A. गाजियाबाद
B. लखनऊ
C. संत रविदास नगर
D. वाराणसी

102. उत्तर प्रदेश में जैन एवं बौद्ध दोनों का प्रसिद्ध तीर्थस्थल है–

A. देवीपाटन
B. कौशाम्बी
C. कुशीनगर
D. सारनाथ

103. निम्नलिखित में से कौन-सा नृत्य सुमेलित नहीं है?

A. कर्मा – महोबा
B. घुरिया – बुन्देलखण्ड
C. धीवर – कहार
D. नटवरी – पूर्वांचल

97.C 98.D 99.C 100.C 101.A 102.B 103.A

उत्तर प्रदेश

एक दृष्टि में

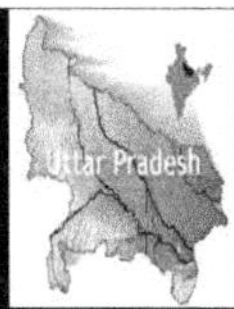

उत्तर प्रदेश –एक दृष्टि में

राज्य	:	उत्तर प्रदेश
स्थापना दिवस	:	1 नवम्बर, 1956
राजधानी	:	लखनऊ
प्रदेश का पूर्व नाम	:	संयुक्त प्रांत (यूनाइटेड प्रॉविन्स)
स्थिति	:	भारत के उत्तर में 23°-52′ उत्तरी अक्षांश से 30°-28′ उत्तरी अक्षांश तथा 77°-3′ पूर्वी देशान्तर से 84°-39′ पूर्वी देशान्तर तक।
सीमावर्ती राज्य	:	उत्तर में उत्तराखंड और नेपाल, उत्तर-पश्चिम में हिमाचल प्रदेश, पूर्व में बिहार व झारखण्ड, पश्चिम में हरियाणा, दिल्ली व राजस्थान और दक्षिण में मध्य प्रदेश व छत्तीसगढ़।
आकार	:	लम्बवत्
क्षेत्रफल	:	2,40,928 वर्ग किमी (देश में चौथा स्थान)
पूर्व से पश्चिम की लम्बाई		650 किमी
दक्षिण से उत्तर की चौड़ाई		240 किमी
भाषा	:	हिन्दी
विधानमण्डल	:	द्विसदनात्मक
विधान सभा सदस्यों की संख्या	:	403 + 1 = 404 (एक एंग्लो इण्डियन)
विधान परिषद सदस्यों की संख्या	:	99 + 1 = 100 (एक एंग्लो इण्डियन)
लोक सभा सदस्यों की संख्या	:	80
राज्य सभा सदस्यों की संख्या	:	31
विधान सभा में सुरक्षित सीटें	:	89
लोकसभा में सुरक्षित सीटें	:	17
सर्वाधिक विधानसभा सीटों वाला जिला	:	इलाहाबाद (11)
सबसे कम विधानसभा सीटों वाला जिला	:	श्रावस्ती (1)
उच्च्य न्यायालय	:	इलाहाबाद (खण्डपीठ-लखनऊ)
राजकीय भाषा	:	हिन्दी (उर्दू दूसरी राजभाषा 1989 से)
राजकीय पशु	:	बारहसिंगा
राजकीय पक्षी	:	सारस अथवा क्रौंच
राजकीय वृक्ष	:	अशोक
राजकीय पुष्प	:	पलाश
राजकीय चिह्न	:	मछली

राजकीय खेल	:	हॉकी
नगर पालिका परिषद्	:	198
नगर पंचायत	:	439
सामुदायिक विकास खण्ड	:	822
न्याय पंचायतें	:	8135
ग्राम पंचायत	:	52,021
गाँवों की कुल संख्या	:	107,452
आबाद ग्राम	:	97,941
सम्भागों की संख्या	:	18 (आगरा, इलाहाबाद, बरेली, फैजाबाद, गोरखपुर, झाँसी, लखनऊ, मेरठ, वाराणसी, मुरादाबाद, कानपुर, आजमगढ़, सहारनपुर, मिर्जापुर, बस्ती, चित्रकूटधाम, अलीगढ़ व श्रीदेवीपाटन)।
जिलों की संख्या	:	75
तहसीलों की संख्या	:	350
नगर निगम	:	16
10 लाख या अधिक आबादी वाले नगरों की संख्या	:	7 (कानपुर, लखनऊ, आगरा, वाराणसी, इलाहाबाद, मेरठ, गाजियाबाद)।
सर्वाधिक क्षेत्रफल वाला जिला	:	लखीमपुर खीरी (7,680 वर्ग कि.मी.)
सर्वाधिक कम क्षेत्रफल वाला जिला	:	संत रविदास नगर (भदोही) (1,057 वर्ग कि.मी.)
कुल जनसंख्या	:	19,98,12,341 (देश में प्रथम)
पुरुष जनसंख्या	:	10,44,80,510 (52.28%)
महिला जनसंख्या	:	9,53,31,831 (47.72%)
कुल ग्रामीण जनसंख्या (2011)	:	15,53,17,278 (77.7%)
कुल शहरी जनसंख्या (2011)	:	4,44,95,063 (22.3%)
जनसंख्या वृद्धि की दर (2011)	:	20.22 प्रतिशत (देश में 15वां स्थान)
जनसंख्या घनत्व	:	829 प्रति वर्ग कि.मी.
स्त्री-पुरुष अनुपात	:	प्रति 1000 पुरुषों पर 912 स्त्रियां
सर्वाधिक जनसंख्या वाला जिला	:	इलाहाबाद (59,54,391)
सबसे कम जनसंख्या वाला जिला	:	महोबा (8,75,958)
सर्वाधिक जनघनत्व वाला जिला	:	गाजियाबाद (3,971 प्रति वर्ग कि.मी.)
सबसे कम जनघनत्व वाला जिला	:	ललितपुर (242 प्रति वर्ग कि.मी.)
उत्तर प्रदेश में भारत की कुल जनसंख्या का प्रतिशत	:	16.50%
जन्म दर (2010)	:	28.3 प्रति हजार
मृत्यु दर (2010)	:	8.1 प्रति हजार
बाल मृत्यु दर (2010)	:	61 प्रति हजार
साक्षरता प्रतिशत	:	67.7 प्रतिशत

पुरुषों की साक्षरता	:	77.3 प्रतिशत
स्त्रियों की साक्षरता	:	57.2 प्रतिशत
राज्य में कुल वनावरण एवं वृक्षावरण क्षेत्र	:	8.92% (21505 वर्ग किमी)
प्रमुख नदियां	:	गंगा, यमुना, गंडक, गोमती, रामगंगा, घाघरा (सरयू) सई, कोसी, चम्बल, बेतवा, सिंध सोन व केन आदि
सबसे बड़ी नहर	:	शारदा नहर (12,368 कि.मी.)
तापमान	:	मई-जून में 43° से 47° तक (सर्वाधिक), दिसम्बर से जनवरी तक 3° से 4° तक औसतन (न्यूनतम)
नदियों के किनारे बसे प्रमुख नगर एवं तीर्थ स्थल		
गंगा	:	गढ़मुक्तेश्वर, राजघाट (नरौरा), सोरों, बिठूर, फर्रुखाबाद, कानपुर, मिर्जापुर, वाराणसी, गाजीपुर
यमुना	:	मथुरा, वृन्दावन, आगरा, बटेश्वर, कालपी, कौशाम्बी
गंगा-यमुना के संगम पर	:	इलाहाबाद (प्रयाग)
गोमती	:	लखनऊ, सुल्तानपुर, जौनपुर
घाघरा (सरयू)	:	अयोध्या
सिंचाई के प्रमुख साधन	:	नलकूप, कुएँ, तालाब तथा नहरें
प्रमुख नहरें व योजनाएँ	:	ऊपरी गंगा नहर, निचली गंगा नहर, शारदा नहर, पूर्वी यमुना नहर, आगरा नहर, बेतवा नहर, केन नहर, शारदा सहायक नहर, नरायणपुर पम्प नहर, पूर्वी गंगा नहर, मध्य गंगा नहर, देवहटी पम्प नहर, माताटीला बाँध, राजघाट बाँध परियोजना, सरयू नहर, वाणसागर नहर
जल विद्युत केन्द्र	:	रिहंद, मोहम्मदपुर, खातिया, पथरी, माताटीला, ओबरा, क्षिवड़ू, कुलहल, रामगंगा, छिल्ला, और खोदाड़ी
ताप विद्युत केन्द्र	:	हरदुआगंज, पनकी, ओबरा, परीक्षा, अनपाड़ा टांडा और ऊँचाहार
राज्य का एकमात्र परमाणु बिजलीघर	:	नरौरा (बुलन्दशहर)
बहुउद्देशीय योजनाएँ	:	रिहन्द बाँध, शारदा परियोजना, रामगंगा परियोजना, माताटीला, गंडक परियोजना, घाघरा नदी परियोजना, मध्य गंगा नहर योजना, शारदा सहायक परियोजना, गोविन्द बल्लभ सागर परियोजना, राजघाट बाँध परियोजना, कनहर सिंचाई परियोजना, भौदहन बाँध परियोजना

❑❑❑

उत्तर प्रदेश अति प्राचीनकाल से लेकर आधुनिक युग तक राजनैतिक और सांस्कृतिक विकास का प्रमुख केन्द्र रहा है। पंचनद प्रदेश से पूर्व की ओर बढ़ने पर आर्यों ने इस प्रदेश को अपना प्रमुख कार्यक्षेत्र बनाया। आर्यों के पूर्ववर्ती निवासियों की संस्कृति 'निषाद संस्कृति' के नाम से जानी जाती है। उनके वंशज तथा उनकी सभ्यता के कुछ अवशेष आज भी अनेक स्थानों पर पाए जाते हैं। प्रागैतिहासिक काल में इन जातियों की अवस्था का पूरा परिचय हमें नहीं मिलता है। मोटे तौर पर प्रागैतिहासिक काल को निम्नलिखित युगों में विभक्त किया गया है।

(1) पूर्व पाषाण युग : यह मानव सभ्यता की प्रथम मंजिल मानी जाती है। मिर्जापुर, बांदा तथा इलाहाबाद जिलों से पत्थर के बहुत-से गढ़े-अनगढ़े हथियार मिले हैं। जिनका प्रयोग उस काल के लोग करते थे।

(2) उत्तर-पाषाण युग : सभ्यता के क्रमिक विकास में उत्तर-पाषाण युग दूसरी मंजिल है। उत्तर प्रदेश के बांदा जिले में सबसे अधिक इस युग के अवशेष प्राप्त हुए हैं।

(3) ताम्र युग : पत्थर के बाद मानव ने धातु का प्रयोग करना सीखा। सबसे पहले तांबे का इस्तेमाल किया गया। कानपुर के बिठूर तथा शिवराजपुर से और उन्नाव जिले के परियर नामक स्थान से पुराने तांबे के औजार मिले हैं। बदायूं जिले के बिसौली, बिजनौर के राजपुर, सीतापुर जिले के हरदी और गंधौली, बांदा जिले के मानिकपुर के आस-पास और मिर्जापुर के दक्षिणी भाग आदि स्थानों से भी ताम्र युग की बहुत-सी वस्तुएं प्राप्त हुई हैं। इनमें विविध प्रकार के बाण-फलक और मानवाकृतियां विशेष रूप से उल्लेखनीय हैं।

मिर्जापुर जिले में सोन नदी के कांठे में प्रागैतिहासिक मानवों द्वारा गुफाओं में की गई चित्रकारी मिलती है। इनके मुख्य स्थान लिखुनिया, महररिया, विजयगढ़ और कोहवर हैं।

उत्तर प्रदेश में हस्तिनापुर, मथुरा, परियर (जिला उन्नाव), कौशांबी आदि स्थानों से मिट्टी के बर्तनों के कई प्रकार के टुकड़े प्राप्त हुए हैं। इनके द्वारा प्रागैतिहासिक सभ्यता के विभिन्न समयों पर कुछ प्रकाश पड़ा है।

प्रागैतिहासिक सभ्यता के विषय में विद्वानों का अनुमान है कि उत्तर प्रदेश के बांदा, मिर्जापुर आदि भूभागों में अब से कई लाख वर्ष पूर्व मानव का निवास हो गया था। उसकी सभ्यता के अवशेष विविध प्रकार के पत्थर तथा तांबे के औजारों और गुफा चित्रों के रूप में प्राप्त हुए हैं। गंगा-यमुना की घाटी में अनेक स्थानों पर आर्य सभ्यता के पूर्व के चिह्न मिले हैं। इनमें पूर्वोक्त मोटे, मटमैले ठीकरे तथा बिसौली, राजपुर, बिठूर, फतेहगढ़ हर्दी आदि स्थानों से प्राप्त तांबे के विविध हथियार शामिल हैं। इन वस्तुओं को समकालीन माना जाता है।

पूर्व वैदिक युग : पूर्व वैदिक युग की सभ्यता को जानने के लिए ऋग्वेद में प्रचुर सामग्री है। इससे पता चलता है कि पहले आर्य लोग अणु, पुरु, यदु आदि 'जनों' या टुकड़ियों में बंटे हुए थे। इनके बाद भरत, पांचाल, कुरु, मत्स्य, उशीनर आदि अन्य जनों के नाम मिलते हैं। धीरे-धीरे आर्य लोग पंजाब से पूर्व और दक्षिण की ओर फैलने लगे थे। यहां के मूल निवासियों से उन्हें प्रारम्भ में झगड़ना पड़ा, पर धीरे-धीरे दोनों मिल-जुल कर रहने लगे। उनमें आपस में अनेक सांस्कृतिक आदान-प्रदान हुए। वैदिक काल के अन्त तक आर्य लोग उत्तर प्रदेश में बस गए। कुछ लोग बिहार तथा विन्ध्य के दक्षिण तक फैल गए। ऋग्वेद में गंगा-यमुना, सरयू आदि नदियों के उल्लेख मिलते हैं। इन नदियों के तटों पर गांवों में अधिकांश आर्य बस्तियां थीं। धीरे-धीरे उत्तर प्रदेश में हस्तिनापुर, मथुरा, कांपिल्य, अयोध्या आदि स्थान बहुत प्रसिद्ध हो गए।

उत्तर वैदिक काल : लगभग ई. पूर्व 1000 से लेकर ई. पूर्व सातवीं शताब्दी के अन्त तक का समय उत्तर वैदिक काल कहलाता है। इस काल में परवर्ती वैदिक साहित्य—ब्राह्मणों, आरण्यकों एवं उपनिषदों की रचना हुई। बृहदारण्यक तथा छांदोग्य उपनिषदों में आया है कि उद्दालक आरुणि के पुत्र श्वेतकेतु पंचाल के शासक प्रवाहण जैबलि की सभा में अपने ज्ञान की परीक्षा देने गए।

यक्षों और गंधर्वों की पूजा भी इस काल में प्रचलित थी। यक्षों के अनेक बड़े केन्द्र मथुरा, आलवी आदि स्थानों में थे। ये यक्ष महान् शक्तिशाली और धन के अधिपति माने जाते थे।

बुद्ध के पूर्व वर्तमान उत्तर प्रदेश के कोशल, काशी, पंचाल, शूरसेन आदि राज्य आर्थिक दृष्टि से समृद्ध थे। शिल्प तथा वाणिज्य की दशा अच्छी थी। इस काल में कई बड़े व्यापारिक मार्ग थे। एक बड़ी सड़क श्रावस्ती से प्रतिष्ठान तक जाती थी। इस पर मुख्य बड़े नगर साकेत, कौशाम्बी, गोनर्द, उज्जयिनी तथा महिष्मती थे। दूसरा बड़ा मार्ग श्रावस्ती से राजगृह तक जाता था, फिर वहां से दक्षिण की ओर जाता था। मार्ग में ठहरने के स्थान सेतव्य, कपिलवस्तु, कुशीनगर, पावा, हस्तिग्राम, भंडग्राम, वैशाली, पाटलीपुत्र और नालन्दा थे।

बुद्ध के समय से गुप्तकाल तक : महात्मा बुद्ध का आविर्भाव ई. पूर्व 623 में माना जाता है। उनके समय में भारत के सोलह बड़े राज्यों (षोडश महाजनपदों) का उल्लेख मिलता है। उनमें से आठ राज्य उत्तर प्रदेश में थे, जो इस प्रकार हैं :

(1) ***काशी :*** इसकी राजधानी वाराणसी (बनारस) थी। ब्रह्मदत्त राजाओं के राज्यकाल में इस राज्य की अच्छी उन्नति हुई।

(2) ***कोसल :*** इस राज्य की राजधानी श्रावस्ती (वर्तमान सहेत-महेत, जिला गोंडा, बहराइच) थी। इसके पहले साकेत और अयोध्या कोसल के प्रधान नगर थे।

(3) ***मल्ल :*** यह राज्य हिमालय की तराई में था। मल्लों की दो शाखाएं थीं—एक का केन्द्र कुशीनारा में और दूसरी का पावा में था।

(4) ***चेटि या चेदि :*** यह राज्य आधुनिक बुन्देलखण्ड में था। इसकी राजधानी सूक्तिमती थी, जिसे सेत्थिवती नगर भी कहते थे।

(5) *वरु या वत्स :* अवंती राज्य के पूर्वोत्तर में यमुना के किनारे यह राज्य था। इसकी राजधानी कौशाम्बी थी।

(6) *कुरु :* दिल्ली के आस-पास का प्रदेश। इन्द्रप्रस्थ और हस्तिनापुर इसके प्रधान नगर थे।

(7) *पंचाल :* आधुनिक रुहेलखण्ड। इसके दो भाग थे—उत्तर और दक्षिण पंचाल। इन दोनों के बीच की सीमा गंगा नदी थी। उत्तर पंचाल की राजधानी अहिच्छत्र और दक्षिण पंचाल की काम्पिल्य थी।

(8) *शूरसेन :* मत्स्य राज्य के पूर्व में था। इसकी राजधानी मथुरा थी।

तुर्क-अफगानों का आधिपत्य : उत्तर प्रदेश में मुसलमानों का शासनकाल तेरहवीं शताब्दी से प्रारम्भ हुआ। उस समय से लेकर 1526 ई. तक तुर्कों तक अफगानों का आधिपत्य इस प्रदेश पर रहा। ई. 1200 से 1526 तक जिन विभिन्न राजवंशों का प्रभुत्व दिल्ली तथा उत्तर प्रदेश पर रहा है, वे हैं—गुलाम वंश (1206-1290 ई.), खिलजी वंश (1290-1320 ई.), तुगलक वंश (1320-1413 ई.) सैयद वंश (1414-1451 ई.) तथा लोदी वंश (1451-1526 ई.)। इस लम्बे समय में समाज, धर्म और कला के क्षेत्र में अनेक परिवर्तन हुए।

मुगलकाल : 1526 ई. में बाबर ने दिल्ली को जीतकर भारत में मुगल साम्राज्य की स्थापना की। इसके लगभग 30 वर्ष बाद ही मुगल शासन की पताका प्राय: सारे भारत पर लहराने लगी। लगभग दो शताब्दियों तक भारत में मुगलों का आधिपत्य रहा। इस काल में राजनैतिक क्षेत्र में इतनी उथल-पुथल और अशान्ति न रही, जितनी कि इसके पहले के काल में थी। मुगल सम्राटों में अकबर (1556-1605) सबसे प्रसिद्ध हुआ। उसने हिन्दुओं के प्रति सहानुभूतिपूर्ण नीति अपनाकर साम्राज्य को शक्तिशाली बनाया। उसके समय में तथा उसके पश्चात् जहांगीर और शाहजहां के समय में साहित्य और अन्य ललित कलाओं की बड़ी उन्नति हुई। शाहजहां के बाद औरंगजेब ने अपने पूर्वजों की नीति उलटकर धार्मिक कट्टरता की नीति अपनाई। उसकी इस अदूरदर्शी नीति के कारण मुगल साम्राज्य को बड़ा धक्का पहुंचा और कुछ समय बाद वह छिन्न-भिन्न हो गया।

ब्रिटिश शासनकाल : मुगलकाल के अन्त में अंग्रेजों की ईस्ट इण्डिया कम्पनी ने भारत के कई प्रदेशों पर अपना अधिकार कर लिया और धीरे-धीरे उसने अपनी शक्ति को बहुत बड़ा लिया। 1757 ई. में प्लासी की विजय तथा उसके सात वर्ष पश्चात् बक्सर की विजय ने अंग्रेजों के भाग्य का फैसला कर दिया। वे अब भारत की अद्वितीय शक्ति बन गए। 18वीं शताब्दी का अन्त होते-होते उत्तर प्रदेश के भी एक बड़े भाग पर उनका अधिकार हो गया।

मुगलकाल में अवध का सूबा, जिसकी राजधानी लखनऊ थी, मुगल साम्राज्य का महत्त्वपूर्ण प्रान्त माना जाता था। मुगल शासन के दुर्बल पड़ने पर ईरानी सरदार सआदतखां ने 1720 ई. में अवध में नवाब वंश का आरम्भ किया। धीरे-धीरे अवध में रुहेलखण्ड, गोरखपुर, गाजीपुर, बनारस, इलाहाबाद और कड़ा के इलाके भी शामिल कर लिए गए। अवध के प्रारम्भिक नवाबों ने पहले फैजाबाद को अपनी राजधानी बनाया, पर कुछ दिन बाद लखनऊ ही उनका केन्द्र बन गया। नवाब शुजाउद्दौला के समय में लखनऊ की प्रगति हुई। इन शासकों के समय में स्थापत्य, संगीत, चित्रकला और साहित्य की बहुत उन्नति हुई।

अन्तिम नवाब वाजिद अली शाह (1847-56 ई.) से अंग्रेजों ने अवध को छीन कर नवाबी का अन्त कर दिया और सारे उत्तर प्रदेश पर अपना आधिपत्य स्थापित कर लिया।

1857 ई. के स्वतंत्रता संग्राम में उत्तर प्रदेश ने प्रमुख भाग लिया। इस संग्राम का श्रीगणेश मेरठ नगर में 10 मई, 1857 ई. को हुआ। शीघ्र ही यह क्रान्ति प्रदेश भर में फैल गई। मेरठ, लखनऊ, कानपुर, बिठूर, कालपी, झांसी, इलाहाबाद, गाजीपुर और आजमगढ़ इस आन्दोलन के प्रमुख केन्द्र थे। यद्यपि अनेक कारणों से भारतीय जनता अन्त में सफल न हो सकी, परन्तु इस प्रथम स्वातंत्र्य संग्राम ने भारतीयों में स्वतंत्रता की जो आग पैदा कर दी, वह बुझाई न जा सकी।

ब्रिटिश शासनकाल में इस प्रदेश में बड़े नगरों का निर्माण, उद्योगों और व्यवसायों की वृद्धि तथा वैज्ञानिक साधनों की उन्नति हुई। पाश्चात्य ढंग की शिक्षा के साथ समाज में अनेक संस्थाओं की स्थापना हुई। अंग्रेजी शिक्षित भारतीयों के परम्परागत आचार-विचार में परिवर्तन होने लगे। नये वैज्ञानिक युग ने हमारे धर्म, दर्शन, साहित्य, कला और लोकजीवन के अनेक क्षेत्रों को प्रभावित करना शुरू किया, जो स्वाभाविक था। ब्रह्म समाज, थियोसोफिकल सोसाइटी, आर्य समाज—आदि अनेक प्रभावशाली संस्थाएं इस काल में निर्मित हुईं। इन संस्थाओं ने शिक्षित भारतीय समाज को नई दिशाओं की ओर प्रवृत्त किया।

सन् 1858 में दिल्ली डिवीजन उत्तर-पश्चिमी प्रदेश से अलग कर दिया गया और प्रदेश की राजधानी आगरा से इलाहाबाद स्थानान्तरित कर दी गई। उसी वर्ष एक नवम्बर को एक शाही घोषणा द्वारा राजनीतिक सत्ता ईस्ट इण्डिया कम्पनी के हाथों से निकलकर सीधे महारानी विक्टोरिया के हाथों में सौंप दी गई।

सन् 1877 में उत्तर-पश्चिम प्रदेश के लेफ्टिनेंट गवर्नर का पद तथा अवध के चीफ कमिश्नर का पद एक में मिला दिया गया। उसी समय से उक्त बृहत्तर क्षेत्र को उत्तर-पश्चिम प्रदेश, आगरा और अवध कहा जाने लगा। सन् 1902 में इस नाम को बदलकर संयुक्त प्रान्त आगरा व अवध रख दिया गया। सन् 1921 से यहां गवर्नर नियुक्त होने लगा और कुछ समय बाद राजधानी लखनऊ स्थानान्तरित हो गई। सन् 1937 में इनका नाम छोटा करके मात्र 'संयुक्त प्रान्त' कर दिया गया। स्वतंत्रता मिलने के लगभग ढाई वर्ष बाद अर्थात् 12 जनवरी, 1950 को इस क्षेत्र का वर्तमान नाम 'उत्तर प्रदेश' हुआ। 26 जनवरी, 1950 को जब स्वतंत्र भारत का संविधान लागू हुआ तो उत्तर प्रदेश भारतीय गणतंत्र का एक 'पूर्ण राज्य' बना।

प्रमुख ऐतिहासिक युद्ध

मेनाण्डर युद्ध (182 ई.पू.) : यूनानी विजेता मेनाण्डर ने उत्तर प्रदेश की विजय के दौरान मथुरा नगर पर अधिकार कर अनेक भारतीय नगरों को जलाकर नष्ट कर दिया था।

हूण-गुप्त युद्ध (484 ई.पू.) : तोरमाण व मिहिरकुल के नेतृत्व में हूणों ने उत्तर प्रदेश के मथुरा, कन्नौज और कौशाम्बी पर आक्रमण कर उन्हें जलाकर राख कर दिया था।

चन्दवार का युद्ध (1194 ई.) : यह युद्ध मुहम्मद गोरी व कन्नौज (उत्तर प्रदेश) के शासक जयचन्द के मध्य हुआ था। इस युद्ध में जयचन्द मारा गया।

कालिंजर का युद्ध (1202-1203 ई.) : चंदेल (उत्तर प्रदेश) का शासक परमर्दीदेव एक साहसी व्यक्ति था तथा उसने कालिंजर के किले को बहुत दृढ़ बना दिया था। 1202-1203 ई. में कुतुबुद्दीन ऐबक ने उस पर आक्रमण किया तथा युद्ध के बीच में ही परमर्दीदेव की मृत्यु हो गई।

जौनपुर का युद्ध (1478 ई.) : इस युद्ध में काफी मात्रा में रक्तपात कर बहलोल लोदी ने प्रदेश के जौनपुर नामक स्थान पर अधिकार कर लिया।

आगरा का युद्ध (1526 ई.) : पानीपत के युद्ध के तुरन्त बाद ही बाबर ने आगरा पर अधिकार करने के लिए अपने पुत्र हुमायूं व ख्वाजा को आगरा भेजकर वहां पर अधिकार कर लिया।

खानवा का युद्ध (1527 ई.) : 16 मार्च, 1527 ई. को फतेहपुर सीकरी से 10 मील दूर खानवा नामक स्थान पर, जो उत्तर प्रदेश और राजस्थान की सीमा पर है, बाबर और राणा सांगा के बीच युद्ध हुआ था जिसमें राणा सांगा की पराजय हुई थी।

घाघरा का युद्ध (1529 ई.) : 9 मई, 1529 ई. को घाघरा के तट पर अफगानों और बाबर के बीच युद्ध हुआ जिसमें बाबर की विजय हुई।

कालिंजर का युद्ध (1545 ई.) : 1545 ई. में शेरशाह ने कालिंजर के किले को घेरे में ले लिया और उसे विजय करने के लिए पूर्ण प्रयत्न किया। छ. मास के बाद शेरशाह अपने प्रयत्न में सफल हुआ, परन्तु विजय प्राप्त होने के थोड़े ही समय पहले वह बारूद के फट जाने से घायल हो गया और शीघ्र ही मर गया।

आगरा का द्वितीय युद्ध (1554-56 ई.) : इस लम्बे युद्ध में आगरा का सिंहासन सिकन्दर और इब्राहिम खान के हाथों से होता हुआ हुमायूं के कब्जे में आया।

शहजादे की बगावत (1606 ई.) : 1606 ई. में जहांगीर के पुत्र खुसरो ने अपने 350 अश्वारोहियों के साथ आगरा के दुर्ग के बाहर आकर अपने पिता के विरुद्ध बगावत कर दी।

सामूगढ़ का युद्ध (1658 ई.) : आगरा से 8 मील दूर सामूगढ़ नामक स्थान पर 8 जून, 1658 ई. को शाहजहां के बड़े पुत्र दाराशिकोह ने औरंगजेब और मुराद की सम्मिलित सेनाओं का मुकाबला किया। 8 जून को ही युद्ध का निर्णय हो गया, दाराशिकोह इस युद्ध में पराजित हुआ और अन्त में उसे युद्धस्थल छोड़कर भागना पड़ा।

बनारस का युद्ध (1780 ई.) : राजा चेतसिंह को गवर्नर जनरल हेस्टिंग्स ने इसी युद्ध में हराया था।

मथुरा का युद्ध (1804 ई.) : इस युद्ध में मराठों ने अंग्रेज जनरल लेक को पराजित कर मथुरा और आसपास के क्षेत्र पर अधिकार किया था।

मेरठ बगावत (1857 ई.) : 10 मई, 1857 को कुछ भारतीय जवानों और स्थानीय नागरिकों ने मेरठ को स्वतंत्र घोषित कर ब्रिटिश शासन के विरुद्ध प्रथम स्वतंत्रता संग्राम का प्रारम्भ किया था, जो बाद में पूरे देश में फैल गया।

झांसी का युद्ध (1857-58 ई.) : रानी लक्ष्मीबाई और जनरल ह्यूरोज की फौजों के बीच हुए इस युद्ध में 5 अप्रैल, 1858 ई. को झांसी के किले पर अंग्रेजों का अधिकार हो गया और अन्ततः रानी भी युद्ध करते हुए मारी गई।

चिनहट का युद्ध (1857 ई.) : यह युद्ध अवध की बेगम हजरत महल के नेतृत्व में अंग्रेजों के विरुद्ध हुआ था। इसमें प्रारम्भ में अवध की बेगम को सफलता प्राप्त हुई थी परन्तु अन्त में अंग्रेजों की विजय हुई और 6 सितम्बर, 1857 ई. को अंग्रेजों ने अवध पर अधिकार कर लिया।

कानपुर का युद्ध (1857 ई.) : यह युद्ध 4 मई से 25 मई तक चला। इस युद्ध में अंग्रेजों को हराकर नाना साहब ने 'बिठूर के पेशवा' का खिताब प्राप्त किया था।

राष्ट्रीय आन्दोलन में योगदान

भारत के राष्ट्रीय आन्दोलन में उत्तर प्रदेश का बड़ा महत्त्वपूर्ण योगदान रहा है। इस प्रदेश के इलाहाबाद, आगरा, फतेहपुर सीकरी, कन्नौज आदि नगर विभिन्न कालों में अनेक राजाओं की राजधानी रहे। सन् 1857 के प्रथम स्वतंत्रता संग्राम में इस प्रदेश की बड़ी महत्त्वपूर्ण भूमिका रही तथा अंग्रेजी शासन से देश को मुक्त कराने में इस प्रदेश के लोगों ने बड़े महत्त्वपूर्ण कार्य किए। जिसके परिणामस्वरूप 1947 ई. में देश को अंग्रेजी शासन की दासता से मुक्ति मिली और भारत स्वतंत्र हो गया।

1857 की क्रांति की प्रमुख घटनाएं

तिथि	घटना
29 मार्च, 1857 ई.	बैरकपुर में सैनिकों ने चर्बीयुक्त कारतूसों के प्रयोग करने से इन्कार कर दिया। संयुक्त प्रान्त के मंगल पाण्डे नामक सैनिक ने क्षुब्ध होकर अपने एडजुडेण्ट पर आक्रमण कर उसकी हत्या कर दी।
10 मई, 1857 ई.	मेरठ में सैनिकों का विद्रोह।
10-30 मई, 1857 ई.	दिल्ली, अलीगढ़, इटावा, बुलन्दशहर, नसीराबाद, बरेली, मुरादाबाद, खीरी, सीतापुर, शाहजहाँपुर एवं अन्य के क्षेत्रों में विद्रोह प्रारंभ।
12 मई, 1857 ई.	मेरठ के विद्रोही सैनिकों द्वारा दिल्ली में बहादुरशाह द्वितीय को भारत का सम्राट घोषित किया गया।
1 जून, 1857 ई.	ग्वालियर, भरतपुर, झांसी, इलाहाबाद, फैजाबाद, सुल्तानपुर, लखनऊ, कानपुर (बिठुर) में विद्रोह प्रारंभ।
5 जून, 1857 ई.	नाना साहब को कानपुर (बिठुर) का पेशवा घोषित किया गया।
जुलाई 1857 ई.	संयुक्त प्रान्त में प्रत्येक जगह विद्रोह प्रारंभ।
अगस्त 1857 ई.	संयुक्त प्रान्त में स्थानीय जनता (किसानों) ने विद्रोह में भाग लेना प्रारंभ किया।

सितम्बर 1857 ई.	दिल्ली पर अंग्रेजों का पुनः अधिकार। संयुक्त प्रान्त में अंग्रेजों द्वारा दमन-चक्र प्रारंभ।
अक्टूबर 1857 ई.	संयुक्त प्रान्त में प्रत्येक स्थान पर अंग्रेजों से संघर्ष।
नवम्बर 1857 ई.	विद्रोहियों ने अंग्रेज जनरल विण्डहम को कानपुर के निकट पराजित किया।
6 दिसम्बर 1857 ई.	कानपुर के युद्ध पर कॉलिन कैम्बल ने विजय किया। तात्या टोपे पराजित होकर झांसी पहुंचे। महारानी लक्ष्मीबाई और तात्या टोपे ने मिलकर अंग्रेजों के विरुद्ध भयंकर संघर्ष प्रारंभ किया। अंग्रेज सेना में दूसरे प्रान्तों से सहायता टुकड़ियां पहुंची।
मार्च 1858 ई.	लखनऊ पर अंग्रेजों का पुनः अधिकार स्थापित। बेगम हजरत महल अपने बेटे नवाब बिरजिस कद्र के साथ नेपाल की ओर पलायन कर गयी।
3 अप्रैल, 1858 ई.	सर ह्यूरोज ने झांसी पर आक्रमण कर पुनः अधिकार स्थापित कर लिया।
16 अप्रैल, 1858 ई.	संयुक्त प्रान्त में प्रत्येक स्थान पर अंग्रेज प्रभावी।
मई 1858 ई.	अंग्रेजों ने बरेली, काल्पी को पुनः विजित किया भारतीय विद्रोहियों ने रुहेलखण्ड में छापामार आक्रमण प्रारंभ किया।
जून 1858 ई.	संयुक्त प्रान्त में विद्रोह लगभग समाप्त।
जुलाई-दिसम्बर 1858 ई.	सभी स्थानों पर अंग्रेजी सत्ता पुनः स्थापित।

1857 ई. के विद्रोह में नेतृत्व करने वाले महान व्यक्तित्व

स्थान	नेतृत्व	स्थान	नेतृत्व
लखनऊ	बेगम हजरत महल	इलाहाबाद	लियाकत अली
झाँसी	रानी लक्ष्मीबाई	कानपुर	नाना साहब, अजीमुल्ला
मथुरा	देवीसिंह	मेरठ	कदम सिंह
काल्पी	ताँत्या टोपे	फैजाबाद	मौलवी मुहम्मद अल्ला

राष्ट्रीय आन्दोलन से संबंधित प्रमुख तथ्य

- उत्तर प्रदेश के मेरठ शहर में 10 मई, 1857 को प्रथम स्वतंत्रता संग्राम का आरम्भ हुआ था।
- कानपुर में 1857 में क्रान्तिकारियों का नेतृत्व नाना साहब ने किया था।
- लखनऊ में 1857 में क्रान्ति का संचालन मौलवी अहमदशाह और बेगम हजरत महल ने किया था।

- 1905 में कांग्रेस का अधिवेशन उत्तर प्रदेश के बनारस शहर में हुआ था। इसकी अध्यक्षता श्री गोपाल कृष्ण गोखले ने की थी।
- अंग्रेज सेनापति ह्यूरोज को उत्तर प्रदेश के बुन्देलखंड क्षेत्र की क्रान्ति के दमन का कार्य सौंपा गया था।
- पूर्वी उत्तर प्रदेश में अंग्रेजों के विरुद्ध विद्रोह का नेतृत्व कुंवर सिंह ने किया था।
- उत्तर प्रदेश के गोरखपुर नगर पर नाजिम मीर मोहम्मद हसन ने 21 सितम्बर 1857 को अधिकार कर स्वतंत्रता की घोषणा की थी।
- प्रदेश में गोरखपुर के समीप स्थित चौरी-चौरा हत्याकांड 5 फरवरी, 1922 को हुआ था।
- उत्तर प्रदेश में काकोरी षड्यंत्र, कांड 25 अगस्त, 1925 को हुआ था।
- उत्तर प्रदेश के 'किसान आन्दोलन' का नेतृत्व पं. जवाहरलाल नेहरू ने किया था।
- उत्तर प्रदेश का वर्तमान नाम 12 जनवरी, 1950 को पड़ा था।
- उत्तर प्रदेश भारतीय गणतंत्र का एक पूर्ण राज्य 26 जनवरी, 1950 को बना था।
- प्रदेश में जमींदारी प्रथा का उन्मूलन और भूमि सुधार अधिनियम 26 जनवरी, 1951 को लागू हुआ।

प्रमुख शिलालेख व स्तम्भ लेख

प्रयाग का अशोक स्तम्भ लेख : ऐतिहासिक दृष्टि से उत्तर प्रदेश के प्रयाग (इलाहाबाद) में स्थित इस स्तम्भ लेख का विशेष महत्त्व है। यह पत्थर का गोल खम्भा है, जिसका भार 493 मन और लम्बाई 35 फुट है। नीचे का व्यास लगभग तीन फुट है जो ऊपर जाकर 2 फुट 2 इंच रह गया है।

इसके ऊपर जो अभिलेख अंकित है उससे ज्ञात होता है कि स्तम्भ पहले 232 ई. पू. में अशोक की आज्ञा से कौशाम्बी से यहां लाया गया होगा क्योंकि वह ऐसे कई स्तम्भ दिल्ली भी ले गया था। किन्तु वर्तमान स्थान में इसे 1838 में खड़ा किया गया था।

सारनाथ स्तम्भ लेख : प्रदेश ही नहीं वरन् भारत का यह महत्त्वपूर्ण स्तम्भ लेख सारनाथ में है। इसी स्तम्भ लेख से राष्ट्रीय चिह्न को लिया गया है। इस स्तम्भ के शीर्ष भाग पर स्थित चौकी पर चार सिंहों की (पीठ सटाये हुए) मूर्तियाँ हैं तथा ये सिंह एक चक्र धारण किए हुए हैं जो धर्मचक्र का प्रतीक है।

सारनाथ का चौखण्ड स्तूप : वाराणसी से सारनाथ जाने वाले मार्ग में बायें हाथ पर एक विशाल मिट्टी के टीले के ऊपर पत्थर की अष्टकोण दीवार और छत है। समीपवर्ती लोग इसे 'सीता रसोई' के नाम से जानते हैं। यही चौखण्डी स्तूप है। इसका निर्माण गुप्तकाल के पूर्व का माना जाता है।

धर्म राजिक स्तूप : प्रदेश के सारनाथ में ही अशोक द्वारा निर्मित धर्म राजिक नामक स्तूप स्थित है। इस स्तूप की केवल नीचे की नींव ही शेष बची है।

कनिष्क का मथुरा स्तम्भ लेख : प्रदेश के मथुरा नगर में स्थित कनिष्क का यह स्तम्भ लेख ब्राह्मी लिपि में लिखा गया है। इस अभिलेख में कनिष्क से सम्बन्धित बातें लिखी हैं।

कौशाम्बी स्तम्भ लेख : अशोक ने उत्तर प्रदेश में स्थित कौशाम्बी में दो स्तम्भों को खड़ा करवाया था जिसमें से प्रथम स्तम्भ को बाद में मुगलों के काल में कौशाम्बी से हटाकर प्रयाग लाया गया और संगम पर किले के अन्दर खड़ा किया गया।

अशोक का दूसरा स्तम्भ कौशाम्बी में अब भी मौजूद है। उसका ऊपरी हिस्सा टूट गया है। कौशाम्बी प्राचीनकाल में बौद्ध धर्म का तीर्थ स्थान था। इन स्तम्भों पर इस मत से सम्बन्धित लेख मिले हैं।

सौहगौरा कांस्य लेख : प्रदेश के गोरखपुर जिले के सौहगौरा नामक स्थान पर स्थित यह कांस्य लेख हैं, जिसमें मौर्यकाल में अकाल से मुकाबले के लिए अनाज भण्डारों की व्यवस्था का उल्लेख है।

अयोध्या शिलालेख : अयोध्या के इस शिलालेख में पहली ई. में हुए पुष्यमित्र शुंग के वंशज सम्राट् धनदेव का पारिवारिक विवरण मिलता है।

स्कन्दगुप्त का भितरी स्तम्भ लेख : जिला गाजीपुर में स्थित स्कन्दगुप्त का एक भितरी स्तम्भ लेख विशेष उल्लेखनीय है। वह स्कन्दगुप्त के जीवन वृत्त पर पर्याप्त प्रकाश डालता है। इस स्तम्भ लेख को उसने अपने पिता की स्मृति में निर्मित कराया था।

शिवलिंग शिलालेख : प्रदेश के फतेहपुर जिले के रेह ग्राम में स्थित यह लेख शिवलिंग पर अंकित है जिसकी चार पंक्तियां ही सुरक्षित बची हैं।

अहरौरा शिलालेख : यह वाराणसी के पास अहरौरा नामक ग्राम में पाया गया एक छोटा-सा शिलालेख है।

पिपरहवा का धातुलेख : यह उत्तर प्रदेश के बस्ती जिले के पिपरहवा ग्राम से प्राप्त एक कलश लेख है। इसी से यह जानकारी मिलती है कि प्राचीन कपिलवस्तु, पिपरहवा ही था।

प्रमुख किले, महल व छतरियां

किले

लाल किला (आगरा) : आगरा में स्थित यमुना के किनारे खड़ा यह किला मुगल इतिहास की एक अमूल्य धरोहर है। इस किले का निर्माण मुगल बादशाह अकबर ने सन् 1556 में आरम्भ किया।

इस किले में अधिकतर लाल पत्थर का प्रयोग हुआ है। किले के बाहरी दरवाजे पर एक घुड़सवार की पाषाण प्रतिमा बनी हुई है, जो राजपूत सरदार अमरसिंह राठौर की उस बहादुरी की याद दिलाती है।

सीकरी का किला (फतेहपुर सीकरी) : प्रदेश के फतेहपुर सीकरी नामक स्थान पर अकबर ने इस किले का निर्माण करवाया था।

बरनावा का किला (मेरठ) : हिंडन नदी के किनारे मेरठ-बड़ौत मार्ग पर बाईं ओर बरनावा गांव स्थित है। इसका प्राचीन नाम वार्णावर्त था। यहीं कौरवों ने पांडवों को जलाने के उद्देश्य से लाख का महल बनवाया था, जिसमें से पांडव सुरक्षित निकल गए थे।

शर्की किला (जौनपुर) : प्रदेश के जौनपुर नगर में चौदहवीं शताब्दी में शर्की सुल्तानों ने मिट्टी व पत्थरों का यह किला बनवाया था।

देवगढ़ का किला (ललितपुर) : प्रदेश के ललितपुर जिले के देवगढ़ में स्थित यह किला गुप्तकाल में बनवाया गया था। इस किले में 30 मन्दिर हैं। इस किले के पत्थरों पर की गई नक्काशी देखने योग्य है।

कालाकांकर दुर्ग (प्रतापगढ़) : यह दुर्ग 1628 में राजा तेजसिंह द्वारा बनवाया गया था। यह मध्यकालीन दुर्ग-निर्माण कला का उदाहरण है।

मंगलगढ़ दुर्ग (हमीरपुर) : यह किला चंदेल काल में एक पहाड़ी पर बनाया गया था, जो अब नष्ट हो चुका है। इस किले की पथरीली दीवारों और कुछ वृक्षों के अवशेषों से पता चलता है कि यह किला किसी युद्ध के बाद नष्ट हुआ होगा।

किला मुबारक (फैजाबाद) : यह सआदत खां का किला भी कहलाता है। लक्ष्मणघाट के निकट स्थित इस किले में मोती और खुर्शीद महल तथा बानो बेगम का मकबरा देखने योग्य है।

बरवा सागर (झांसी) : इस किले को ओरछा के राजा उद्यत सिंह ने 1785 में बनवाया था। यहां चंदेल-कालीन दो ध्वस्त मन्दिर तथा एक छोटा-सा दुर्ग है। यहीं 1857 में जनरल ह्यूरोज ने तोपों की सहायता से तांत्या टोपे को हराया था।

झांसी दुर्ग (झांसी) : इस किले को राजा वीरसिंह जूदेव ने सत्रहवीं शताब्दी में एक पहाड़ी पर बनवाया था।

हनुमानगढ़ी (अयोध्या) : प्राचीन दुर्ग जिसे अब हनुमान मन्दिर का रूप दे दिया गया है, किले के रूप में नहीं रहा है। सिर्फ दीवारें ही पुराने दुर्ग का आभास देती हैं। यह एक टीले पर स्थित है।

महाबन दुर्ग (मथुरा) : यह सादाबाद दुर्ग भी कहलाता है। इसे राजा दिग्पाल के मित्र राणा कतीरा मेवाती ने बनवाया था। अब इस किले के ध्वंस ही शेष हैं।

कंस का किला (मथुरा) : यमुना के किनारे इस ध्वस्त किले को जयपुर के राजा मानसिंह ने नये सिरे से बनवाया था। बाद में सवाई जयसिंह द्वारा इस किले में एक वेधशाला (आब्जर्वेट्री) भी बनवाई गई।

तालबेहट किला (ललितपुर) : इस किले को चंदेरी के राजा भरतशाह ने 1618 में बनवाया था। अब यह जीर्ण-शीर्ण अवस्था में पड़ा है।

कालपी दुर्ग (जालौन) : यह दुर्ग मराठों के समय में बनवाया गया था। यह यमुना नदी के किनारे आज भी खण्डहर के रूप में स्थित है। इसका केवल कोषागार ही शेष रह गया है।

रामनगर दुर्ग (वाराणसी) : गंगा के तट पर स्थित इस किले को 1750 में राजा बलवंत सिंह ने बनवाया था। इसमें एक अनोखा संग्रहालय है।

अकबरी किला (प्रयाग) : इस किले की नींव 1583 में सम्राट अकबर ने रखी थी।

कालिंजर का किला (बांदा) : कालिंजर का किला उत्तर प्रदेश का सबसे बड़ा पहाड़ी किला है। यह बांदा जिले में, बांदा से लगभग 33 मील दूर नरैनी तहसील में स्थित है।

चुनार का किला (मिर्जापुर) : मिर्जापुर जिले में चुनार नगर में यह किला स्थित है। यह पहाड़ी पर स्थित एक प्रसिद्ध किला है।

गढ़वा का किला (इलाहाबाद) : गढ़वा का किला इलाहाबाद के दक्षिण-पश्चिम में 25 मील तथा शंकरगढ़ रेलवे स्टेशन के उत्तर-पश्चिम में सात मील की दूरी पर स्थित है।

मच्छी भवन (किला) (लखनऊ) : लखनऊ के लक्ष्मण टीले के पास ही एक ऊँचे टीले पर शेख अब्दुर्रहीम ने एक किला बनवाया था। शेख का यह किला आस-पास मौजूद अन्य गढ़ियों की अपेक्षा कहीं अधिक मजबूत था।

जयचन्द का किला (कन्नौज) : राजा जयचंद का किला तो वक्त के साथ-साथ अपनी मौलिकता को बरकरार रखने में नाकामयाब रहा, पर किले के अवशेष यहां अब भी मौजूद हैं।

परीक्षितगढ़ किला (हस्तिनापुर) : हस्तिनापुर से करीब 15 कि.मी. दूर परीक्षितगढ़ के किले को पांडवों के पौत्र परीक्षित ने बनवाया था।

महल

लखनऊ के महल

फिरंगी महल (लखनऊ) : लखनऊ के 'गोल दरवाजे' और 'अकबरी दरवाजे' के लगभग मध्य में 'फिरंगी महल' की प्रसिद्ध इमारतें थीं। उनका इतिहास करीब चार सौ वर्ष पुराना है। मुगल शासनकाल में लखनऊ प्रमुख व्यापारिक केन्द्र था। अनेक व्यापारी लखनऊ आए। इनमें एक फ्रांसीसी व्यापारी फ्रैड्रिक भी था। फ्रैड्रिक ने कालान्तर में लखनऊ को अपना मुख्यालय बना लिया तथा चौक क्षेत्र में चार आलीशान महल बनवाए।

'फिरंगी महल' क्रान्तिकारियों का गढ़ रहा । रात में सारे क्रान्तिकारियों और उनके नेताओं का यहां जमघट होता था।

सतखण्डा महल (लखनऊ) : हुसैनाबाद घड़ी मीनार के दाहिनी ओर बने इस महल का निर्माण बादशाह मोहम्मद अली शाह ने 1842 में करवाया था। इसकी विशेषता यह है कि हर मंजिल अपने से नीचे वाली मंजिल से छोटी होती गई है और साथ-ही-साथ बनावट में भी बदलाव आता गया है।

परीखाना पैलेस (लखनऊ) : लखनऊ का 'भातखंडे संगीत महाविद्यालय' किसी समय 'परीखाना पैलेस' के नाम से प्रसिद्ध था। 'परीखाना पैलेस' वह इमारत थी जिसमें वाजिद अली शाह के समय में नर्तकियां रहा करती थीं।

आगरा के महल

ताजमहल : आगरा में स्थित ताजमहल को मुगल शासक शाहजहां ने अपनी प्रिय बेगम मुमताज की याद में बनवाया था। यह महल यमुना नदी के किनारे स्थित है। यह सफेद संगमरमर का बना हुआ है तथा विश्व के सात आश्चर्यों में से एक है। इसके अन्दर मुमताज व शाहजहां के मकबरे भी बने हुए हैं।

खास महल : यह महल आगरा के लाल किले में बना हुआ है। यहां पर कभी जहांगीर का हरम था। बाद में इसमें शाहजहां रहने लगा था।

काला महल : आगरा में काले पत्थरों से बने इस महल को राजा गजसिंह ने जहांगीर के काल में बनवाया था।

फतेहपुर सीकरी के महल : मुगल शासक अकबर ने फतेहपुर सीकरी में कई महलों का निर्माण करवाया जैसे जोधाबाई का महल, मरियम की कोठी, सुनहरा मकान तथा पंचमहल आदि।

गाजीपुर का राजगढ़ महल : राजगढ़ के किले में यह महल स्थित था जो अब ध्वस्त हो चुका है।

दतिया का गढ़ी महल : इस महल को सन् 1620 ई. में राजा वीरसिंह बुंदेला ने बनवाया था। यह महल पंचमंजिला है, जिसमें एक मंजिल भूमिगत है। इसमें बहुत-सी खिड़कियाँ व गुम्बद बने हुए हैं।

इलाहाबाद का अकबरी महल : इस महल को अकबर ने इलाहाबाद के किले में बनवाया था। इस महल में बड़े-बड़े खंभे बने हैं तथा इसकी छत पर चित्रकारी बनी है।

छतरियाँ

कुसुम सरोवर छतरी (मथुरा) : यह छतरी, छतरियों की पारम्परिक शैली का सुन्दर उदाहरण है। इसे राजा सूरजमल द्वारा सरोवर के समीप बनवाया गया था।

हरिदेव छतरी (सादाबाद) : यह 200 साल पुरानी राजस्थानी शैली की छतरी है। इसके समीप ही जगन्नाथ छतरी है।

रूपराम छतरी (बरसाना) : राधा मंदिर की सजावट के लिए इस छतरी को मन्दिर निर्माता ने अपने नाम से बनवाया था।

राजा जसवंत सिंह छतरी (आगरा) : यह छतरी औरंगजेब के काल में बनवाई गई थी। आगरा शहर में घुसते ही लाल पत्थर से बनी यह छतरी बड़ी कलात्मक है।

जामा मस्जिद छतरी (फतेहपुर सीकरी) : इस्लामी शैली की बनी यह छतरी फतेहपुर सीकरी की जामा मस्जिद के ऊपरी भाग में बनी हुई है। इसे अकबर द्वारा बनवाया गया था।

मुसम्मन छतरी (आगरा) : आगरा के लाल किले में मुगल शैली की बनी यह छतरी स्थित है। यहीं से कैद होने के पश्चात् शाहजहां ताजमहल को देखा करता था।

बालाबेहट छतरी (ललितपुर) : बालाबेहट कस्बे में ध्वस्त दुर्ग के अन्दर ताल के समीप अनेक छतरियां हैं। यह 'सतियों की छतरी' भी कहलाती है। यह जौहर करके प्राण त्यागने वाली राजपूत रानियों की स्मृति में निर्मित है।

प्रमुख नगर, स्थापना एवं उपनाम

प्रदेश के विभिन्न नगरों के संस्थापक

1.	लखनऊ	सआदत खां (1722 ई.)
2.	कानपुर	हिन्दू सिंह (1750 ई.)
3.	आगरा	सिकन्दर लोदी (1504 ई.)
4.	इलाहाबाद	अकबर (1572 ई.)
5.	जलालपुर (अम्बेडकर नगर जिला)	अकबर
6.	जलालाबाद	अकबर
7.	झांसी	वीरसिंह जू देव
8.	फर्रुखाबाद	मुहम्मदशाह
9.	गाजियाबाद	गाजिउद्दीन (1740 ई.)
10.	अलीगढ़	डोर राजपूतों द्वारा (इसके पूर्व नाम मुहम्मदगढ़, सवितगढ़ और रामगढ़ थे, नक्कखान के समय से इसका नाम अलीगढ़ पड़ा)
11.	जौनपुर	फिरोजशाह तुगलक
12.	फतेहपुर सीकरी	अकबर द्वारा (1559 से 1570 ई.)
13.	फैजाबाद	मुहम्मद शाह द्वारा (1739 ई.)
14.	गोंडा	जहांगीर द्वारा
15.	फिरोजाबाद	फिरोजशाह तुगलक द्वारा
16.	जहांगीराबाद	जहांगीर द्वारा
17.	अनूप शहर	राजा अनूप द्वारा
18.	मुबारकाबाद	मुबारकशाह द्वारा
19.	शाहजहांपुर	शाहजहां द्वारा
20.	फतेहाबाद	फिरोजशाह तुगलक द्वारा
21.	अकबरपुर	अकबर द्वारा
22.	आजमगढ़	औरंगजेब द्वारा

प्रदेश के विभिन्न नगरों के उपनाम

1.	लखनऊ	नवाबों का शहर, बागों का नगर, नजाकत-नफासत का शहर
2.	आगरा	ताज नगरी, पेठा नगरी
3.	इलाहाबाद	कुंभ नगरी, संगम नगरी, तीर्थराज
4.	गाजियाबाद	दिल्ली का बच्चा, उद्योग नगरी
5.	अयोध्या	राम-नगरी, रामभूमि स्थल, तीर्थनगर
6.	कानपुर	उद्योग नगर, चर्म नगर, उत्तर भारत का मानचेस्टर
7.	मेरठ	कैंची नगरी, क्रांति का शहर
8.	कन्नौज	इत्र नगरी, खुशबुओं का शहर
9.	अलीगढ़	ताला नगरी
10.	वाराणसी (बनारस)	घाटों का नगर, विश्वनाथ नगरी, मुक्ति नगर, अखाड़ों का नगर, रांड-सांड और पण्डों का नगर
11.	गाजीपुर	काशी की बहन
12.	गोरखपुर	नाथ नगरी, गोरखधाम
13.	मुरादाबाद	पीतल नगरी, बर्तनों का शहर
14.	फिरोजाबाद	सुहाग का शहर, चूड़ी नगर
15.	मथुरा	कृष्ण नगरी, पेड़ों का नगर, पण्डों की नगरी
16.	रामपुर	चाकुओं का नगर
17.	बरेली	सुरमा नगरी, बांस बरेली
18.	मलीहाबाद	आमों का नगर

विभिन्न कालों में स्थापित नगर

1.	**प्राचीन काल में स्थापित नगर (ई.पू. से 700 ई. तक) :** कन्नौज, अयोध्या, वाराणसी, थानेश्वर, मथुरा, मेरठ।
2.	**राजपूत काल में स्थापित नगर (700 से 1200 ई. तक) :** बिजनौर, बहराइच, मुरादाबाद, अलीगढ़, ललितपुर, हरदोई, रायबरेली, कालिंजर, अमरोहा, बदायूं, हापुड़, उन्नाव, इटावा, बलिया।
3.	**मुस्लिम काल में स्थापित नगर (1200 से 1700 ई. तक) :** फिरोजाबाद, फतेहपुर सीकरी, गोरखपुर, खुर्जा, इलाहाबाद, जौनपुर, सहारनपुर, अनूपशहर, आगरा, गोंडा, जलालपुर, जहांगीराबाद, अकबरपुर, जलालाबाद।
4.	**आधुनिक काल में स्थापित नगर :** लखनऊ, कानपुर, झांसी, फैजाबाद, मिर्जापुर, फर्रुखाबाद आदि।

❑❑❑

क्षेत्रफल : उत्तर प्रदेश भारत का एक सीमान्त और विशाल राज्य है। इस प्रदेश का भौगोलिक क्षेत्रफल 2,40,928 वर्ग कि.मी. है। यह भारत के कुल भौगोलिक क्षेत्रफल का लगभग 7.3 प्रतिशत है। क्षेत्र-विस्तार की दृष्टि से राजस्थान, महाराष्ट्र एवं मध्य प्रदेश के बाद चौथे स्थान पर है, किन्तु भारत की कुल जनसंख्या में इसका सर्वाधिक (16.49 प्रतिशत) अंशदान होने के परिणामस्वरूप जनसंख्या की दृष्टि से देश में इस प्रदेश का प्रथम स्थान है।

उत्तर प्रदेश में मण्डलों एवं जनपदों की नवीनतम सूची

मण्डल	जिलों की संख्या	जनपद
सहारनपुर	3	सहारनपुर, मुजफ्फरनगर, शामली (प्रबुद्धनगर)
मेरठ	6	मेरठ, गाजियाबाद, बुलन्दशहर, गौतमबुद्ध नगर, बागपत, हापुड़ (पंचशील नगर)
बरेली	4	बरेली, बदायूँ, शाहजहाँपुर, पीलीभीत
मुरादाबाद	5	मुरादाबाद, रामपुर, बिजनौर, अमरोहा (ज्योतिबा फुले नगर), संभल (भीमनगर)
कानपुर	6	कानपुर नगर, कानपुर देहात (रमाबाई नगर), इटावा, फर्रुखाबाद, कन्नौज, औरैया
इलाहाबाद	4	इलाहाबाद, फतेहपुर, प्रतापगढ़, कौशाम्बी
झाँसी	3	झाँसी, ललितपुर, जालौन
चित्रकूट धाम	4	बाँदा, हमीरपुर, महोबा, चित्रकूट
वाराणसी	4	वाराणसी, जौनपुर, गाजीपुर, चन्दौली
मिर्जापुर	3	मिर्जापुर, सोनभद्र, संत रविदास नगर (भदोही)
आगरा	4	आगरा, मथुरा, फिरोजाबाद, मैनपुरी
आजमगढ़	3	आजमगढ़, मऊ, बलिया
गोरखपुर	4	गोरखपुर, महाराजगंज, देवरिया, कुशीनगर (पडरौना)
बस्ती	3	बस्ती, सिद्धार्थनगर, संत कबीर नगर
लखनऊ	6	लखनऊ, उन्नाव, रायबरेली, सीतापुर, हरदोई, खीरी
देवीपाटन	4	बलरामपुर, श्रावस्ती, गोण्डा, बहराइच
फैजाबाद	5	फैजाबाद, सुल्तानपुर, बाराबंकी, अम्बेडकर नगर, अमेठी (छत्रपति शाहूजी महाराज नगर)
अलीगढ़	4	अलीगढ़, एटा, हाथरस (महामाया नगर), कासगंज (कांशीराम नगर)

मंडल, जिला एवं तहसील

मंडल		जिला (क्षेत्रफल वर्ग किमी.)		तहसील		
1. सहारनपुर	1.	सहारनपुर (3,689)	1.	सहारनपुर	2.	नाकुड
			3.	देवबंद	4.	बेहड़
			5.	रामपुर मनिहारन		
	2.	मुजफ्फर नगर (4,008)	1.	मुजफ्फरनगर	2.	जनसद
			3.	बुढ़ाना	4.	खतौली
	3.	शामली (प्रबुद्धनगर)	1.	शामली	2.	कैराना
			3.	उन्न		
2. मेरठ	4.	मेरठ (2,590)	1.	मेरठ	2.	सरधाना
			3.	मवाना		
	5.	गाजियाबाद (1,148)	1.	गाजियाबाद	2.	मोदीनगर
			3.	लोनी		
	6.	हापुड़ (पंचशील नगर)	1.	हापुड़	2.	गढ़मुक्तेश्वर
			3.	धौलाना		
	7.	बुलंदशहर (4,352)	1.	बुलंदशहर	2.	अनूपशहर
			3.	सिकन्दराबाद	4.	खुर्जा
			5.	सयाणा	6.	शिकारपुर
			7.	डिबाई		
	8.	गौतम बुद्ध नगर (मुख्यालय : नोएडा) (1,442)	1.	दादरी	2.	गौतम बुद्ध नगर
			3.	जेबर		
	9.	बागपत (1,321)	1.	बागपत	2.	बड़ौत
			3	खेकरा		
3. आगरा	10.	आगरा (4,027)	1.	आगरा	2.	एतमादपुर
			3.	किरौली	4.	खेरागढ़
			5.	बाह	6.	फतेहाबाद
	11.	मथुरा (3,340)	1.	मथुरा	2.	मांट
			3.	छत्ता	4.	महावन
			5.	गोवर्धन		
	12.	फिरोजाबाद (2,361)	1.	फिरोजाबाद	2.	शिकोहाबाद
			3.	जसराना	4.	टुंदला
			5.	सिरसगंज		
	13.	मैनपुरी (2,760)	1.	मैनपुरी	2.	भोगांव
			3.	करहल	4.	किशनी कुरावली
			5.	घिरोर		

मंडल	जिला (क्षेत्रफल वर्ग किमी.)	तहसील	
4. बरेली	14. बरेली (4,120)	1. नवाबगंज	2. बरेली
		3. बहेरी	4. फरीदपुर
		5. अमला	6. मीरगंज
	15. बदायूँ (5,168)	1. बदायूँ	2. बिसौली
		3. ससावन	4. दातागंज
		5. बिलसी	
	16. शाहजहाँपुर (4,575)	1. शाहजहाँपुर	2. पुवाया
		3. जलालाबाद	4. तिलहर
		5. कलान	
	17. पीलीभीत (3,499)	1. सदर	2. पूरनपुर
		3. बिसालपुर	4. कालीनगर
		5. अमरिया	
5. मुरादाबाद	18. मुरादाबाद (3,718)	1. मुरादाबाद	2. बिल्लारी
		3. ठाकुरद्वारा	4. कंठ
	19. सम्भल (भीमनगर)	1. सम्भल	2. चंदौसी
		5. गुन्नौर	
	20. रामपुर (2,367)	1. सदर	2. शाहबाद
		3. मिलक	4. बिलासपुर
		5. स्वर	6. टांडा
	21. बिजनौर (4,561)	1. बिजनौर	2. धामपुर
		3. नगीना	4. नजीबाबाद
		5. चाँदपुर	
	22. अमरोहा (2,249)	1. अमरोहा	2. हसनपुर
	(ज्योतिबा फुले नगर)	3. धनौरा	4. नौगांव सादात
6. कानपुर	23. कानपुर (3,155)	1. सदर	2. बिल्होर
		3. घाटमपुर	4. नरवाल
	24. कानपुर देहात (3,021)	1. डेरापुर	2. भोगनीपुर
	(रमाबाई नगर)	3. अकबरपुर	4. रसूलाबाद
	(मुख्यालय : अकबरपुर)	5. सिकन्दरा	6. मैथा
	25. इटावा	1. इटावा	2. भरथना
	(2,311)	3. सैफई	4. जसवंत नगर
		5. चाकर नगर	6. ताखा
	26. फर्रुखाबाद (फतेहगढ़)	1. फर्रुखाबाद	2. कायमगंज
	(2,181)	3. अमृतपुर	

मंडल	जिला (क्षेत्रफल वर्ग किमी.)	तहसील	
	27. कन्नौज (2,093)	1. कन्नौज	2. छिबरामाऊ
		3. तिरवा	4. हसरान
	28. औरैया (2,015)	1. औरैया	2. बिधूना
		3. अजीतमल	
7. इलाहाबाद	29. इलाहाबाद (5,482)	1. मेजा	2. करछना
		3. फूलपुर	4. हंडिया
		5. सोराँव	6. बारा
		7. कोराँव	8. इलाहाबाद सदर
	30. फतेहपुर (4,152)	1. फतेहपुर	2. विन्दिकी
		3. खागा	
	31. प्रतापगढ़ (3,717)	1. सदर	2. पट्टी
		3. कुंडा	4. लालगंज
		5. रानीगंज	
	32. कौशाम्बी (1,780)	1. मंझनपुर	2. चायल
		3. सिराथू	
8. झाँसी	33. झाँसी (5,024)	1. झाँसी	2. मोरनीपुर
		3. ग्रूथा	4. मूठ
		5. तेहरोली	
	34. ललितपुर (5,039)	1. ललितपुर	2. मेहरोनी
		3. तलभट	4. पाली
		5. मदवरा	
	35. जालौन (4,565)	1. जालौन	2. उरई
	(मुख्यालय : उरई)	3. काल्पी	4. कौंच
		5. माधवगढ़	
9. चित्रकूट धाम	36. हमीरपुर (4,282)	1. हमीरपुर	2. मोहडा
		3. रथ	4. सरीला
	37. महोबा (2,884)	1. महोबा	2. कुलपाहर
		3. चरखरी	
	38. बाँदा (4,460)	1. बाँदा	2. नारायणी
		3. बाबेरू	4. अट्टरा
		5. पैलानी	
	39. चित्रकूट (3,164)	1. कर्वी	2. मऊ
		3. मानिकपुर	4. राजापुर

मंडल		जिला (क्षेत्रफल वर्ग किमी.)		तहसील		
10. वाराणसी	40.	वाराणसी (1,535)	1.	वाराणसी	2.	पिंडरा
			3.	राजा तालाब		
	41.	जौनपुर (4,038)	1.	सदर	2.	शाहगंज
			3.	मड़ियाहू	4.	केराकत
			5.	मछली शहर	6.	बदलापुर
	42.	गाजीपुर (3,377)	1.	गाजीपुर	2.	सैद
			3.	मोहम्मदाबाद	4.	जखनिया
			5.	जमनिया	6.	कासिमाबाद
	43.	चन्दौली (2,541)	1.	चन्दौली	2.	चकिया
			3.	सकलडीहा	4.	नौगढ़
			5.	मुगलसराय		
11. मिर्जापुर	44.	मिर्जापुर (4,521)	1.	मिर्जापुर	2.	चुनार
			3.	लालगंज	4.	मरिहान
	45.	सोनभद्र (6,788)	1.	राबर्ट्सगंज	2.	दुद्धी
			3.	घोरावल		
	46.	संत रविदास नगर (1,015)	1.	भदोही	2.	ज्ञानपुर
		(मुख्यालय : भदोही)	3.	ओराई		
12. आजमगढ़	47.	आजमगढ़ (4,054)	1.	सदर	2.	सगड़ी
			3.	लालगंज	4.	फूलपुर
			5.	निजामाबाद	6.	मेहनगर
			7.	बुरहानपुर	8.	मार्टीनगंज
	48.	मऊ (1,713)	1.	मऊ	2.	घोसी
			3.	मोहम्मदाबाद गोहना	4.	मधुबन
	49.	बलिया (2,981)	1.	बलिया	2.	रसड़ा
			3.	बांडीह	4.	बारिया
			5.	सिकन्दरपुर	6.	बेलथरा रोड
13. गोरखपुर	50.	गोरखपुर (3,321)	1.	सदर	2.	बांसगांव
			3.	सहजनवाँ	4.	खजनी
			5.	गोला	6.	चौरी-चौरा
			7.	कमपियारगंज		

मंडल		जिला (क्षेत्रफल वर्ग किमी.)		तहसील		
	51.	महाराजगंज (2,952)	1.	सदर	2.	नौतनवाँ
			3.	निचलो	4.	फरेन्धा
	52.	देवरिया (2,538)	1.	देवरिया	2.	सलेमपुर
			3.	रुद्रपुर	4.	भाटपुर रानी
			5.	बरहाज		
	53.	कुशीनगर (2,952)	1.	पडरौना	2.	हट्टा
		(मुख्यालय : पडरौना)	3.	टमकुही राज	4.	कास्या
			5.	खड्डा	6.	कप्तानगंज
14. बस्ती	54.	बस्ती (2,688)	1.	बस्ती	2.	हरैया
			3.	धोनपुर	4.	रुधौल
	55.	सिद्धार्थ नगर (2,895)	1.	नौगढ़	2.	बस्सी
		(मुख्यालय : नौगढ़)	3.	डुमरियागंज	4.	इटावा
			5.	सूरतगढ़		
	56.	संत कबीर नगर (1,646)	1.	खलीलाबाद	2.	मेहडावल
		(मुख्यालय : खलीलाबाद)	3.	गंगवाता		
15. लखनऊ	57.	लखनऊ (2,528)	1.	सदर	2.	मोहनलालगंज
			3.	मलीहाबाद	4.	बख्शी-का-तालाब
			5.	सरोजनीनगर		
	58.	उन्नाव (4,558)	1.	उन्नाव सदर	2.	पूर्वा
			3.	साफीपुर	4.	हसनगंज
			5.	बीधापुर	6.	बांगरमऊ
	59.	रायबरेली (4,609)	1.	रायबरेली	2.	महाराजगंज
			3.	डलमऊ	4.	लालगंज
			5.	ऊँचाहार	6.	सलोन
	60.	सीतापुर (5,743)	1.	सीतापुर	2.	बिशवा
			3.	मिशरिख	4.	सिंधौली
			5.	महमूदाबाद	6.	लहरपुर
			7.	महोली		
	61.	हरदोई (5,986)	1.	हरदोई	2.	शाहाबाद
			3.	संडीला	4.	बिलग्राम
			5.	स्वाइजपुर		
	62.	खीरी (7,680)	1.	खीरी	2.	निधासन
			3.	मोहम्मदी	4.	डोरहरा
			5.	गोला गोकर्णनाथ	6.	पलिया
			7.	मितौली		

मंडल	जिला (क्षेत्रफल वर्ग किमी.)		तहसील			
16. देवीपाटन	63.	गोण्डा (4,003)	1.	गोण्डा	2.	तराबगंज
			3.	कर्नेल गंज	4.	मनकापुर
	64.	बहराइच (4,420)	1.	बहराइच	2.	केसरगंज
			3.	नानपाड़ा	4.	महसेई
			5.	मिहिनपुरवा	6.	पयागपुर
	65.	बलरामपुर (3,394)	1.	बलरामपुर	2.	तुलसीपुर
			3.	उतरौला		
	66.	श्रावस्ती (2,458)	1.	इकोना	2.	भिगना
			3.	जमुनहा		
17. फैजाबाद	67.	फैजाबाद (2,341)	1.	सदर	2.	बीकापुर
			3.	सोहावल	4.	मिल्कीपुर
			5.	रुदौली		
	68.	सुल्तानपुर (4,436)	1.	सदर	2.	कादीपुर
			3.	लंभुआ	4.	बालदियापुर
			5.	जयसिंहपुर		
	69.	अमेठी (छत्रपति शाहूजी महाराज नगर) (मुख्यालय, गौरीगंज) (3,044)	1.	अमेठी	2.	गौरीगंज
			3.	मुसाफिरखाना	4.	तिलोई
	70.	बाराबंकी (4,402)	1.	नवाबगंज	2.	फतेहपुर
			3.	हैदरगढ़	4.	राम सनेहीघाट
			5.	रामनगर	6.	सिरोली गौसपुर
	71.	अम्बेडकर नगर (मुख्यालय : अकबरपुर) (2,350)	1.	अकबरपुर	2.	टांडा
			3.	जलालपुर	4.	आलापुर
			5.	भीटी		
18. अलीगढ़	72.	अलीगढ़ (3,650)	1.	कोयल	2.	अतरौली
			3.	खैर	4.	गभाना
			5.	इगलास		
	73.	एटा (4,446)	1.	एटा	2.	अलीगंज
			3.	जलेसर		
	74.	हाथरस (महामायानगर) (1,840)	1.	हाथरस	2.	ससानी
			3.	सिकन्दराबाद	4.	सादाबाद
	75.	कासगंज (कांशीराम नगर)	1.	कासगंज	2.	पटियाली
			3.	सोरों		

शासन व्यवस्था

भारतीय संविधान के अन्तर्गत उत्तर प्रदेश में एक राज्यपाल तथा दो सदनों का विधान मण्डल है। एक सदन विधानसभा तथा दूसरा सदन विधान परिषद् कहलाता है।

कार्यपालिका : प्रदेश की कार्यपालिका शक्ति राज्यपाल में निहित है और उसका प्रयोग वह संविधान के अनुसार या तो स्वयं अथवा अपने अधीनस्थ अधिकारियों के माध्यम से करता है। राज्यपाल, जो भारत का नागरिक हो तथा 35 वर्ष से कम आयु का न हो, राष्ट्रपति द्वारा नियुक्त किया जाता है। राज्यपाल राष्ट्रपति की संतुष्टि तक अपना पद धारण करता है। उसकी कार्यावधि पद ग्रहण करने की तिथि से पांच वर्ष की होती है, किन्तु वह अपने पद की अवधि समाप्त होने पर भी अपने उत्तराधिकारी के पद ग्रहण करने तक पदासीन रह सकता है।

राज्यपाल को उसके कार्य संचालन में सहायता अथवा मंत्रणा देने के लिए मुख्यमंत्री की अध्यक्षता में गठित एक मंत्रिपरिषद् होती है। राज्यपाल राज्य का संवैधानिक शासक होता है। यद्यपि राज्य के शासन का समस्त कार्य उसी के नाम से होता है, किन्तु उसकी शक्तियों का प्रयोग मंत्रिपरिषद् ही करती है। सैद्धांतिक रूप में राज्यपाल राज्य की कार्यप्रणाली का अध्यक्ष होता है और मंत्रिपरिषद् उसको परामर्श देने वाली समिति होती है।

मंत्रिमंडल का कार्य, राज्य नीतियों का निर्धारण, राज्य कार्यपालिका पर नियंत्रण तथा विविधि विभागों के मध्य समन्वय करना होता है। प्रत्येक विभाग का अध्यक्ष एक मंत्री अथवा राज्यमंत्री होता है। यह विधानसभा के लिए सामूहिक व व्यक्तिगत रूप से उत्तरदायी होते हैं। मन्त्रिमण्डल के विभागों का वितरण मुख्यमंत्री करता है।

विभागों का गठन निम्न प्रकार होता है :

विभागाध्यक्ष—मंत्री अथवा राज्यमंत्री

विभाग का सचिव व अतिरिक्त या संयुक्त सचिव आवश्यकतानुसार

उपसचिव—(संभाग)

अपर सचिव—(उप-संभाग)

सेक्शन अधिकारी—(सेक्शन)

असिस्टेंट्स

अपर डिवीजन क्लर्क्स

लोअर डिवीजन क्लर्क्स

यह सभी पदाधिकारी 'पद सोपान प्रक्रिया' में संगठित व एक-दूसरे से सम्बन्धित रहते हैं।

प्रदेश 18 संभागों में विभक्त है। संभाग प्रमुख को आयुक्त कहते हैं। जिले का अधिकारी जिलाधीश कहलाता है। उसकी सहायता के लिए कई ए.डी.एम. तथा एस.डी.एम. होते हैं। तहसील प्रमुख तहसीलदार होता है। उसकी सहायता के लिए नायब तहसीलदार, कानूनगो व पटवारी आदि होते हैं। उनका प्रमुख कार्य राजस्व से सम्बन्धित होता है।

विधान मंडल : प्रदेश में द्विसदनीय विधानमंडल है : (1) विधान सभा (2) विधान परिषद्।

विधान सभा : लोकप्रिय सदन विधान सभा कहलाता है। इसमें 403 सदस्य निर्वाचित होते हैं। राज्य को 403 निर्वाचन क्षेत्रों में विभाजित किया गया है।

विधानसभा अपने सदस्यों में से दो सदस्यों को अध्यक्ष और उपाध्यक्ष चुनती है।

विधान परिषद् : इसमें 99 + 1 = 100 (एक एंग्लो इंडियन) सदस्य हैं। 1/3 सदस्य विधान सभा से 1/3 सदस्य स्थानीय संस्थाओं से 1/12 सदस्य 3 वर्ष के अध्यापन अनुभव के अध्यापकों में से तथा 1/12 सदस्य 3 वर्ष के उपरान्त स्नातकों द्वारा निर्वाचित होते हैं। शेष 1/6 सदस्यों को राज्यपाल मनोनीत करता है।

व्यवस्थापिका संबंधी महत्वपूर्ण तथ्य

- राज्यपाल की नियुक्ति राष्ट्रपति द्वारा होती है तथा वह राष्ट्रपति की इच्छापर्यन्त अपने पद पर बना रहता है।
- राज्यपाल का कार्यकाल पाँच वर्ष का होता है।
- राज्यपाल पद पर नियुक्ति के लिए 35 वर्ष की आयु अनिवार्य होती है।
- राज्यपाल प्रदेश के मुख्यमंत्री की नियुक्ति करता है तथा मुख्यमंत्री की सलाह से वह अन्य मंत्रियों की नियुक्ति करता है।
- राज्यपाल विधान सभा को भंग कर सकता है।
- यदि विधान सभा में आंग्ल-भारतीय जाति का उचित प्रतिनिधित्व न हुआ तो इस वर्ग के एक व्यक्ति को राज्यपाल नामजद कर सकता है।
- विधान सभा में धन विधेयक राज्यपाल की सिफारिश के बिना प्रस्तुत नहीं किया जा सकता।
- प्रदेश में राष्ट्रपति राज्यपाल के परामर्श से राष्ट्रपति शासन लागू करता है।
- प्रदेश में राष्ट्रपति शासन के दौरान राज्यपाल राष्ट्रपति के प्रतिनिधि के रूप में कार्य करता है।
- मुख्यमंत्री प्रदेश के मंत्रिपरिषद का मुखिया कहलाता है।
- मुख्यमंत्री प्रदेश में मंत्रियों में प्रशासकीय विभागों का वितरण करता है।
- लोकायुक्त व उपलोकायुक्त का कार्यकाल 6 वर्ष का होता है।
- प्रदेश के प्रथम लोकायुक्त श्री विशम्भर दयाल थे, इन्हें 14 सितम्बर, 1977 को नियुक्त किया गया था।
- उत्तर प्रदेश में 18 संभाग हैं।

न्यायपालिका : दीवानी व फौजदारी के मामलों से सम्बन्धित प्रदेश में एक उच्च न्यायालय है। प्रदेश का उच्च न्यायालय इलाहाबाद में है। उसकी खण्डपीठ लखनऊ में है तथा एक अन्य खण्डपीठ की स्थापना के लिए विचार किया जा रहा है। उच्च न्यायालय के अधीन प्रदेश के जिला न्यायालय व अन्य न्यायालय हैं।

उच्च न्यायालय : उत्तर प्रदेश में उच्च न्यायालय की स्थापना 1866 में इलाहाबाद में हुई थी। उच्च न्यायालय में न्यायाधीश की नियुक्ति राष्ट्रपति भारत के सर्वोच्च न्यायालय के मुख्य न्यायाधीश

प्रदेश के राज्यपाल के परामर्श से करता है। अन्य न्यायाधीशों की नियुक्ति राष्ट्रपति भारत के सर्वोच्च न्यायालय के मुख्य न्यायाधीश तथा राज्यपाल के अतिरिक्त प्रदेश के मुख्य न्यायाधीश के परामर्श से करता है। राज्यपाल इस सम्बन्ध में यह भी निश्चित कर सकता है कि कुछ नियुक्तियां 'प्रदेश लोक सेवा आयोग' की सिफारिश पर हों। प्रदेश उच्च न्यायालय का मुख्य न्यायाधीश 62 वर्ष की आयु तक अपने पद पर रह सकता है।

न्याय व्यवस्था संबंधी महत्वपूर्ण तथ्य

- उत्तर प्रदेश में उच्च न्यायालय की स्थापना 1866 में इलाहाबाद में हुई थी।
- उच्च न्यायालय में न्यायाधीश की नियुक्ति राष्ट्रपति भारत के सर्वोच्च न्यायालय के मुख्य न्यायाधीश तथा प्रदेश के राज्यपाल के परामर्श से करता है।
- इलाहाबाद उच्च न्यायालय की एक खण्डपीठ लखनऊ में स्थापित है।
- उच्च न्यायालय का अधिकार क्षेत्र दो प्रकार का होता है। (क) न्याय संबंधी और (ख) प्रबन्ध संबंधी।
- प्रदेश के प्रत्येक जिले के लिए सबसे बड़ा न्यायालय जिला व सेशन कोर्ट होता है। इसका प्रधान जिला जज व सेशन जज होता है। इस न्यायालय का न्यायाधीश जब दीवानी के मुकदमें सुनता है तो वह जिला जज कहलाता है और जब वह फौजदारी के मुकदमें सुनता है तो वह सेशन जज कहलाता है।
- प्रदेश में उच्च न्यायालय के अधीन तीन प्रकार के न्यायालय हैं : (1) दीवानी न्यायालय, (2) फौजदारी न्यायालय, (3) माल सम्बन्धी न्यायालय।
- उच्च न्यायालय के अधीन सबसे बड़ा न्यायालय, जिला न्यायालय है जिसके न्यायाधीश को जिला न्यायाधीश कहते हैं।
- जिला न्यायाधीश के अधीन सिविल जज तथा मुन्सिफ होते हैं।
- दीवानी अदालतों के क्षेत्र में उच्च न्यायालय के अधीन सेशन जज होता है, जिसकी सहायता के लिए अतिरिक्त जजों की निगुक्ति की जाती है।
- माल के क्षेत्र में उच्च न्यायालय के अधीन सबसे बड़ी अदालत 'राजस्व परिषद्' है जिसके अधीन कमिश्नर, जिलाधीश, तहसीलदार तथा नायब तहसीलदार आदि की अदालतें हैं।
- प्रदेश के प्रत्येक जिले में एक जिला न्यायाधीश का न्यायालय है। दीवानी संबंधी न्यायालय में जिले के अन्तर्गत यह न्यायालय सबसे बड़ा होता है। इसका अधिकारी जिला न्यायाध ीश कहलाता है।
- 10 फरवरी, 1996 से प्रदेश में विशेष महिला अदालतें स्थापित की गई हैं।
- उत्तर प्रदेश लोक सेवा आयोग का मुख्यालय इलाहाबाद में स्थित है।
- प्रदेश लोकसेवा आयोग का अध्यक्ष 62 वर्ष की आयु अथवा 6 वर्ष तक अपने पद पर कार्य कर सकता है।

❑❑❑

स्थिति एवं विस्तार

उत्तर प्रदेश भारत के सीमान्त प्रदेशों में से एक है। इसकी उत्तरी सीमा उत्तराखंड राज्य से लगी हुई है। दक्षिण में मध्य प्रदेश और पूर्वी सीमा बिहार से लगी हुई है, पश्चिमी सीमा पर हिमाचल प्रदेश, हरियाणा, दिल्ली और राजस्थान स्थित हैं।

इस राज्य के स्पष्ट दो प्राकृतिक भाग हैं : (1) विस्तृत मैदानी भाग; (2) दक्षिणी पठारी भाग।

विस्तृत मैदानी भाग : विस्तृत मैदानी भाग का निर्माण प्रमुखत: गंगा और उसकी सहायक नदियों—यमुना, गण्डक, रामगंगा आदि द्वारा पर्वतीय क्षेत्रों से लाए गए अवसादी जमावों से हुआ है। यमुना और गण्डक नदियां इस विशाल मैदानी भाग की क्रमश: पश्चिमी और पूर्वी सीमाएं निर्धारित करती हैं। यह मैदान उत्तर में शिवालिक की पहाड़ियों और दक्षिण में पठारी भाग के मध्य में स्थित है। इस भाग को धरातलीय संरचना, तापमान, वर्षा, और प्राकृतिक वनस्पति की दृष्टि से निम्न उप-भागों में बांटा जा सकता है : (1) गंगा का ऊपरी मैदानी भाग, (2) गंगा का मध्य मैदानी भाग, (3) गंगा का पूर्वी मैदानी भाग।

गंगा का ऊपरी मैदानी भाग : गंगा का यह भाग शिवालिक की पहाड़ियों के दक्षिणी भाग में स्थित है। उत्तर में शिवालिक पहाड़ियां, दक्षिण में बुन्देलखण्ड का पठार और दक्षिण-पश्चिम में मालवा का पठार इसकी सीमा-रेखा निर्धारित करते हैं। गंगा का ऊपरी मैदानी भाग लगभग 500 कि.मी. लम्बी एवं 80 कि.मी. चौड़ी मैदानी पट्टी के रूप में फैला हुआ है। इस भाग में भाभर और तराई का मैदानी क्षेत्र स्थित है। धरातलीय दृष्टि से भाभर क्षेत्र पर्वतीय भू-भाग में है जोकि उत्तरी बिजनौर, पीलीभीत, शाहजहांपुर तथा खीरी आदि जिलों में फैला हुआ है जबकि तराई क्षेत्र का विस्तार बहराइच, गोंडा, बस्ती, गोरखपुर आदि जिलों में है।

गंगा का मध्य मैदानी भाग : गंगा के इस भाग में विशाल समतल मैदानी क्षेत्र आता है, जिनकी सामान्यत: ऊंचाई 145 से 225 मीटर तक है। इस मैदानी भाग में बहने वाली नदियों द्वारा यहां पर अत्यधिक मात्रा में कांप मिट्टी लाकर बिछाई गई है जोकि कृषि के लिए बहुत उपयोगी है। इस मध्य मैदानी क्षेत्र का ढाल उत्तर-पश्चिम से दक्षिण-पूर्व की ओर है। यहां पर स्थित प्राचीन कांप मिट्टी वाले क्षेत्रों में, यहां नदियों का जल नहीं पहुंच पाता है 'बांगर' क्षेत्रों का निर्माण हुआ है जबकि बाढ़ के समय जलमग्न होने वाले भागों में 'खादर' क्षेत्रों का निर्माण हुआ है। ये क्षेत्र प्रमुखत: गंगा-यमुना दोआब और गंगा-रामगंगा दोआब में पाए जाते हैं।

गंगा नदी का पूर्वी मैदानी भाग : इस भाग में बनारस, गाजीपुर, जौनपुर, आजमगढ़, बलिया, मिर्जापुर आदि जिले आते हैं। भू-संरचना की दृष्टि से इस भाग में 'खादर' क्षेत्रों का अधिक विस्तार हुआ है। इस मैदानी क्षेत्र की समुद्र तल से ऊंचाई लगभग 80-100 मीटर तक है जहां पर गंगा और उसकी सहायक नदियों द्वारा बहाकर लाई गई काँप मिट्टी पाई जाती है। यहां पर अनेक स्थानों पर झीलें भी हैं जोकि वर्षा ऋतु के पश्चात् सूख जाती हैं। इस प्रकार की झीलों को उस क्षेत्र में 'चौर' तथा 'शाबर' के नाम से पुकारा जाता है।

दक्षिणी पठारी भाग : दक्षिणी पठारी भाग में प्रमुख रूप से बुन्देलखण्ड और बघेलखण्ड के भू-भाग आते हैं।

बुन्देलखण्ड : इस भू-भाग का दक्षिणी उच्च क्षेत्र प्राचीन पहाड़ियों और नीस चट्टानों द्वारा निर्मित है। ये चट्टानें इस क्षेत्र में अनेक स्थानों पर टीलों के रूप में मिलती हैं तथा इनकी सामान्य ऊंचाई 450 मीटर है। यहां पर लाल रंग की मिट्टी मिलती है।

बघेलखण्ड : इस क्षेत्र के अन्तर्गत मिर्जापुर जिले का अधिकांश भाग आता है। इस भू-भाग की औसत ऊंचाई लगभग 450 मीटर है। यहां पर अनेक क्षेत्रों में शंक्वाकार टीले पाए जाते हैं। बघेलखण्ड का पठारी भाग अनेक स्थानों पर अत्यन्त कटा-फटा है; तथा यहां बहने वाली नदियों ने संकरी घाटियों का निर्माण किया है। इस क्षेत्र की प्रमुख नदी सोन है। इस क्षेत्र की जलवायु भी बुन्दलेखण्ड के समान ही है तथा यहां पर वनों की अधिकता के कारण लकड़ी काटने का कार्य अधिक किया जाता है।

जलवायु और वर्षा

उत्तर प्रदेश की जलवायु भिन्न-भिन्न स्थानों पर भिन्न-भिन्न है। यद्यपि यह प्रदेश मुख्य रूप से ऊष्ण प्रधान शीतोष्ण कटिबन्ध के अन्तर्गत है, किन्तु समुद्र तल से विभिन्न स्थानों की अलग-अलग ऊंचाई के कारण जलवायु में बहुत अन्तर आ जाता है।

सहारनपुर से देवरिया तक के उप-पर्वतीय क्षेत्र में जलवायु नम और अस्वास्थ्यकर है। नीचे गंगा के मैदान में जनवरी में तापमान सामान्यत: 12.5° से. 17.5° से. तक तथा मई में 27.5° से. से लेकर 32.5° से. तक रहता है। जनवरी में कम-से-कम तापमान 3.4° से. तक और मई-जून में 43° से. से भी अधिक हो जाता है। अप्रैल, मई और जून, गर्मी के महीने हैं, जबकि पश्चिम की तरफ से 'लू' चलती हैं। उत्तरी-पश्चिमी जिलों में जाड़े के महीनों में अत्यधिक सर्दी पड़ती है। फरवरी और मार्च में ओलावृष्टि कोई असामान्य बात नहीं है।

नदियाँ एवं झीलें

प्रमुख नदियां

गंगा, घाघरा, गोमती, यमुना, चम्बल, सोन आदि उत्तर प्रदेश की प्रमुख नदियाँ हैं। इन नदियों को उद्गम स्थलों के आधार पर निम्न भागों में विभाजित किया जा सकता है-(1) **हिमालय पर्वत**

से निकलने वाली नदियां : गंगा, यमुना, काली शारदा, गण्डक, रामगंगा, और राप्ती। **(2) गंगा के मैदानी भाग से निकलने वाली नदियाँ :** गोमती, वरुण, रिहन्द पाण्डो, ईसन आदि प्रमुख हैं। **(3) दक्षिणी पठार से निकलने वाली नदियाँ :** बेतवा, चम्बल, केन, सोन, कन्हार तथा रिहन्द आदि प्रमुख हैं।

उत्तर प्रदेश की प्रमुख नदियों का संक्षिप्त विवरण निम्नलिखित है :

गंगा नदी : इसका उद्‌गम गोमखी हिमानी से है, जो गंगोत्री (उत्तराखंड) के पास समुद्र तल से 5,165 मीटर से अधिक ऊंचाई पर स्थित है। यह उत्तराखंड राज्य में स्थित है। इस नदी की दो नदी शीर्ष-अलकनन्दा एवं भागीरथी आकर देवप्रयाग में मिलती हैं। दक्षिण, दक्षिण-पश्चिम दिशा का अनुसरण करते हुए गंगा हरिद्वार के पास पहाड़ों से नीचे उतरती है। यह नदी हरिद्वार से पहले दक्षिण और उसके बाद दक्षिण-पूर्व की ओर प्रवाहित होती है। इलाहाबाद के निकट इसमें यमुना नदी आकर मिल जाती है, जिसे संगम के नाम से जाना जाता है। यहां से यह पूर्व की ओर अपना मार्ग बनाती है तथा आगे चलकर गाजीपुर के निकट इसमें गोमती और बलिया के निकट घाघरा नदियां आ मिलती हैं। पटना के पास पहुंचकर सोन नदी तथा कुछ आगे चलकर गण्डक और कोसी नदियां भी इसमें आकर मिल जाती हैं। फरक्का के बाद गंगा की मुख्य धारा पूर्व एवं दक्षिण-पूर्व की ओर बहती हुई, बंग्लादेश में प्रवेश करती है; यहां इसे पद्‌मा के नाम से जाना जाता है। यहीं से यह कई अलग-अलग धाराओं में बंटकर डेल्टाई मैदान से होती हुई समुद्र की ओर बहती है। भागीरथी-हुगली क्षेत्र के नाम से पुकारे जाने वाले गंगा के इस भाग में प्रायद्वीपीय पठार से आई हुई द्वारिका, अजय, रूपनारायण, हल्दी आदि कई धाराएं मिलती हैं। बंग्लादेश में चन्दनपुर के पास और समुद्र में मिलने से पहले पद्‌मा नदी ब्रह्मपुत्र नदी में मिलती है, जिसे वहां पर यमुना और मेघना कहते हैं। इसके किनारे हरिद्वार, कानपुर, इलाहाबाद, वाराणसी, पटना, मुंगेर, मुर्शिदाबाद आदि महत्त्वपूर्ण नगर स्थित हैं। इसकी कुल लम्बाई 2,525 कि.मी. है।

यमुना नदी : इसका उद्‌गम स्थान उत्तराखंड राज्य का यमुनोत्री हिमखण्ड है जो बन्दरपूंछ के पश्चिम ढाल पर स्थित है। यहां से यह नदी दक्षिण-पश्चिम की ओर बहती है। आगे चलकर नागतिब्ब पर्वत श्रेणी को पार कर अपनी सहायक टोंस नदी से मिलती है। देहरादून में कुछ दूरी तय करने के पश्चात् यह शिवालिक श्रेणी को काटती है और मैदान में प्रविष्ट होती है। यहां पर कुछ दूर दक्षिण की ओर प्रवाहित होती है। यह नदी एक वृहत् चाप का निर्माण करती है। इलाहाबाद में गंगा से मिलने तक इसकी लम्बाई 1,375 कि.मी. है। चम्बल, केन, बेतवा, सिन्धु, आदि इसकी सहायक नदियां हैं। भू-गर्भशास्त्रियों के मतानुसार यमुना नदी कभी दक्षिण अथवा दक्षिण-पश्चिम दिशा में राजस्थान की ओर प्रवाहित होती थी, और तत्कालीन सरस्वती नदी इसकी प्रमुख सहायक नदी थी। दिल्ली, मथुरा, आगरा, इटावा आदि नगर इसके किनारे स्थित हैं। इसकी कुल लम्बाई 1,375 कि.मी. है।

चम्बल नदी : यह नदी मध्य प्रदेश में मऊ के निकट जनापाव (616 मीटर ऊंची) पहाड़ी, उत्तर-पूर्व की ओर मध्य प्रदेश के धार, उज्जैन, रतलाम, मंदसौर जिले से बहती हुई राजस्थान के कोटा, बूंदी जिलों से बहकर राजस्थान और मध्य प्रदेश की सीमा निर्धारित करती हुई उत्तर प्रदेश और मध्य प्रदेश की सीमा बनाती है और अन्त में इटावा जिले में यमुना नदी में मिल जाती है। इसमें काली

सिन्धु, पार्वती और बनारस नदियां मिलती हैं। इस नदी पर गांधी सागर, राणा प्रताप सागर और जवाहर सागर बांध तथा विद्युत शक्तिगृह बनाये गये हैं। यह अपनी कन्दराओं के लिए प्रसिद्ध है। कहीं-कहीं पर इसकी कन्दराओं की गहराई 30 मीटर तक है। इसकी कुल लम्बाई 966 कि.मी. है।

रामगंगा : इसका उद्गम स्थान उत्तराखंड राज्य में गढ़वाल जिले में हिमालय की मुख्य श्रेणी के कुछ दक्षिण की ओर है। उद्गम स्थान से 150 कि.मी. तक इसकी गति गम्भीरता प्रदान कर मैदानी क्षेत्र में प्रवेश करती है। उत्तरी भाग में वर्षा अधिक होने के कारण इसमें भयंकर बाढ़ आ जाती है। यह नदी दक्षिण-पूर्व की दिशा में प्रवाहित होती हुई मुरादाबाद, रामपुर, बरेली, बदायूं और शाहजहांपुर जिलों से होती हुई फर्रुखाबाद तथा हरदोई जिलों के कुछ भागों में प्रवाहित होती हुई कन्नौज के पास गंगा में मिलती है। इसकी कुल लम्बाई 600 कि.मी. है।

शारदा नदी : यह नदी उत्तराखंड राज्य के मिलाप हिमनद, पूर्वोत्तर कुमाऊं, तिब्बत के सीमान्त क्षेत्र से निकलती है। यह काली नदी के नाम से भी प्रसिद्ध है, वहां पर इसे काली नदी न कहकर काली गंगा के नाम से जाना जाता है। इसके 160 कि.मी. मार्ग तय करने के बाद पंचेश्वर के पास इसमें सरयू या पूर्वी रामगंगा नदी मिलती है और नीचे आने पर इसका नाम काली गंगा या काली से शारदा अथवा गौरी गंगा हो जाता है। कुछ लोग इस नदी को सरयू भी कहते हैं। अति तीव्र धार से लहराती हुई ब्रह्मदेव के निकट मैदानी भाग में प्रवेश करती है। यह नदी उत्तर प्रदेश के पीलीभीत जिले से नेपाल देश की सीमा निर्धारित करती है। पीलीभीत में चौकिया नदी इसमें आ मिलती है। सांप की भांति टेढ़ी-मेढ़ी चाल चलती हुई यह नदी बहराम घाट के निकट घाघरा नदी में मिल जाती है।

घाघरा नदी : इसका उद्गम स्थान मारचा चुंगु हिमनद, राक्षसताल (नेपाल) है। नेपाल के बीच से बहती हुई मुख्य हिमालय को पार करने से पूर्व ब्रह्मपुत्र घाटी से दक्षिण की ओर लगभग 160 कि.मी. की लम्बाई में प्रवाहित होती है। यह नदी हिमालय तथा शिवालिक श्रेणियों को पार करते हुए गहरी संकीर्ण घाटी का निर्माण करती है। बहराम घाट के निकट इसमें शारदा की सहायक चौकी नदी आ मिलती है। यहां से यह पूर्व की ओर प्रवाहित होती है और गोंडा, बाराबंकी और फैजाबाद जिलों की सीमा निर्धारित करती है। गोरखपुर जिले के बरहज नामक स्थान के पास इसमें छोटी गण्डक उत्तर की ओर से आ मिलती है। अन्त में बिहार के सारन और उत्तर प्रदेश के बलिया जिले की सीमा पर प्रवाहित होती हुई गंगा से जा मिलती है। इसकी कुल लम्बाई 1,180 कि.मी. है।

राप्ती नदी : इसका उद्गम स्थान रूकुमकोट, नेपाल है। यह पहले दक्षिण-पश्चिम और फिर दक्षिण की ओर बहती है। बहराइच, गोंडा, बस्ती और गोरखपुर जिलों में प्रवाहित होती हुई 640 कि.मी. लम्बी दूरी तय करने के पश्चात् बरहज के निकट घाघरा में मिल जाती है।

गण्डक नदी : इस नदी को नेपाल में सालीग्रामी तथा मैदान में नारायणी नामों से पुकारा जाता है। यह नदी नेपाल से निकल कर पहले दक्षिण-पश्चिम की ओर बहती हुई पुनः आगे चलकर दक्षिण-पूर्व की ओर प्रवाहित होती है। यह उत्तर प्रदेश और बिहार को पृथक् करती है तथा आगे

चलकर पटना में गंगा की सहायक बन जाती है। इसकी कुल लम्बाई 425 कि.मी. है।

गोमती नदी : पीलीभीत जिले से समुद्रतल से 200 कि.मी. की ऊंचाई से निकलकर यह नदी गंगा-घाघरा दोआब के मध्यवर्ती भाग से उत्तर-पश्चिम से दक्षिण-पश्चिम की ओर बहने वाली मैदानी नदी है। खीरी जिले में अपने प्रारम्भिक प्रवाह मार्ग में यह एक छोटी नदी के रूप में बहती है। सीतापुर जिले में कथना और सरायां नामक दो नदियां इसके बाएं किनारे पर आकर मिलती हैं। हरदोई और सीतापुर जिलों की सीमा बनाती हुई लखनऊ जिले में प्रवेश करती है और बाराबंकी, सुल्तानपुर, जौनपुर जिलों में बहती हुई गाजीपुर में गंगा में मिल जाती है। लखनऊ नगर इसके किनारे स्थित है।

कोसी नदी : इसका प्रारम्भिक प्रवाह सात धाराओं—मिलाम्ची, भोटिया, कोसी, टाम्बा कोसी, लिक्खू, दुग्ध कोसी, अरुण एवं तम्बूर से मिलकर होता है। इन धाराओं को संयुक्त रूप से कोसी नदी कहते हैं। इनमें अरुण नदी को तिब्बत में पंगचू कहते हैं। अरुण नदी गोसायंथान पर्वत के उत्तर से निकलकर सांपू के दक्षिण में दक्षिण-पश्चिम की ओर 320 कि.मी. तक बहती है। आगे चलकर यारू नामक नदी इसमें मिलती है। एवरेस्ट और कंचनजंगा पर्वतों के मध्य प्रवाहित होती हुई आगे बढ़ती है। यहां पर ऊंचे हिमनदों से निकलने वाली नदियां इसमें मिलती हैं। मुख्य हिमालय पार करने के पश्चात् इसमें सुनकोसी पश्चिम की ओर आ मिलती है। भोटिया कोसी, थागलांग के पास से निकलकर मुख्य हिमालय में एक प्रदरी का निर्माण कर कोसी नदी में मिल जाती है। टाम्बा कोसी, लिक्खू कोसी और दुग्ध कोसी नदियों का उद्गम गौरीशंकर शिखर के दक्षिण में है। यह नदी निरन्तर अपना मार्ग बदलती रहती है। 200 वर्ष पूर्व यह बिहार के पूर्णिया जिले में बहती थी, किन्तु अब 160 कि.मी. पश्चिम की ओर हट गई है। पहले इसका प्रवाह गंगा के संगम मनिहारी के पास था, जो अब कारागोला के दक्षिण-पश्चिम में है। इसकी कुल लम्बाई 730 कि.मी. है।

बेतवा नदी : इसका उद्गम स्थान रायसेन जिले के कुमरा गांव के निकट विन्ध्याचल पर्वत है। उत्तर की ओर विदिशा, गुना जिलों में बहती हुई उत्तर प्रदेश के झांसी जिले को पार करती हुई टीकमगढ़ जिले की उत्तरी-पश्चिमी सीमा के पास से गुजरती है। हमीरपुर (उत्तर प्रदेश) नामक स्थान के निकट यमुना से मिल जाती है। इसकी कुल लम्बाई 480 कि.मी. है।

सिन्ध नदी : यह गुना जिले में सिरोंज के निकट से निकलती है, जो गुना, शिवपुरी, दतिया और भिण्ड से बहती हुई इटावा जिले के पास चम्बल में मिल जाती है।

सोन नदी : यह नदी विन्ध्याचल पर्वत की अमरकंटक पहाड़ियों से नर्मदा के उद्गम के पास से निकलती हुई रीवा और सीधी जिलों से बहती हुई पटना (बिहार) के निकट गंगा नदी में मिलती है। इसकी कुल लम्बाई 780 कि.मी. है।

केन नदी : इसका भी उद्गम स्थान विन्ध्याचल है, जो उत्तर की ओर बहती हुई घने जंगलों को पार कर उत्तर प्रदेश में यमुना नदी में मिलती है।

नदियों के किनारे बसे उत्तर प्रदेश के प्रमुख नगर

नगर	*नदियां*	*नगर*	*नदियां*
आगरा	यमुना नदी	हमीरपुर	यमुना नदी
इलाहाबाद	गंगा, यमुना व सरस्वती संगम	अयोध्या	सरयू नदी
कानपुर	गंगा नदी	लखनऊ	गोमती नदी
वाराणसी	गंगा नदी	मथुरा	यमुना नदी
गढ़मुक्तेश्वर	गंगा नदी	सोरों	गंगा नदी
राजघाट	गंगा नदी	फर्रुखाबाद	गंगा नदी
मिर्जापुर	गंगा नदी	कौशाम्बी	यमुना नदी

झीलें

उत्तर प्रदेश में झीलों का प्राय: अभाव है। इस प्रदेश की प्रमुख झीलों का संक्षिप्त विवरण निम्नलिखित है :

कुमेला झील : यह झील अमौसी हवाई अड्डे के पास 500 एकड़ क्षेत्र में फैली हुई है। यह गर्मी में सूख जाती है।

टाण्डादारी झील : यह झील भूकंप की दरार से बनी है। यह जल से भरपूर है तथा यह वर्षा पर निर्भर है। इसके जल का उपयोग मिर्जापुर नगर में किया जाता है। यह झील मिर्जापुर से 14 कि.मी. दूर स्थित है।

हिंगवा झील : इसे गंगा की बेटी के रूप में जाना जाता है। गंगा से अधिक पानी बहकर यहीं आता है। यह वाराणसी शहर में स्थित है।

मानसी गंगा : गोवर्धन में, गिरिराज पर्वत के पास यह झील वर्षा के पानी से बनी है।

उत्तर प्रदेश के बाँध

क्र.	*बाँध का नाम*	*निर्माण वर्ष*	*नदी*	*निकटतम नगर*	*बाँध की ऊँचाई (मीटर में)*
1.	जिर्गो जलाशय	1958	जिर्गो	मिर्जापुर	30
2.	माताटीला (रानी लक्ष्मीबाई बाँध)	1958	बेतवा	झाँसी	46
3.	रिहन्द (गोविन्द बल्लभ पंत) सागर	1962	रिहन्द	मिर्जापुर	93
4.	मुसा कहन्द	1967	कर्मनासा	वाराणसी	34

क्र.	बाँध का नाम	निर्माण वर्ष	नदी	निकटतम नगर	बाँध की ऊँचाई (मीटर में)
5.	रामगंगा	1978	रामगंगा	धामपुर (बिजनौर)	128
6.	रामगंगा काठी बाँध	1978	रामगंगा	बिजनौर	71
7.	कन्हार बाँध	निर्माणाधीन	कन्हार	कुड्डी	39
8.	मेजा	निर्माणाधीन	बेलम	मिर्जापुर	45
9.	नेवाडी	निर्माणाधीन	–	सोनभद्र	–
10.	औरा	निर्माणाधीन	–	मिर्जापुर	–
11.	रेसिन	निर्माणाधीन	–	चित्रकूट	–

नोट : *इसके अतिरिक्त सिजार, कुरार, लखेरी, कचनौधा और भौरत उतारी बुन्देलखण्ड क्षेत्र में ये प्रस्तावित बाँध हैं।*

मिट्टी

उत्तर प्रदेश की मिट्टी को प्रमुखतः दो वर्गों में बांटा जा सकता है:

(1) कांप मिट्टी, (2) मिश्रित लाल और काली मिट्टी।

(1) कांप मिट्टी : सिन्धु गंगा के मैदान में यह मिट्टी दो प्रकार की पायी जाती है : पुरानी कांप मिट्टी 'बांगर' तथा नई कांप मिट्टी 'खादर'। इन्हें निम्नलिखित भागों में बांटा जा सकता है।

(क) पश्चिमी प्रक्षेत्र, (ख) केन्द्रीय प्रक्षेत्र, (ग) पूर्वी प्रक्षेत्र।

(क) पश्चिम प्रक्षेत्र : इसके अन्तर्गत सहारनपुर, मुजफ्फरनगर, मेरठ, बिजनौर, मुरादाबाद, बरेली तथा पीलीभीत जिले आते हैं। उत्तर-पश्चिमी तराई क्षेत्र की मिट्टी अधिकांशतः गहरी भूरी और कहीं पर चिकनी है और कहीं-कहीं उसमें बालू मिली है। यह मिट्टी छिछली है। इसमें कंकड़, पत्थर बड़ी मात्रा में पाये जाते हैं। सामान्यतः यह अम्लीय है।

(ख) केन्द्रीय प्रक्षेत्र : (खीरी, सीतापुर, लखनऊ, बाराबंकी, जौनपुर, आजमगढ़ और कानपुर जिले) उत्तर-पूर्वी भाग (खीरी तथा सीतापुर) में मिट्टी चिकनी या बलुई-चिकनी है, उसमें थोड़ा अम्ल भी है, अन्य भागों की मिट्टी बलुई-चिकनी है।

(ग) पूर्वी प्रक्षेत्र : (गोरखपुर, बस्ती, महाराजगंज, सिद्धार्थनगर तथा गोंडा जिले) यहां दो प्रकार की भिन्न मिट्टियां पायी जाती हैं, जिनके स्थानीय नाम हैं 'मांट' और 'बंजर'। जल-प्लावित नदी के किनारे पर पाई जाने वाली मिट्टी को 'ढूह' कहते हैं। मांट मिट्टी चिकनी बलुई होती है और उसमें चूना अधिक होता है। इसकी जल-धारण शक्ति अधिक होती है।

(2) मिश्रित लाल और काली मिट्टी : यह मिट्टी झांसी मंडल, मिर्जापुर, सोनभद्र, इलाहाबाद जिले की करछना तथा मेजा तहसील और वाराणसी जिले की चकिया तहसील में पायी जाती है। काली मिट्टी को सामान्यतः 'मार' और 'काबर' कहते हैं। यह चिपचिपी तथा कैल्केरियायुक्त और उर्वरा होती है।

अध्याय 5

कृषि, सिंचाई एवं विभिन्न योजनाएँ

उत्तर प्रदेश में कृषि, गन्ना उत्पादन, कोलोनाइजेशन, कृषि अनुसंधान एवं कृषि शिक्षा, उद्यान एवं फलोपयोग तथा कृषि विषणन के कार्यों के लिए 'कृषि विभाग' की स्थापना 1 मई, 1920 को की गई थी। इसके पश्चात् 1974 में कृषि विभाग में से गन्ना उत्पादन, कोलोनाइजेशन, कृषि अनुसंधान एवं कृषि विश्वविद्यालय, कानपुर को कृषि विभाग से अलग कर दिया गया। अप्रैल, 1974 से उद्यान एवं फल आयोग को एक अलग विभाग का रूप दे दिया गया और इस प्रकार कृषि विभाग से उद्यान एवं फल उपयोग विभाग भी अलग कर दिया गया। इसके पश्चात् 1976 में 'कृषि विपणन विभाग' एवं 'मण्डी परिषद्' को भी प्रदेश में स्वतंत्र विभाग के रूप में कार्य करने के लिए स्थापित किया गया।

वर्तमान में कृषि विभाग के अतिरिक्त प्रदेश में कृषि से संबंधित कार्य के लिए उत्तर प्रदेश तराई बीज विकास निगम, कृषि औद्योगिक निगम, भूमि सुधार निगम तथा राज्य बीज प्रमाणीकरण संस्था कार्यरत हैं, जो प्रदेश में विभिन्न कृषि निवेशों के उत्पादन तथा वितरण एवं कृषि से संबंधित अन्य कार्यों में संलग्न हैं तथा कृषि विभाग एवं अन्य संस्थाओं के माध्यम से प्रदेश में कृषि उत्पादन बढ़ाने में योगदान दे रही हैं।

उत्तर प्रदेश में प्रति वर्ष प्रमुख रूप से तीन फसलें पैदा की जाती हैं जो इस प्रकार हैं :

1. रबी की फसल : इसमें प्रमुख रूप से गेहूं, जौ, मटर, चना, तम्बाकू, सरसों, आलू, लाही आदि फसलें आती हैं।

2. खरीफ की फसल : इसमें प्रमुख रूप से मक्का, ज्वार, बाजरा, चावल, कपास, गन्ना, सनई, दलहन आदि फसलें आती हैं।

3. जायद की फसल : इसमें तम्बाकू, ककड़ी, तरबूज, खरबूजा, प्याज, काशीफल, आलू आदि फसलें आती हैं।

कृषि के आयाम	*आंकड़े (%)*
1. देश की कुल कृषि-योग्य भूमि का उत्तर प्रदेश में प्रतिशत	20
2. कृषि पर निर्भर जनसंख्या	78
3. पूर्वी उत्तर प्रदेश में कृषि करने वालों का प्रतिशत	93.2
4. प्रदेश की कुल आय में कृषि का योगदान	68
5. देश के कुल गेहूं उत्पादन का प्रतिशत	35

कृषि के आयाम	*आंकड़े (%)*
6. देश के कुल चावल उत्पादन का प्रतिशत	11.92
7. देश के कुल मक्का उत्पादन का प्रतिशत	21.21
8. देश के कुल बाजरा उत्पादन का प्रतिशत	15
9. देश के कुल चना उत्पादन का प्रतिशत	28
10. देश के कुल खाद्यान्न उत्पादन का प्रतिशत	21
11. देश के कुल तिलहन उत्पादन का प्रतिशत	14
12. देश के कुल गन्ना उत्पादन का प्रतिशत	45
13. देश के कुल आलू उत्पादन का प्रतिशत	35
14. देश के कुल तम्बाकू उत्पादन का प्रतिशत	5

राज्य में फसलों का उत्पादन (हजार हेक्टेयर में)

उपजें	*क्षेत्रफल (हजार हेक्टेयर में)*	*उपजें*	*क्षेत्रफल (हजार हेक्टेयर में)*
1. चावल	3255.0	**9.** आलू	49.5
2. मक्का	1211.0	**10.** गन्ना	1659.9
3. बाजरा	971.5	**11.** कपास	7.9
4. जौ	680.8	**12.** जूट	7.7
5. गेहूं	7849.5	**13.** मूंगफली	270.7
6. चना	1590.7	**14.** अलसी	63.3
7. अरहर	515.7	**15.** सरसों	2258.0
8. ज्वार	682.8		

प्रमुख फसलें

1. गेहूं : उत्तर प्रदेश में गेहूं साधारणत: नवम्बर-दिसम्बर में बोया जाता है तथा अप्रैल-मई के महीने में पछुआ हवाओं के कारण तापमान में होने वाली अचानक वृद्धि के कारण पक जाता है। इसके पश्चात् गेहूं की कटाई कर ली जाती है। प्रदेश के उत्तरी पर्वतीय और दक्षिण के पहाड़ी व पठारी क्षेत्र में सबसे अधिक गेहूं का उत्पादन किया जाता है। उत्तर प्रदेश में मेरठ, बुलन्दशहर, सहारनपुर, अलीगढ़, आगरा, मुरादाबाद, मुजफ्फरनगर, इटावा, कानपुर, फतेहपुर, फर्रुखाबाद आदि जिलों का लगभग एक-तिहाई कृषि क्षेत्र गेहूं उत्पादन करता है। यहां सिचाई का प्रबंध गंगा, यमुना तथा शारदा नदियों से निकलने वाली नहरों से होता है। प्रदेश के पूर्वी और उत्तरी-पूर्वी जिलों में वर्षा की अधिकता के कारण गेहूं का उत्पादन कम होता है। हरदोई, बहराइच, गोंडा, बस्ती, खीरी आदि जिलों में भी गेहूं पैदा किया जाता है। प्रदेश का गेहूं उत्पादन में देश में प्रथम स्थान है।

2. चावल : चावल उत्पादन की दृष्टि से उत्तर प्रदेश सम्पूर्ण भारत का महत्त्वपूर्ण प्रदेश है। यहां सम्पूर्ण देश का 12.77 प्रतिशत चावल पैदा होता है। पीलीभीत, सहारनपुर, बहराइच, देवरिया, गोंडा, गोरखपुर, बस्ती, वाराणसी, लखनऊ, बलिया और रायबरेली आदि उत्तर प्रदेश के चावल उत्पादक जिले हैं। प्रदेश में चावल का उत्पादन प्रमुख रूप से हरित क्रान्ति के बाद तेज गति से बढ़ा है, जब अनेक नई किस्म के विकसित बीजों का उपयोग किया गया। प्रदेश के पूर्वी भागों में तराई वाले क्षेत्रों में वर्षा ऋतु में जल भराव की समस्या चावल की कृषि के लिए वरदान सिद्ध हुई है। इस समय यह प्रदेश चावल उत्पादक राज्यों से अधिक मात्रा में चावल का उत्पादन कर रहा है। धान की रोपाई जून-जुलाई में और कटाई अक्टूबर-नवम्बर में की जाती है।

3. जौ : उत्तर प्रदेश जौ के उत्पादन में भारत में अग्रणी है। प्रदेश में जौ की कृषि प्रमुखतः शुष्क और कांप मिट्टी वाले क्षेत्रों में की जाती है। चूंकि इसकी कृषि के लिए अधिक श्रम की आवश्यकता नहीं है, इस कारण प्रदेश के अधिक भू-भाग में इसकी कृषि की जाती है। गोरखपुर, इलाहाबाद, प्रतापगढ़, बलिया, गाजीपुर, आजमगढ़, जौनपुर, वाराणसी आदि जिलों में जौ की कृषि की जाती है।

4. बाजरा : उत्तर प्रदेश में बाजरे की कृषि प्रमुख रूप से उन क्षेत्रों में होती है जिनकी जलवायु शुष्क होती है और जहां सामान्यतः 50 से.मी. से कम वर्षा होती है। थोड़ी वर्षा और सिंचाई से भी इसको पैदा कर लिया जाता है। इसकी बोआई मई से जुलाई के बीच होती है तथा कटाई सितम्बर से दिसम्बर तक होती है। आगरा, बदायूं, मथुरा, अलीगढ़, मुरादाबाद, शाहजहांपुर, कानपुर, गाजीपुर, फर्रुखाबाद, एटा, मैनपुरी, प्रतापगढ़, शाहजहांपुर आदि जिलों में बाजरे की पैदावार की जाती है।

5. चना : उत्तर प्रदेश में चने का उत्पादन कम मात्रा में होता है। झांसी, ललितपुर, कानपुर, जालौन, बांदा, हमीरपुर, फतेहपुर, सीतापुर, आगरा, इलाहाबाद तथा बाराबंकी आदि जिलों में चना पैदा किया जाता है। इसकी कृषि के लिए हल्की दोमट तथा शुष्क मिट्टी की आवश्यकता होती है।

6. मक्का : उत्तर प्रदेश में मक्का की कृषि वर्षा पर आधारित है। इसकी बोआई मई-जून में होती है और अगस्त-सितम्बर में इसे काटा जाता है। मक्का का प्रयोग अब खाने के अतिरिक्त स्टार्च, शरबत और ग्लूकोज आदि बनाने में भी किया जाता है। मक्का का उत्पादन उत्तर प्रदेश के मेरठ, बुलन्दशहर, बहराइच, गोंडा, फर्रुखाबाद, जौनपुर, एटा व मैनपुरी जिलों में किया जाता है।

7. अरहर : उत्तर प्रदेश में झांसी, इलाहाबाद, ललितपुर, वाराणसी, लखनऊ आदि अरहर के प्रमुख उत्पादक जिले हैं। प्रदेश में अरहर की कृषि प्रमुख रूप से ज्वार-बाजरा आदि फसलों के साथ की जाती है।

8. गन्ना : गन्ना उत्पादन की दृष्टि से उत्तर प्रदेश भारत का प्रथम राज्य है। देश का लगभग 45 प्रतिशत गन्ना इसी प्रदेश में पैदा किया जाता है। गन्ना उत्पादन के उत्तर प्रदेश में दो प्रमुख क्षेत्र हैं—पहला—तराई क्षेत्र और दूसरा—गंगा-यमुना का दोआब क्षेत्र।

रामपुर, पीलीभीत, बरेली, सीतापुर, खीरी, लखीमपुर, आजमगढ़, फैजाबाद, गोंडा, जौनपुर, बलिया, बस्ती, गोरखपुर और देवरिया आदि जिले तराई क्षेत्र के अन्तर्गत आते हैं।

मेरठ, मुजफ्फरनगर, बुलन्दरशहर, सहारनपुर, अलीगढ़ और मुरादाबाद आदि जिले दोआब

क्षेत्र के अन्तर्गत आते हैं। बांदा, जालौन और हमीरपुर जिलों में भी कुछ मात्रा में गन्ने का उत्पादन किया जाता है।

9. सरसों : उत्तर प्रदेश के मिर्जापुर, कानपुर, सीतापुर, गोंडा, बहराइच, एटा, मेरठ, फैजाबाद, सहारनपुर, इटावा, अलीगढ़, बुलन्दशहर और मथुरा आदि जिलों में सरसों का उत्पादन किया जाता है। सरसों उत्पादन में राज्य का देशभर में महत्वपूर्ण स्थान है। यह गेहूं, जौ, चना और मटर के साथ उगाई जाती है और अलग से भी इसकी खेती की जाती है।

10. मूंगफली : उत्तर प्रदेश के सीतापुर, हरदोई, बदायूं, एटा और मुरादाबाद आदि जिलों में मूंगफली की पैदावार की जाती है। यह जून-जुलाई में बोयी जाती है और नवम्बर-दिसम्बर तक इसकी खुदाई की जाती है। शुष्क भूमि की फसल होने के कारण इसकी फसल प्राप्त करने में ज्यादा समय लगता है।

11. कपास : रुहेलखण्ड और बुन्देलखण्ड मण्डलों में तथा गंगा-यमुना दोआब आदि उत्तर प्रदेश के जिलों में सिंचाई के सहारे कपास की कृषि की जाती है। प्रदेश में लम्बे रेशे की कपास कम मात्रा में और छोटे रेशे की कपास अधिक मात्रा में उगाई जाती है। मेरठ, मुजफ्फरनगर, बुलन्दशहर, अलीगढ़, आगरा, कानपुर, इटावा, बरेली, रामपुर, मथुरा, मुरादाबाद, मैनपुरी, फर्रुखाबाद और सहरानपुर आदि उत्तर प्रदेश के जिलों में कपास उगाई जाती है। यहां यू.पी. देशी, धौलेरा, बंगाल की कपास और अमरीकन किस्म की कपास उगाई जाती है। प्रदेश में मूंग, बरसीम, तोरिया, क्लोवर और मेथी आदि के साथ कपास की कृषि की जाती है।

इसे जून-जुलाई में बोया जाता है और अक्टूबर-नवम्बर तक पौधों से कपास की चुनाई कर ली जाती है।

12. जूट : उत्तर प्रदेश के अधिकांश भागों में देशी किस्म की जूट की कृषि होती है। प्रदेश के तराई क्षेत्र, सरयू और घाघरा नदियों के दोआब में जूट पैदा की जाती है। सीतापुर, लखीमपुर खीरी, बहराइच, गोंडा और देवरिया आदि जिलों में जूट का उत्पादन किया जाता है। प्रदेश में अप्रैल-मई में जूट की बोआई की जाती है और अगस्त-सितम्बर में इसकी कटाई कर ली जाती है।

13. तम्बाकू : उत्तर प्रदेश में तम्बाकू की कृषि मुख्यत: खाने और हुक्के में डाल कर पीने के लिए की जाती है। अलग-अलग क्षेत्रों में इसका उत्पादन, किस्म, मिट्टी, जलवायु और खाद की उपलब्धता पर आधारित है। मेरठ, बुलन्दशहर, सहारनपुर, वाराणसी, मैनपुरी और फर्रुखाबाद आदि जिलों में तम्बाकू की कृषि की जाती है।

14. अलसी : अलसी का उपयोग रंग-रोगन बनाने के किया जाता है। इसका उत्पादन प्रमुख रूप से तेल बनाने में किया जाता है। हमीरपुर, मिर्जापुर, गोंडा, बहराइच, इलाहाबाद आदि जिलों में अलसी का उत्पादन किया जाता है।

प्रदेश में फलों का उत्पादन

उत्तर प्रदेश शीतोष्ण, समशीतोष्ण और उष्ण जलवायु में पैदा होने वाले फलों के उत्पादन में सम्पूर्ण भारत में अग्रणी है। केला, पपीता, आम, अमरूद, अंगूर, बेर, अनन्नास, बेल आदि फलों का उत्पादन प्रदेश के मैदानी भागों में किया जाता है। खूबानी, चेरी, सेब, नासपाती, अखरोट, बादाम और स्ट्राबेरी आदि शीतोष्ण फलों के उत्पादन के लिए पर्वतीय भाग विशेष रूप से उपयुक्त हैं।

उत्तर प्रदेश में उत्पादित प्रमुख फलों का संक्षिप्त विवरण निम्न रूप से दिया जा सकता है :

1. आम : उत्तर प्रदेश में लंगड़ा, दसहरी, सफेदा, लखनऊ सफेदा और मलीहाबादी आदि आम की अनेक किस्मों का उत्पादन किया जाता है। प्रदेश के मध्यवर्ती और पश्चिमी जिलों में प्रमुखत: बरेली, लखनऊ, कानपुर, हरदोई, मेरठ, सहारनपुर आदि जिलों में आम का उत्पादन किया जाता है।

2. अमरूद : उत्तर प्रदेश में इलाहाबाद-सफेदा, धौलका-लखनऊ, सफेदा, हाफजी-लखनऊ, करेला आदि किस्म के अमरूदों का उत्पादन किया जाता है। बरेली, फैजाबाद, इलाहाबाद आदि जिलों में बड़े पैमाने पर अमरूद का उत्पादन किया जाता है।

3. केला : उत्तर प्रदेश में दूधसागर, सब्जा, चीनी-चम्पा, माल-भोग, अलफान और अधेश्वर आदि किस्म के केलों का उत्पादन किया जाता है। केले की कृषि हेतु अधिक वर्षा, उच्च तापमान और उपजाऊ भूमि की आवश्यकता होती है। प्रदेश में इलाहाबाद, गोरखपुर और वाराणसी में बड़े पैमाने पर केला पैदा होता है।

4. लीची : उत्तर प्रदेश के मेरठ, सहारनपुर आदि जिलों में लीची का उत्पादन किया जाता है।

5. माल्टा : उत्तर प्रदेश में ब्लड रैड और मौसी आदि किस्म के माल्टा का उत्पादन किया जाता है। सहारनपुर, वाराणसी और मेरठ आदि प्रदेश के प्रमुख माल्टा उत्पादन केन्द्र हैं।

6. सन्तरा : उत्तर प्रदेश में लड्डू तथा देशी, नागपुरी आदि किस्म के सन्तरों का उत्पादन किया जाता है। इसकी पैदावार 60 से 300 क्विंटल प्रति एकड़ होती है। सन्तरे की अधिकतर पैदावार जिला सहारनपुर में है।

सिंचाई एवं विभिन्न परियोजनाएँ

प्रमुख नहरें व योजनाएं

उत्तर प्रदेश की भूमि बहुत उपजाऊ है तथा यहां की जलवायु भी बड़ी उत्तम है। कृषि की उन्नति एवं फसलों की बढ़ोत्तरी के लिए प्रदेश के सम्पूर्ण कृषि-योग्य क्षेत्र को सिंचाई के लिए पर्याप्त साधन उपलब्ध कराना अत्यन्त आवश्यक है। क्योंकि यहां के लगभग सभी क्षेत्रों में वर्षा मानसूनी प्रकार की होने के कारण अनिश्चित है इसलिए उत्पादन की अधिकता तथा सूखे आदि से बचने के लिए प्रदेश में सिंचाई के अनेक साधन उपलब्ध कराने अत्यन्त आवश्यक हैं।

उत्तर प्रदेश में सिंचाई के निम्नलिखित साधन हैं:

साधन	*कुल का प्रतिशत*
नहर	20.9
नलकूप	70.8
कुएं, तालाब, झील तथा पोखर	7.9
अन्य	0.4
योग	100.00

उत्तर प्रदेश की प्रमुख नहरें

- **शारदा नहर** यह उत्तर प्रदेश की सर्वाधिक लम्बी नहर है। यह उत्तर प्रदेश-नेपाल सीमा के समीप गोमती नदी के किनारे बनबासा नामक स्थान से निकाली गई है। शाखा-प्रशाखाओं सहित इस नहर की कुल लम्बाई 12,368 किमी है।
- **निचली गंगा नहर** यह नहर बुलन्दशहर जिले के नरौरा नामक स्थान से निकाली गई है। मुख्य नहर, शाखाओं व प्रशाखाओं सहित इस नहर की कुल लम्बाई 8,800 किलोमीटर है।
- **ऊपरी गंगा नहर** यह नहर गंगा नदी के दाहिने किनारे से हरिद्वार (उत्तराखंड) के समीप से निकाली गई है। इस नहर की लम्बाई 340 किमी है, परन्तु शाखाओं प्रशाखाओं सहित कुल लम्बाई 5640 किमी है।
- **आगरा नहर** यह नहर दिल्ली से 18 किलोमीटर दक्षिण में यमुना नदी के दाएँ किनारे से ओखला नामक स्थान से सन् 1857 में निकाली गई थी। इस नहर की शाखाओं और प्रशाखाओं सहित कुल लम्बाई 1600 किलोमीटर है।
- **बेतवा नहर** यह नहर बेतवा नदी में से झाँसी से 24 किमी दूर पारीछा नामक स्थान से निकाली गई है। यह 1885 में बनाई गई थी।
- **सपरार नहर** यह नहर झाँसी के मउरानीपुर से 8 किमी दक्षिण की ओर करोंदा गाँव के निकट से सपरार नदी पर बने बाँध से निकाली गई है। इसके द्वारा झाँसी व हमीरपुर जिलों की लगभग 40 हजार एकड़ भूमि की सिंचाई होती है।
- **रानी लक्ष्मीबाई बाँध नहर** झाँसी जिले में बेतवा नदी पर माता टीला स्थान पर निर्मित माता टीला बाँध से गुरसराय और मंदर नामक दो नहरें निकाली गई हैं जो हमीरपुर और जालौन जिलों की लगभग 2.64 लाख एकड़ भूमि सींचती हैं।
- **नगवाँ बाँध नहर** कर्मनाशा नदी पर नगवाँ स्थान पर बने बाँध से नहर निकाली गई है जो मिर्जापुर व सोनभद्र जिलों की 60,000 एकड़ भूमि सींचती है।
- **बेलन टौंस नहर योजना** टौंस की सहायक नदी बेलन पर रीवा जिले (म.प्र.) में बरोधा बाँध और बेलन की सहायक मरुहर नदी पर एक जलाशय बनाया गया है। इससे निकाली गई बेलन नहर द्वारा इलाहाबाद जिले की एक लाख एकड़ भूमि सींची जाती है।

- **रगँबा बाँध नहर** केन की सहायक वर्ने नदी पर मध्य प्रदेश में रगँवा बाँध बनाया गया है, जिससे निकाली गई नहर से केन नहर को भी पानी मिलता है और बाँदा जिले की 93,000 एकड़ भूमि की सिंचाई की जा रही है।
- **पूर्वी यमुना नहर** पूर्वी यमुना नहर सहारनपुर जिले के फैजाबाद नाम स्थान से निकट यमुना नदी के बाएँ किनारे से सन् 1831 में निकाली गई थी। इस नहर की शाखाओं सहित लम्बाई 1440 किमी है।
- **केन नहर** यह नहर यमुना की सहायक केन नदी से पन्ना (म.प्र.) के निकट से निकाली गई है। इसकी शाखाओं और प्रशाखाओं सहित लम्बाई 640 किमी है।
- **धसान नहर** यह नहर बेतवा की सहायक धसान नदी से निकाली गई है। इसके द्वारा हमीरपुर जिले की भूमि सींची जाती है।
- **घाघरा नहर** यह नहर सोन नदी की सहायक घाघरा नदी से निकाली गई है। इस नहर से मिर्जापुर व सोनभद्र जिलों की भूमि सींची जाती है।
- **ललितपुर बाँध की नहर** ललितपुर जिले की शहजाद नदी पर ललितपुर बाँध बनाया गया है। जिससे नहर निकाली गई है।
- **अर्जुन बाँध की नहर** हमीरपुर जिले में खरवारी से 2 किमी दक्षिण में अर्जुन नदी पर अर्जुन बाँध बनाया गया है। इस बाँध से नहरें निकाली गई हैं।

प्रदेश की बहुउद्देशीय व विद्युत परियोजनाएं

- **रिहन्द परियोजना** रिहन्द परियोजना के अन्तर्गत मिर्जापुर जिले में पिपरी स्थान पर सोन नदी की सहायक रिहन्द नदी पर बाँध बनाया गया है। इसमें 50-50 हजार किलोवाट विद्युत क्षमता वाली 6 इकाइयाँ स्थापित की गई हैं। इस प्रकार इसकी कुल विद्युत क्षमता 3 लाख किलोवाट है।
- **ओबरा जल विद्युत केन्द्र** रिहन्द बाँध से लगभग 25 किमी. उत्तर में ओबरा स्थान पर रिहन्द नदी पर ही एक दूसरा बाँध बनाया गया है जिसे ओबरा बाँध कहते हैं। ओबरा में बने बिजलीघर में विद्युत पैदा करने वाली 6 मशीनें लगी हैं। इस विद्युत गृह से 300 मेगावाट विद्युत प्राप्त होती है।
- **माताटीला बाँध** झाँसी के निकट बेतवा नदी पर उत्तर प्रदेश व मध्य प्रदेश के सहयोग से एक बाँध बनाया गया है। बाँध के नीचे की ओर 30,000 किलोवाट क्षमता वाले विद्युत गृह का निर्माण किया गया है। वर्तमान समय में इस बांध का नाम बदलकर रानी लक्ष्मीबाई बाँध कर दिया गया है।
- **राजघाट बाँध परियोजना** इस परियोजना में उत्तर प्रदेश तथा मध्य प्रदेश संयुक्त रूप से कार्यरत हैं। यह योजना 123 करोड़ रुपए की लागत से तैयार की गई है। इस परियोजना के द्वारा बेतवा नदी के जल का सही उपयोग हो रहा है।
- **गंगा विद्युत क्रम** प्रदेश में ऊपरी गंगा नहर पर हरिद्वार से अलीगढ़ के मध्य पथरी (सहारनपुर 2040000 किलोवाट), मुहम्मदपुर (सहारनपुर 9,300 किलोवाट), नीरगजनी (मुजफ्फरनगर

4,000 किलोवाट), चित्तौरा (मुजफ्फरनगर 3,000 किलोवाट), सलखा (मुजफ्फरनगर 4,000 किलोवाट), भोला (मेरठ 27,000 किलोवाट), पलरा (बुलन्दशहर 6,000 किलोवाट) तथा सुमेरा (अलीगढ़ 2,000 किलोवाट) आदि स्थानों पर बाँध बनाकर कृत्रिम झरनों की सहायता से जल विद्युत उत्पन्न की जाती है। इन सभी विद्युत गृहों को एक शृंखला में जोड़कर एक विद्युत क्रम (गंगा विद्युत क्रम) का निर्माण किया गया है।

- **नरौरा परमाणु शक्ति परियोजना** प्रदेश के बुलन्दशहर जिले में नरौरा नामक स्थान पर इस परमाणु शक्ति योजना का निर्माण किया गया है। इस परियोजना की कुल दो इकाइयाँ हैं, जिनकी संयुक्त क्षमता 470 मेगावाट है।
- **गोविन्द बल्लभ सागर परियोजना** उत्तर प्रदेश में मिर्जापुर नगर से 161 किलोमीटर दूर स्थित पिपरी नामक स्थान पर यह परियोजना स्थित है। यह प्रदेश की एक महत्वपूर्ण एवं विशाल योजना है। इसका दूसरा नाम रिहन्द बाँध परियोजना भी है।
- **गंडक परियोजना** इस परियोजना में उत्तर प्रदेश तथा बिहार दोनों शामिल हैं। नेपाल को भी इस परियोजना से विद्युत की सुविधाएँ उपलब्ध हैं।
- **शारदा जल विद्युत परियोजना** शारदा जल विद्युत परियोजना के अन्तर्गत शारदा नहर पर बनवासा नामक स्थान से 14 किमी दूर एक जल विद्युत गृह की स्थापना की गई है। जिसकी विद्युत उत्पादन क्षमता 41,400 किलोवाट है।
- **हरदुआगंज ताप विद्युत गृह** हरदुआगंज ताप विद्युत गृह की स्थापना 1942 में अलीगढ़ के निकट की गई थी। 100 मेगावाट की क्षमता वाले इस विद्युत गृह का ऐसा प्लान निर्मित किया गया है कि आवश्यकता पड़ने पर बढ़ाकर 800 मेगावाट किया जा सकता है।

- **अन्य विद्युत केन्द्र एवं परियोजनाएं**

  (*i*) अनपारा प्रसार ताप विद्युत केन्द्र 2 × 500 मेगावाट
  (*ii*) बदरपुर प्रसार ताप विद्युत केन्द्र 200 मेगावाट
  (*iii*) बदरपुर ताप विद्युत केन्द्र 110 मेगावाट
  (*iv*) टाण्डा ताप विद्युत केन्द्र 4 × 110 मेगावाट
  (*v*) ऊँचाहार (रायबरेली) 2 × 210 मेगावाट
  (*vi*) दोहरी घाट (आजमगढ़) 2 × 210 मेगावाट
  (*vii*) यमुना द्वितीय चरण (खेदरी विद्युत केन्द्र) 4 × 30 मेगावाट
  (*viii*) मुरादनगर (गाजियाबाद) गैस टरबाइन 3 × 47.5 मेगावाट
  (*ix*) पाला-मान्सी जल विद्युत परियोजना 3 × 27 मेगावाट
  (*x*) खारा-सुरोंग विद्युत परियोजना 450 मेगावाट
  (*xi*) कोटेश्वर बाँध जल विद्युत परियोजना
  (*xii*) अनपारा (मिर्जापुर) 3 × 210 मेगावाट
  (*xiii*) पारीक्षा विद्युत केन्द्र (झाँसी के पास) 2 × 110 मेगावाट

❑❑❑

वनों के वैज्ञानिक प्रबन्ध हेतु सर्वप्रथम 1884 ई. में पहला 'कार्य योजना वन विभाग' स्थापित किया गया। 1948 में 'केन्द्रीय वानिकी परिषद्' की स्थापना की गई तथा 1950 में वन महोत्सव का बड़े स्तर पर अभियान प्रारम्भ किया गया। 1952 में वानिकी से संबंधित अनेक कार्यक्रमों का संचालन करने के लिए नये सिरे से नई राष्ट्रीय वन नीति निर्धारित की गई। 1952 में ही वन्य जीवों के संरक्षण की महत्ता को ध्यान में रखते हुए 'भारतीय वन्य जीव परिषद्' की स्थापना की गई।

फारेस्ट सर्वे ऑफ इंडिया द्वारा प्रकाशित 'इंडिया स्टेट ऑफ फारेस्ट रिपोर्ट 2015' के अनुसार उत्तर प्रदेश में वनावरण एवं वृक्षावरण का कुल क्षेत्रफल 21505 वर्ग किमी है। यह प्रदेश के कुल भौगोलिक क्षेत्रफल का 8.92% है। इसमें वनावरण क्षेत्र 14461 वर्ग किमी (6.00%) तथा वृक्षावरण क्षेत्र 7044 वर्ग किमी (2.92%) है।

प्रदेश के 11 मैदानी जिलों में वन क्षेत्र, उनके भौगोलिक क्षेत्रफल के एक प्रतिशत से भी कम है।

पहले वन केन्द्रीय सरकार के संरक्षण में होते थे, परन्तु सन् 1935 से वे राज्य सरकारों की सम्पत्ति बन गए हैं। उत्तर प्रदेश के 'वन विभाग' का संगठन आमतौर पर निम्न प्रकार है :

1. चीफ कन्जरवेटर ऑफ फॉरेस्ट्स (पूर्ण राज्य का वन प्रबन्धक)
2. कन्जरवेटर ऑफ फॉरेस्ट (क्षेत्र निरीक्षक)
3. उपअरण्यपाल (वनखण्ड निरीक्षण)
4. फॉरेस्ट रेन्जर या सहायक रेन्जर (उपअरण्यपाल के सहायक)
5. फॉरेस्टर (वन उपखण्डों की देख-रेख करने वाले)
6. फॉरेस्ट गार्ड्स (फॉरेस्टरों के नीचे काम करने वाले)

उत्तर प्रदेश में 3 प्रकार के वन पाए जाते हैं :

1. **उष्ण प्रदेशीय आर्द्र पर्णपाती वन :** ऐसे वन तराई के नमी वाले क्षेत्रों में पाए जाते हैं। ये ऐसे क्षेत्रों में होते हैं, जहां वर्ष में वर्षा 100 से 150 सेंटीमीटर तक होती है और मध्य तापमान 26-27 डिग्री सैल्सियम रहता है तथा काफी आर्द्रता रहती है। इस वनों की विशेषता है कि ऊंचे क्षेत्रों में प्रमुखतया बे-डील-डौल के पर्णपाती वृक्ष पाये जाते हैं। निचले भाग में अनेक प्रजातियां होती हैं। जिनमें स्थान-स्थान पर बांस, लताओं और बेंत के साथ सदा हरी-भरी रहने वाली झाड़ियां होती हैं। इनमें प्रमुख वृक्ष हैं—साल, बेर, गूलर, झिंगल, पलास, महुआ, सेमल, ढाक, आंवला, जामुन आदि।

2. **उष्ण प्रदेशीय शुष्क पर्णपाती वन :** ये उत्तर प्रदेश के सभी मैदानी भागों और आमतौर पर मध्य पूर्वी और पश्चिमी क्षेत्रों में होते हैं. ये प्राय: पर्णपाती प्रजाति के होते हैं क्योंकि यहां प्रकाश पूर्ण-रूप से पृथ्वी तक पहुंचता है, अत: झाड़ियों और घासों की भी उपज अच्छी होती है। ऐसे वनों के बहुत बड़े भू-भागों की खेती के लिए सफाई कर दी गई है। यहां पाये जाने वाले पेड़ों में साल, पलास, बेंत, अंजीर आदि प्रमुख हैं। नीम, पीपल, आम, जामुन, महुआ, बबूल, इमली आदि नदियों के किनारे तथा अन्य नमी वाले क्षेत्रों में पाये जाते हैं।
3. **उष्ण प्रदेशीय कंटीले वन :** ये अधिकांशत: प्रदेश के दक्षिणी-पश्चिमी भागों में पाए जाते हैं। ऐसे वन उन क्षेत्रों तक सीमित है, जहां कम वर्षा (वर्ष में 50 से 70 सेंटीमीटर तक) होती है। वर्ष-भर मध्य तापमान 25 से 27 डिग्री सैल्सियस रहता है और आर्द्रता भी कम (47 प्रतिशत से भी कम) रहती है। इस क्षेत्र में दूर-दूर तक कंटीले बौने वृक्ष मुख्यत: बबूल, कंटीले, फलदार पौधों और सांहुड़ मुख्य रूप से पाये जाते हैं। वर्षा ऋतु में छोटी-छोटी घासें भी उगती हैं। यहां प्राय: छोटे-छोटे पौधे होते हैं, जो खुले शुष्क वनों का रूप ग्रहण करते हैं। इस क्षेत्र के प्रमुख पेड़-पौधों में फुलाई, खैर, कोक्के, धामन, उनझा, नीम आदि सम्मिलित हैं। इन पेड़ों से कई प्रकार का लीसा और गोंद प्राप्त होता है।

विभिन्न पशु-पक्षी : पशु जगत पेड़ों पर खाद्य के लिए ही निर्भर नहीं रहते, वरन् इनसे उन्हें रहने-सहने की सुविधा भी प्राप्त होती है। पशु-पक्षियों की विविधता कुछ सीमा तक वनस्पतियों की भारी विविधता पर निर्भर करती है। उत्तर प्रदेश में अनेक प्रकार के पशु-पक्षी पाए जाते हैं। इनकी अनेक प्रजातियां हैं। यहां पर पाए जाने वाले पशु-पक्षियों का संक्षिप्त विवरण निम्नलिखित है :

जल-जन्तु (मछलियां) : महसेर, हिलसा, सौल, सौली, टेंगना, पढ़िना, रसेला, वित्तल, रोहू, मृगाल, कट्टा, लाबी, मंगुर, क्यूचिया, ईल, सींघी, मिरर कार्प और ट्राउट आदि मछलियां तथा मेंढक और टोड।

रेंगने वाले जन्तु : बमानिया, पिट वाइपर, छिपकली, गोह, कोबरा सांप, कछुआ, क्रेत, धामन और मगर।

उड़ने वाले पक्षी : चील, गिद्ध, मयूर, तोता, कोयल, कबूतर, उल्लू, नीलकण्ठ और गौरय्या।

स्तनधारी प्राणी : चमगादड़, छछूंदर, साही, गिलहरी, खरगोश, नेवला, गाय, भैंस, बकरी, भेड़, सूअर।

अन्य पशु-पक्षी : शेर, चीता, पहाड़ी तेंदुआ, सांभर, चीतल, काकर, काला हिरन, हाथी, नीलगाय, काला-भूरा भालू, अजगर, लकड़बग्घा, जंगली कुत्ता आदि। पक्षियों में मुर्गा-मुर्गी, तीतर, बटेर, बत्तख, बुलबुल, कलहंस और सारस आमतौर पर पाए जाते हैं।

प्रदेश के राष्ट्रीय उद्यान, वन्यजीव विहार व प्राणी उद्यान

क्र.	राष्ट्रीय उद्यान, वन्य जीव व पक्षी विहार, प्राणी उद्यान का नाम व जिले	स्थापना वर्ष (क्षेत्रफल)	पाए जाने वाले प्रमुख वन्यजीव/पक्षी
1.	किशनपुर वन्यजीव विहार लखीमपुर खीरी	वर्ष 1972 (204 वर्ग किमी)	चीतल, तेंदुआ, बाघ, बारहसिंगा, पाढ़ा, जंगली सूअर, गीदड़, सेही, ऊदबिलाव, लंगूर तथा बंदर एवं विभिन्न स्थानीय एवं प्रवासी पक्षी आदि
2.	दुधवा राष्ट्रीय उद्यान, लखीमपुर खीरी	वर्ष 1977 (490 वर्ग किमी)	सांभर, चीतल, बाघ, तेंदुआ, घड़ियाल, मगर, कछुआ, अजगर, पाढ़ा, काकड़, बारहसिंगा, गैंडा, भालू एवं लगभग 400 पक्षी प्रजातियाँ
3.	चन्द्रप्रभा वन्यजीव विहार, चंदौली	वर्ष 1997 (178 वर्ग किमी)	लकड़बग्घा, तेंदुआ, काला हिरन, चिंकारा, चीतल, सांभर, गीदड़, भेड़िया, सेही भालू एवं लगभग 150 पक्षी प्रजातियाँ
4.	सोहागीबरबा वन्यजीव विहार, महाराजगंज	वर्ष 1987 (428 वर्ग किमी)	नीलगाय, तेंदुआ, बाघ, चीतल, काकड़, पाढ़ा, देशी भालू, वन बिलाव, जंगली सुअर, मगर, अजगर कोबरा एवं विभिन्न पक्षी आदि
5.	हस्तिनापुर वन्यजीव विहार मेरठ, गाजियाबाद, बिजनौर एवं ज्योतिबाफ़ुले नगर	वर्ष 1986 (2073 वर्ग किमी)	तेंदुआ, लकड़बग्घा, बारहसिंगा, सांभर, चीतल, नीलगाय, भेड़िया, जंगली सुअर, तनबिलाव एबं बिभिन्न पक्षी आदि
6.	कैमूर वन्यजीव विहार मिर्जापुर एवं सोनभद्र की विन्ध्य पर्वत शृंखलाओं में	वर्ष 1982 (501 वर्ग किमी)	कृष्ण मृग, सांभर, चीतल, चिंकारा, वनबिलाव, कराकल, चौसिंगा, भालू, नीलगाय, तेंदुआ, बिल्लू एवं विभिन्न स्थानीय एवं प्रवासी पक्षी आदि
7.	सांडी वन्यजीव विहार, हरदोई	वर्ष 1990 (3 वर्ग किमी)	नीलगाय, गीदड़, नेवला, विभिन्न प्रवासी एवं स्थानीय पक्षी
8.	लाखबहोसी वन्यजीव विहार, कन्नौज	वर्ष 1988 (80 वर्ग किमी)	बंदर, गीदड़, नेवला, नीलगाय, फिशिंग कैट, विभिन्न प्रवासी एवं स्थानीय पक्षी

क्र.	राष्ट्रीय उद्यान, वन्य जीव व पक्षी विहार, प्राणी उद्यान का नाम व जिले	स्थापना वर्ष (क्षेत्रफल)	पाए जाने वाले प्रमुख वन्यजीव/पक्षी
9.	समसपुर वन्यजीव विहार, रायबरेली	वर्ष 1987 (8 वर्ग किमी)	गीदड़, नेवला, खरगोश, विभिन्न प्रवासी एवं स्थानीय पक्षी
10.	नवाबगंज वन्यजीव विहार, उन्नाव	वर्ष 1984 (2.25 वर्ग किमी)	गीदड़, बंदर, नेवला, खरगोश, विभिन्न प्रवासी एवं स्थानीय पक्षी
11.	कतर्नियाघाट वन्यजीव विहार बहराइच	वर्ष 1976 (400 वर्ग किमी)	तेंदुआ, बाघ, बारहसिंगा, चीतल, पाढ़ा काला मृग, नीलगाय, गैंडा, घड़ियाल, मगर, जंगली सुअर, गीदड़, सेही, ऊदबिलाव, बंदर एवं विभिन्न स्थानीय एवं प्रवासी पक्षी आदि
12.	रानीपुर वन्यजीव विहार, बाँदा व चित्रकूट	वर्ष 1977 (230 वर्ग किमी)	तेंदुआ, बाघ, सांभर, चीतल, नीलगाय, जंगली सुअर, काला मृग, गीदड़, सेही, ऊदबिलाव तथा बंदर एवं विभिन्न स्थानीय एवं प्रवासी पक्षी आदि
13.	महावीर स्वामी वन्यजीव विहार, ललितपुर	वर्ष 1977 (5.4 वर्ग किमी)	काला मृग, नीलगाय, जंगली सुअर, लंगूर तथा बंदर एवं विभिन्न पक्षी आदि
14.	राष्ट्रीय चम्बल वन्यजीव विहार आगरा व इटावा	वर्ष 1979 (635 वर्ग किमी)	घड़ियाल, मगर, गेन्जेटिक डाल्फिन, विभिन्न कछुए, ऊदबिलाव, लकड़बग्घा, गीदड़, गोह, चिंकारा, जंगली सुअर, सांभर, कालाहिरन एवं विभिन्न स्थानीय एवं प्रवास पक्षी
15.	सुहेलवा वन्यजीव विहार बलरामपुर, श्रावस्ती व गोण्डा	वर्ष 1988 (452 वर्ग किमी)	तेंदुआ, बाघ, देशी भालू, चीतल, वन बिलाव, जंगली सुअर एवं विभिन्न पक्षी आदि
16.	कछुआ वन्यजीव विहार रामनगर वाराणसी	वर्ष 1989 (7 वर्ग किमी)	विभिन्न कछुए, गांगेय डालफिन एवं जलचर तथा विभिन्न पक्षी आदि
17.	पटना वन्यजीव विहार, एटा	वर्ष 1990 (1 वर्ग किमी)	गीदड़, खरगोश, नेवला, नीलगाय विभिन्न प्रवासी एवं स्थानीय पक्षी
18.	सुरहाताल वन्यजीव विहार, बलिया	वर्ष 1990 (34 वर्ग किमी)	गीदड़, नेवला, नीलगाय विभिन्न प्रवासी एवं स्थानीय पक्षी

क्र.	राष्ट्रीय उद्यान, वन्य जीव व पक्षी विहार, प्राणी उद्यान का नाम व जिले	स्थापना वर्ष (क्षेत्रफल)	पाए जाने वाले प्रमुख वन्यजीव/पक्षी
19.	सूरसरोवर वन्यजीव विहार, आगरा	वर्ष 1991 (4 वर्ग किमी)	गीदड़, नेवला, नीलगाय विभिन्न प्रवासी एवं स्थानीय पक्षी
20.	डॉ. भीमराव अम्बेडकर पक्षी विहार, प्रतापगढ़	वर्ष 2003 (4.27 वर्ग किमी)	विभिन्न प्रवासी एवं स्थानीय पक्षी
21.	कानपुर प्राणी उद्यान, कानपुर शहर (ऐलन फारेस्ट कानपुर)	वर्ष 1974	बारहसिंगा, भारतीय गाण्ड, मणिपुरी हिरन, हिप्पो उरंग-ऊटान व अन्य
22.	लखनऊ प्राणी उद्यान लखनऊ	वर्ष 1921 (28.14 वर्ग किमी)	शेर, सफेद शेर, जिराफ, भालू, हुक्कू, बंदर, साँप, हाथी, हिरन, गैंडा, हिप्पो आदि
23.	बखीरा वन्यजीव विहार, संत कबीरनगर	वर्ष 1990 (29 वर्ग किमी)	नेवला, गीदड़, नीलगाय विभिन्न प्रवासी एवं स्थानीय पक्षी
24.	ओखला वन्यजीव विहार, गाजियाबाद एवं गौतमबुद्धनगर	वर्ष 1990 (4 वर्ग किमी)	विभिन्न प्रवासी एवं स्थानीय पक्षी
25.	समान वन्यजीव विहार, मैनपुरी	वर्ष 1990 (5 वर्ग किमी)	गीदड़, खरगोश, नेवला, नीलगाय विभिन्न प्रवासी एवं स्थानीय पक्षी
26.	पार्वती अरगा वन्यजीव विहार, गोण्डा	वर्ष 1990 (11 वर्ग किमी)	गीदड़, खरगोश, नेवला, नीलगाय विभिन्न प्रवासी एवं स्थानीय पक्षी
27.	विजय सागर वन्यजीव विहार, महोबा	वर्ष 1990 (3 वर्ग किमी)	वनबिलाव, नेवला, गीदड़, विभिन्न प्रवासी एवं स्थानीय पक्षी

उत्तर प्रदेश के प्रमुख मेले

उत्तर प्रदेश में प्रतिवर्ष लगभग 2,250 मेले लगते हैं। सबसे अधिक मथुरा में (86) और उसके बाद कानपुर में (79) तथा हमीरपुर में (79) मेले लगते हैं।

पर्यटन उत्सवों पर लगने वाले मेले

- **लखनऊ महोत्सव :** इस महोत्सव के अवसर पर लखनऊ में 'शाम-ए-अवध', 'मीनाबाज़ार' आदि के विषय में सुन्दर दृश्यों का आयोजन किया जाता है।
- **वाराणसी पर्यटन उत्सव :** इस उत्सव में भारतीय संस्कृति के प्राचीन वैभव के दर्शन होते हैं तथा प्राचीन ज्ञान-विज्ञान की झलक प्रस्तुत की जाती है।
- **इलाहाबाद पर्यटन उत्सव :** इस उत्सव में गंगा-जमुनी संस्कृति की एक झलक देखने को मिलती है।
- **आगरा पर्यटन उत्सव :** इस उत्सव में मुगलकालीन वैभव के दर्शन होते हैं।
- **मथुरा होलिकोत्सव :** नन्द गांव के निकट बरसाना (मथुरा) में प्रतिवर्ष इस उत्सव का आयोजन किया जाता है। यह उत्सव उत्तर प्रदेश में 'लठमार होली' के नाम से प्रसिद्ध है।
- **श्रीकृष्ण जन्मोत्सव (मथुरा व वृन्दावन) :** श्रीकृष्ण जन्माष्टमी के समय मथुरा व वृन्दावन में काफी धूमधाम से उत्सव मनाया जाता है जो सम्पूर्ण भारत में प्रसिद्ध है।
- **श्रीगोवर्धन पूजा :** श्रीकृष्ण के जीवन से संबंधित घटनाओं के स्मरण में उत्तर प्रदेश के अधिकांश भागों में श्रीगोवर्धन पूजा का आयोजन किया जाता है।
- **कन्नौज पर्यटन उत्सव :** इस उत्सव में पर्यटकों को कन्नौज की संस्कृति की झांकी देखने को मिलती है।
- **काम्पिल उत्सव (फर्रुखाबाद) :** फर्रुखाबाद के रामेश्वरनाथ-कामेश्वरनाथ मन्दिरों तथा जैन धर्म के अनुयायियों द्वारा यह उत्सव मनाया जाता है।

अन्य प्रमुख मेले

देवा शरीफ (बाराबंकी) : संत वारिस अलीशाह की दरगाह पर कार्तिक मास में यह मेला लगता है, इस मेले में प्रत्येक धर्म के अनुयायी भाग लेते हैं।

नौचंदी (मेरठ) : नौचंदी का यह मेला मेरठ शहर में लगता है जो कुंभ के बाद उत्तर प्रदेश का सबसे बड़ा मेला है। इस मेले में हिन्दू व मुस्लिम सभी समान रूप से भाग लेते हैं। मेले वाले स्थान पर एक ओर अति प्राचीन चण्डी देवी का मन्दिर तथा दूसरी ओर सैय्यद सालार की दरगाह है। यह मेला करीब एक माह तक लगता है।

देवी पाटन मेला (*बलरामपुर*) : पाटेश्वरी देवी की पूजा-अर्चना हेतु इस मेले का आयोजन किया जाता है।

सैयद सालार मेला (बहराइच) : सैयद सालार मसूद गाजी के उर्स पर इस मेले का आयोजन किया जाता है।

बसन्त का नौचंदी मेला (लखनऊ) : लखनऊ में हजरत शाह मीना की दरगाह पर, उनके उर्स के अवसर पर, इस मेले का आयोजन किया जाता है।

नककटैया मेला (चेतगंज, वाराणसी) : इस मेले का आयोजन हिन्दू धर्म के वैष्णव मतावलम्बियों द्वारा किया जाता है।

हरिदास जयंती मेला (वृंदावन) : संगीत के महान् गुरु स्वामी हरिदास के जन्म-दिवस के अवसर पर इस मेले का आयोजन किया जाता है, जिसमें सभी धर्मों के लोग एकत्रित होते हैं। इसमें भक्तिरस से सराबोर संगीत की अद्भुत झलक देखने को मिलती है।

शाकंभरी मेला (सहारनपुर) : नवरात्रि के दिनों में शाकंभरी देवी के मन्दिर में देवी-पूजा-अर्चना के उद्देश्य से इस मेले का आयोजन किया जाता है।

प्रदर्शनी मेला (अलीगढ़) : इस मेले का आयोजन जनवरी-फरवरी मास में किया जाता है जिसमें किसानों व उद्योगों से संबंधित वस्तुओं का प्रदर्शन किया जाता है।

शहीद मेला : हापुड़ में इस शहीद मेले का प्रतिवर्ष आयोजन किया जाता है। यह मेला 10 मई से प्रारम्भ होकर 5 जून तक चलता है।

श्रृंगीरामपुर का मेला (फर्रुखाबाद) : फर्रुखाबाद जिले में गंगा के दक्षिणी तट पर स्थित श्रृंगी ऋषि के मन्दिर में कार्तिक पूर्णिमा तथा दशहरे को मेले का आयोजन किया जाता है।

पद्मावती सती मन्दिर में लगने वाला मेला (कन्नौज) : कन्नौज से 5 कि.मी. दूरी पर दक्षिण-पश्चिम दिशा में देवरिया ताल के पूर्वी तट पर स्थित पद्मावती सती मन्दिर में प्रति वर्ष श्रावण मास में एक मेले का आयोजन किया जाता है।

कुम्भ और अर्द्धकुम्भ (इलाहाबाद) : कुम्भ और अर्द्धकुम्भ मेलों का आयोजन इलाहाबाद में होता है।

बटेश्वर मेला (आगरा) : आगरा जिले में बटेश्वरनाथ के प्रसिद्ध मन्दिर में उत्तरी भारत का सुप्रसिद्ध 'पशुओं का मेला' लगता है, जो बटेश्वर मेले के नाम के प्रसिद्ध है।

त्योहार

उत्तर प्रदेश में विभिन्न सम्प्रदायों के लोगों द्वारा अनेक त्यौहार मनाए जाते हैं। हिन्दुओं द्वारा मनाए जाने वाले प्रमुख त्यौहार निम्न हैं :

	त्योहार		त्योहार		त्योहार
1.	सम्वत्सरारम्भ	**2.**	रामनवमी	**3.**	हनुमान जयन्ती
4.	शीतला अष्टमी	**5.**	वट सावित्री व्रत	**6.**	गंगा दशहरा
7.	निर्जला एकादशी	**8.**	कबीर जयन्ती	**9.**	हरियाली तीज
10.	नागपंचमी	**11.**	तुलसी जयन्ती	**12.**	रक्षा बंधन
13.	हल षष्ठी	**14.**	जन्माष्टमी	**15.**	गणेश चतुर्थी
16.	राधा अष्टमी	**17.**	अनंत चतुर्दशी	**18.**	पितृ विसर्जन अमावस्या
19.	नवरात्रि (प्रारम्भ)	**20.**	दुर्गानवमी	**21.**	विजय दशमी
22.	शरद पूर्णिमा	**23.**	करवा चतुर्थी	**24.**	अहोई अष्टमी
25.	धन तेरस	**26.**	नरक चौदस	**27.**	दीपावली
28.	अन्नकूट	**29.**	भाई दूज	**30.**	देवोत्थानी एकादशी
31.	कार्तिकी पूर्णिमा	**32.**	संकट चतुर्थी	**33.**	मकर संक्रान्ति
34.	मौनी अमावस्या	**35.**	वसन्त पंचमी	**36.**	महाशिवरात्रि
37.	होली				

अन्य धर्मावलम्बियों के त्योहार

1.	क्रिसमस	25 दिसम्बर
2.	नववर्ष	1 जनवरी
3.	ईस्टर	
4.	गुड फ्राइडे	
5.	रमजान	
6.	ईद-उल-जुहा	
7.	ईद-उल-फितर	
8.	मुहर्रम	
9.	बारावफात	
10.	शब-ए-बरात	
11.	गुरु नानक दिवस	
12.	महावीर जयन्ती	

उपरोक्त त्योहारों के अतिरिक्त उत्तर प्रदेश में 26 जनवरी और 15 अगस्त जैसे राष्ट्रीय पर्व भी धूमधाम से मनाए जाते हैं।

प्रसिद्ध मन्दिर, मस्जिदें व दरगाह

प्रसिद्ध मन्दिर

अयोध्या

श्री राम मन्दिर : अयोध्या में श्रीराम का प्रसिद्ध मन्दिर है। यह श्रीराम की जन्मस्थली है।

अमावन मन्दिर : यह अमावन राजा निर्मित विविध देवी-देवताओं का नवीन मन्दिर है।

हनुमानगढ़ी मन्दिर : यह हनुमान जी का मन्दिर है, इस मन्दिर का निर्माण शुजाउद्दौला ने कराया था।

कनक भवन : यह पहले स्वर्ण मन्दिर के नाम से जाना जाता था। इस मन्दिर में राम की युगल मूर्तियां हैं।

अलीगढ़

यहां पर अनेक प्राचीन और नवीन मन्दिर हैं। सबसे प्राचीन अचलेश्वर महादेव का मन्दिर है जो अचल तालाब के तट पर स्थित है। तालाब के चारों ओर और भी मन्दिर हैं जिनमें दक्षिणी तट पर बना हुआ हनुमान मन्दिर, 'गिलहराज जी का मन्दिर' नाम से प्रसिद्ध है।

नगर से लगभग 6 कि.मी. दूर पश्चिम में 'महादेव मन्दिर' है।

जालौन

जालौन नगर में 'गोललेश्वर' तथा 'मुरली मनोहर' के प्रसिद्ध मन्दिर हैं।

बांदा

गणेश बाग का मन्दिर (जिला बांदा) : यह एक प्राचीन ऐतिहासिक मन्दिर है जो कर्वी से 2 कि.मी. दक्षिण दिशा में स्थित है।

सहारनपुर

शाकम्भरी देवी का मन्दिर : शिवालिक की पहाड़ियों में शाकम्भरी देवी का प्रसिद्ध मन्दिर स्थित है। इस मन्दिर की स्थापना स्वयं आदि शंकराचार्य ने की थी। यहां प्रतिवर्ष नवरात्रि में मेला लगता है। यह मन्दिर सहारनपुर से 41.6 कि.मी. दूरी पर स्थित है।

बुलन्दशहर

अवन्तिका देवी का मन्दिर : यह मन्दिर जिला बुलन्दशहर के अनूपशहर से आगे स्थित है। अवन्तिका देवी के मन्दिर में प्रतिवर्ष नवरात्रों में मेला लगता है जिसमें बड़ी संख्या में भक्तजन आते हैं। इसी स्थान पर श्रीकृष्ण ने अर्जुन के साथ सुभद्रा को मिलाया था। इस स्थल को 'आहार' कहते हैं।

वेदान्त मन्दिर, राजघाट : जिला बुलन्दशहर के राजघाट नामक स्थान पर यह मन्दिर स्थित है। यहां पर हनुमान जी की 40 फुट ऊंची मूर्ति है, जो दूर से दिखाई पड़ती है।

मेरठ

बालेनी मन्दिर (मेरठ जिला) : मेरठ जिले से 17 कि.मी. दूर आदि कवि महर्षि वाल्मीकि का आश्रम बालेनी गांव में माना जाता है। हिंडन नदी के पास यहां एक मन्दिर है। इस स्थान को पंचतीर्थ भी कहते हैं। यहां धार्मिक चिह्नों वाली ऐतिहासिक ईंटें भी मिली हैं।

पिलोखेड़ी महादेव का मन्दिर : मेरठ के दक्षिण में करीब दो कि.मी. दूर यह मन्दिर है। पुराणों के अनुसार यहां जमदग्नि ऋषि ने प्लक्ष दानव को मारा था। हरिवंश पुराण में हस्तिनापुर के पास कुरु देश में प्लक्ष-तीर्थ कहकर इसी जगह का ब्यौरा दिया गया है। मुकदमेबाज लोगों में इस मन्दिर की ख्याति है। इसे 'शत्रुदमन मन्दिर' भी कहते हैं।

बिनौली का मन्दिर (जिला मेरठ) : बरनावे से आगे पुराना बनावली गांव, अब बिनौली कहलाता है। यहां एक अज्ञात ऐतिहासिक मन्दिर है, जिसका नाम 'पक्का घाट मन्दिर' है। यह किसने और कब बनवाया, पता नहीं चलता। जनश्रुति के अनुसार बनवास के समय पांडव बनावली (बिनौली) गांव में जब रहे थे, तो भीम ने यह मन्दिर अपने भाइयों के लिए बनवाया था।

बिल्वेश्वरनाथ का मन्दिर : मेरठ में भैंसाली स्थित स्मारक कभी सती-सरोवर था। राक्षसराज मय दानव की पुत्री मन्दोदरी रावण की पटरानी बनने तक शंकर-पार्वती की पूजा करने के लिए सती-सरोवर में नहाकर इसी मन्दिर में जाती थी। यहां बिल्वपत्रों का वन था। भैंसाली के पश्चिम में यह मन्दिर अब नया रूप ले चुका है। इसमें बना शिवलिंग अब घिस चुका है जिससे उसकी प्राचीनता का अनुमान किया जा सकता है।

मनसादेवी मन्दिर : पांडवों के बाद हस्तिनापुर जब बाढ़ में नष्ट हो गया, तब नाग जाति ने उसे फिर बसाया था। उसी नाग जाति में मनसा देवी की पूजा का रिवाज था। उनके दो मन्दिर मेरठ में हैं।

सरस्वती मन्दिर : पूरे भारत में विद्या की देवी सरस्वती का शायद ही इतना प्रसिद्ध दूसरा मन्दिर कहीं होगा, जितना मेरठ में सूरजकुण्ड के पास वाला मन्दिर है। विद्यार्थियों में इसकी अधिक मान्यता है। लेखक-पत्रकार भी इस मन्दिर में पूजा करने के लिए आते हैं।

सिद्ध मन्दिर : जिले में यमुना के किनारे यह सिद्ध मन्दिर स्थित है। यहां बना कृष्ण मन्दिर, 'सिद्ध मन्दिर' भी कहलाता है।

बाबा औघड़नाथ का मन्दिर : मेरठ में सदरबाजार कैंट में स्थित शिवजी का यह अत्यन्त प्राचीन मन्दिर है। यहां पर वर्ष में दो बार (शिवरात्रि व शिव चौदस के अवसर पर) कावरिये जल चढ़ाने बड़ी मात्रा में आते हैं। यह मन्दिर 1857 की क्रान्ति से भी संबधित माना जाता है।

वाराणसी

भारत माता का मन्दिर : यह भिन्न प्रकार का मन्दिर है। इस मन्दिर में संगमरमर से निर्मित भारत का मानचित्र है।

दुर्गा मन्दिर : वाराणसी में स्थित यह दुर्गा का मन्दिर है जो नागर शैली में निर्मित है।

विश्वनाथ मन्दिर : यह बनारस का अति प्राचीन मन्दिर है। प्राचीन काल में जहां यह मन्दिर बना था, वहां मुगल सम्राट औरगंजेब ने एक मस्जिद बनवा दी थी। वर्तमान विश्वनाथ मन्दिर इन्दौर

की महारानी अहिल्याबाई ने सन् 1776 में बनवाया था। इस मन्दिर का गुम्बद सोने का बना हुआ है। मन्दिर के छोटे दरवाजे से अन्दर प्रवेश करते ही चांदी के हौदे के मध्य सोने की सुनहरी पीठिका पर आकर्षक शिवलिंग स्थापित है।

तुलसी मानस मन्दिर : यह रामचरितमानस के रचयिता तुलसीदास का नवनिर्मित मन्दिर है।

इलाहाबाद

पातालपुरी मन्दिर : इलाहाबाद के किले के निकट यह अति प्राचीन मन्दिर स्थित है।

नागबसु मन्दिर : इलाहाबाद रेलवे स्टेशन से कुछ दूरी पर यह सर्पदेव नागासु मन्दिर स्थित है।

बड़े हनुमान जी का मन्दिर : इलाहाबाद में किले के समीप ही बड़े हनुमान जी का मन्दिर है जिसमें हनुमान जी की विशाल मूर्ति पृथ्वी पर लेटी हुई है।

अलोपी देवी का मन्दिर : इलाहाबाद शहर से दारागंज की ओर जाने वाली जी.टी. रोड पर अलोपी बाग के अन्दर पुराने शक्ति मन्दिर की स्थापना की गई थी।

वेणी माधव मन्दिर : यह लक्ष्मी-नारायण का मन्दिर है, यहां पर चैतन्य महाप्रभु बंगाल से पूजा करने के लिए आये थे।

मन कामेश्वर मन्दिर : यह भगवान शिव का मन्दिर है। इसमें मनोकामना पूर्ण होती है, ऐसा लोगों का विश्वास है।

मथुरा

श्री कृष्ण मन्दिर : मथुरा में श्रीकृष्णजी का प्राचीन मन्दिर है जिसे औरंगजेब ने ध्वस्त कर दिया था और उसके स्थान पर मस्जिद का निर्माण करवा दिया था। अब पुन: यहां श्रीकृष्ण मन्दिर है तथा समीप ही मस्जिद भी स्थित है।

द्वारिकाधीश मन्दिर : मथुरा में श्रीकृष्ण का यह प्रसिद्ध मन्दिर स्थित है। यह मन्दिर 1814 ई. में ग्वालियर के सेठ गोकुलदास द्वारा निर्मित कराया गया था।

गीता मन्दिर : मथुरा-वृन्दावन मार्ग पर गीता मन्दिर है, इसमें गीता स्तम्भ पर सम्पूर्ण गीता अंकित है।

बलदेव मन्दिर : यह श्रीकृष्णजी के बड़े भाई बलदेवजी की पत्नी का मन्दिर है।

लाडली का मन्दिर : मथुरा के समीप बरसाना में यह मन्दिर स्थित है, यह राधाजी का मन्दिर है।

वृन्दावन के मन्दिर : मथुरा से 10 कि.मी. दूर वृन्दावन में अनेक मन्दिर हैं। 14वीं से 16वीं शताब्दी के मध्य गोविन्द देव मन्दिर (1520), राधा बल्लभ मन्दिर (1626), रंगजी का मन्दिर (1851), शाहजी मन्दिर (1876) तथा बांके बिहारी जी का मन्दिर, आदि प्रसिद्ध मन्दिर हैं।

कानपुर

जे.के. मन्दिर : आधुनिक काल के प्रसिद्ध उद्योगपति जुग्गीमल कमलापति द्वारा बनवाया गया यह कांच का मन्दिर है।

ललितपुर

दशावतार मन्दिर : ललितपुर के देवगढ़ किले में वैष्णवों का दशावतार मन्दिर है। इसे गुप्तकाल में बनवाया गया था।

जैन मन्दिर : देवगढ़ के किले के अन्दर 31जैन मन्दिरों का समूह है जिनमें जैन धर्म की प्रचलित मान्यताओं का अंकन है।

गोरखपुर

गोरखपुर मन्दिर : यह शैव परम्परा के तान्त्रिक गुरु गोरखनाथ का सिद्धिप्राप्त मन्दिर है।

गंगोत्री मन्दिर : गंगोत्री, गंगा का उद्‌गम स्थल है। राजा भागीरथ गंगा नदी को पृथ्वी पर लाने के लिए इसी स्थान पर तपस्यारत रहे थे। यह मन्दिर गंगा के किनारे पर पत्थरों से बना हुआ है।

यमुनोत्री मन्दिर : यमुनोत्री में जयपुर की महारानी ने इस मन्दिर को पुनः बनवाया था, इससे पहले यह किसने बनवाया था, ज्ञात नहीं है। यमुना नदी की यहां पूजा होती है। पास ही सूर्यकुण्ड है।

आगरा

राधास्वामी मन्दिर : यह मन्दिर आगरा के दयाल बाग में बना हुआ है। इसमें राधास्वामी मत के संस्थापक की समाधि बनी हुई है। यह संगमरमर के पत्थरों से बना है। इन पत्थरों पर काफी नक्काशी की गई है।

श्रीमनः कामेश्वर मन्दिर : यह मन्दिर आगरा की घनी आबादी वाले क्षेत्र रावतपाड़ा में स्थित है। इस मन्दिर में प्रतिष्ठित पाषाण शिवलिंग अनादि बताया जाता है। यह शिवलिंग जमीन में काफी गहराई पर है। इसके सामने 11 अखण्ड ज्योति प्रज्वलित हैं।

बटेश्वरनाथ मन्दिर : आगरा जिले में यमुना नदी के किनारे श्री बटेश्वरनाथ का मन्दिर है, जिसका निर्माण भदावर के राजा द्वारा 1646 ई. में करवाया गया था। मन्दिर के साथ-साथ अन्य 101 मन्दिर हैं।

लखनऊ

चन्द्रिका देवी का मन्दिर : लखनऊ में चन्द्रिका देवी का वही महत्त्व है जो कश्मीर में खीर भवानी का है। चूंकि दुर्गा अमावस्या की रात्रि में प्रकट हुई थीं, ऐसा माना जाता है, इसलिए आज भी उनकी पूजा का दिन अमावस्या ही निश्चित है और इस दिन यहां मन्दिर पर बहुत भीड़ होती है।

शीतला देवी मन्दिर : प्राचीन एवं प्रसिद्ध शीतला देवी का मन्दिर लखनऊ के मेहंदीगंज में स्थित है। होली के बाद अष्टमी के दिन इस स्थान पर एक मेला लगता है जो 'आठों के मेले' के नाम से प्रसिद्ध है।

मसानी देवी मन्दिर : यह प्राचीन मन्दिर सआदतगंज में स्थित है। इस मन्दिर में नरसिंह भगवान की एक सफेद सुन्दर प्राचीन मूर्ति स्थापित है।

रतनेश्वर शिव मन्दिर : यह मन्दिर इटौजा में है। इसका निर्माण इटौजा के राजा इन्द्र विक्रम सिंह ने करवाया था।

अलीगंज का प्राचीन हनुमान मन्दिर : लखनऊ नगर के अलीगंज का प्राचीन हनुमान मन्दिर अवध के नवाबों के युग की राष्ट्रीय और धार्मिक एकता का एक उदाहरण है।

अलीगंज का महावीर मन्दिर : इस मन्दिर का निर्माण एक गन्धी (इत्र फरोश) जाटमल ने 1783 ई. में कराया था।

प्रमुख मस्जिदें व दरगाह

अलीगढ़

मोती मस्जिद : यह कंकड़-पत्थरों से बनाई गई एक प्राचीन मस्जिद है। इसके पास एक छोटा-सा तालाब भी है।

जामी मस्जिद : इस मस्जिद को अलीगढ़ के गवर्नर साबित खां ने कंकड़-पत्थरों से बनवाया था।

आगरा

मरियम दरगाह : अकबर की राजपूत पत्नी मरियम–उस जमानी की याद में इस दरगाह का निर्माण 1611 ई. में हुआ था।

मोती मस्जिद : इस मस्जिद को आगरा के किले में शाहजहां ने बनवाया था।

जामा मस्जिद : आगरा के किले के उत्तर-पश्चिम में स्थित इस मस्जिद का निर्माण सन् 1648 ई. में हुआ था। इसे शाहजहां की पुत्री जहांआरा ने बनवाया था।

फतेहपुर सीकरी

शेख सलीम चिश्ती की दरगाह : फतेहपुर सीकरी में स्थित यह दरगाह एक प्रसिद्ध दरगाह है। इसमें शेख सलीम चिश्ती की कब्र है।

जामा मस्जिद : 1571 में अकबर ने जगह-जगह छतरियों वाली यह अनोखी मस्जिद फतेहपुर सीकरी में बनवाई थी।

जौनपुर

जहांगीरी मस्जिद : यह मस्जिद सैयद सरदार जहांअलमाली के सम्मान में बनवाई गई थी।

लाल दरवाजा मस्जिद : जौनपुर में स्थित इस मस्जिद की विशिष्टता दर्शाने के लिए शर्की शासनकाल में लाल दरवाजा लगवाया गया था। इसी कारण यह लाल दरवाजा मस्जिद के नाम से प्रसिद्ध है।

अटाला मस्जिद : जौनपुर की अटाला मस्जिद को इब्राहिम शर्की ने पूर्ण करवाया था।

जामी मस्जिद : इस मस्जिद का निर्माण हुसैनशाह ने करवाया था। यह काफी विशाल मस्जिद है।

झाझरी मस्जिद : इस मस्जिद को इब्राहिम शाह शर्की ने बनवाया था।

मथुरा

अब्दुनबी जामी मस्जिद : यह 1661 में 'केशव देव मन्दिर' के स्थान पर बनाई गई विशाल मस्जिद है। यह मस्जिद विवादित है।

कन्नौज

मकदून जहानियां मस्जिद : यह मस्जिद राजा जयचन्द के किले की सोलहद्वारी में बनवाई गई थी।

मिर्जापुर

चुनार मस्जिद : यह मस्जिद 1663 में औरंगजेब के गवर्नर बहराम खां ने बनवाई थी। यह बहुत मजबूत ग्रेनाइट पत्थरों से बनी है। यह परम्परागत मुगल निर्माण-शैली का नमूना है।

वाराणसी

ज्ञानवापी या आलमगीर मस्जिद (विवादित) : यह औरंगजेब द्वारा वैष्णव मन्दिरों के मलबे से बनवाई गई थी। मस्जिद में मूर्तियों के अंश अब भी दिखाई देते हैं।

मेरठ

दरगाह कुतुबशाह : मेरठ से करीब 20 कि.मी. दूर फलावदा कस्बे में स्थित इस दरगाह पर कुतुबशाह मेला हर साल धूमधाम से लगता है।

बाले मियां की दरगाह : 1017 ई. में महमूद गजनवी ने मेरठ पर हमला किया। गजनवी के सिपहसालार सैयद सालार मसूद—जो जंग में खून-खराबा देखकर फकीर बन गए थे—का मकबरा 1194 ई. में कुतुबुद्दीन ऐबक ने बनवाया था।

जामा मस्जिद : यह मस्जिद वास्तुकला का नायाब नमूना है। पुरानी तहसील के कोतवाली क्षेत्र में यह मस्जिद स्थित है।

मखदूम शाह वलायत दरगाह : शिवाजी मार्ग पर कचहरी के पास स्थित इस दरगाह को शहाबुद्दीन गोरी ने बनवाया था।

शाहपीर मकबरा : यह मकबरा 1628 ई. में बादशाह जहांगीर के हुक्म पर नूरजहां की मर्जी से बनवाया गया था।

लखनऊ

लक्ष्मण-टीले वाली मस्जिद : इस मस्जिद का निर्माण सुल्तान अली शाह कुली खाँ ने कराया था।

आसफी मस्जिद : 'आसफी-इमामबाड़े' से मिली हुई 'आसफी मस्जिद' है। इसका निर्माण भी इमामबाड़ के साथ-साथ ही होता रहा।

जामा मस्जिद : हुसैनाबाद इमामबाड़े के पश्चिम में एक ऊबड़-खाबड़ विशाल मैदान है। इसके ऊंचे टीले पर लखनऊ की सबसे विशाल मस्जिद है।

उपरोक्त मस्जिदों के अतिरिक्त लखनऊ की अन्य मस्जिदें हैं—मस्जिद मियां अल्मास अली खां, तहसीन की मस्जिद, सराय तहसीन, छोटे तहसीन की मस्जिद, मस्जिद मलका किश्वर, पण्डाइन की मस्जिद तथा मस्जिद धनियां महरी।

दरगाह हजरत अब्बास : इस दरगाह को मिर्जा फकीर बेग ने बनवाया था। मुस्लिम समुदाय का यह बड़ा पवित्र स्थान है।

❑❑❑

अनुसूचित जनजातियां

प्रदेश की जनजातियाँ

उत्तर प्रदेश की प्रमुख जनजातियां बोक्सा और थारू हैं। इनके अतिरिक्त अन्य जनजातियों में भोटिया, राजी, जौनसारी, खरवार और माहीगीर मुख्य हैं। उत्तर प्रदेश की ये जनजातियां प्रदेश के लगभग सभी जिलों में निवास करती हैं। जनजातियों की संख्या का विवरण नीचे दिया गया है।

उत्तर प्रदेश की जनजाति संख्या-2011

क्र.	*जिला*	*जनजाति जनसंख्या (2011)*	*क्र.*	*जिला*	*जनजाति जनसंख्या (2011)*
1.	सहारनपुर	980	**20.**	बाँदा	163
2.	मुजफ्फरनगर	317	**21.**	हमीरपुर	474
3.	मेरठ	3390	**22.**	महोबा	647
4.	गाजियाबाद	3968	**23.**	झांसी	3873
5.	बुलंदशहर	198	**24.**	ललितपुर	71610
6.	गौतम बुद्ध नगर	2215	**25.**	जालौन	832
7.	बागपत	14	**26.**	मिर्जापुर	20132
8.	अलीगढ़	629	**27.**	सोनभद्र	385018
9.	आगरा	7255	**28.**	संत रविदास नगर	1873
10.	मथुरा	1520	**29.**	बस्ती	3620
11.	मैनपुरी	478	**30.**	सिद्धार्थनगर	12021
12.	एटा	140	**31.**	संत कबीर नगर	1593
13.	फिरोजाबाद	2565	**32.**	गोरखपुर	18172
14.	महामाया नगर	268	**33.**	देवरिया	109894
15.	फैजाबाद	931	**34.**	महाराजगंज	16435
16.	बाराबंकी	610	**35.**	कुशीनगर	80269
17.	अम्बेडकर नगर	746	**36.**	वाराणसी	28617
18.	सुल्तानपुर	696	**37.**	गाजीपुर	28712
19.	चित्रकूट धाम	366	**38.**	जौनपुर	4736

क्र.	जिला	जनजाति जनसंख्या (2011)	क्र.	जिला	जनजाति जनसंख्या (2011)
39.	चन्दौली	41725	**58.**	सीतापुर	1602
40.	इलाहाबाद	7955	**59.**	हरदोई	349
41.	फतेहपुर	340	**60.**	उन्नाव	2926
42.	कोशाम्बी	193	**61.**	रायबरेली	1756
43.	प्रतापगढ़	723	**62.**	लखीमपुर खीरी	53375
44.	आजमगढ़	9327	**63.**	बरेली	3227
45.	बलिया	110114	**64.**	पीलीभीत	1714
46.	मऊ नाथ भंजन	22915	**65.**	शाहजहांपुर	508
47.	बलरामपुर	24887	**66.**	बदायूं	58
48.	गोण्डा	870	**67.**	बिजनौर	3058
49.	बहराइच	11159	**68.**	मुरादाबाद	685
50.	श्रावस्ती	5534	**69.**	रामपुर	358
51.	कानपुर (नगर)	3753	**70.**	ज्योतिबा फूले नगर	164
52.	कानपुर (देहात)	801	**71.**	कांशीराम नगर	150
53.	औरैया	150	**72.**	अमेठी	—
54.	कन्नौज	15	**73.**	शामली	—
55.	इटावा	169	**74.**	हापुड़	—
56.	फर्रुखाबाद	230	**75.**	संभल	—
57.	लखनऊ	7506			

1. वर्तमान में अमेठी (छत्रपति शाहूजी महाराज नगर), शामली (प्रबुद्ध नगर), हापुड़ (पंचशील नगर) और सम्भल (भीम नगर) के सम्पूर्ण आँकड़े को शासन द्वारा जारी नहीं किया गया है। ये आँकड़े उन्हीं जिलों में शामिल हैं, जिनसे इनका गठन किया गया है।

थारू

निवास क्षेत्र : थारू जनजाति उत्तर प्रदेश में गोरखपुर एवं तराई क्षेत्र में निवास करती है।

उत्पत्ति एवं वंश : ये किरात वंश के हैं तथा कई उपजातियों में विभाजित हैं। थारू नाम की उत्पत्ति के विषय में इतिहासकारों द्वारा अनेक संभावनाएं व्यक्त की गई हैं। कुछ विद्वानों के विचार से 'थार' का अर्थ है 'मदिरा' और 'थारू' का अर्थ है 'मदिरा पान करने वाला'। चूंकि ये मदिरा का सेवन पानी की तरह करते हैं, अत: थारू कहलाते हैं। कुछ विद्वानों का कहना है कि थारू जाति के लोग राजपूताना के 'थार' मरुस्थल से आकर यहां बसे हैं, अत:थारू कहलाते हैं।

शारीरिक गठन : थारू जाति के लोग कद में छोटे, चौड़ी मुखाकृति और पीले रंग के होते हैं। पुरुषों से स्त्रियां कहीं अधिक आकर्षक और सुन्दर होती हैं।

वेष-भूषा : थारू पुरुष लंगोटी की तरह धोती लपेटते हैं और बड़ी चोटी रखते हैं, जो हिंदुत्व का प्रतीक है। थारू स्त्रियां रंगीन लहंगा, ओढ़नी, चोली और बूटेदार कुर्ता पहनती हैं। इन्हें आभूषण प्रिय हैं। शरीर पर गुदना-गुदवाना भी इन्हें रुचिकर लगता है।

आवास और गृह : थारू जाति के लोग अपना घर मिट्टी और ईंटों का नहीं बनाते हैं। इनके मकान लकड़ी के लट्ठों और नरकुलों के द्वारा बनाये जाते हैं। इनके मकान उत्तर-दक्षिण की ओर होते हैं और द्वार पूर्व की ओर होता है। इनके मकानों में कई कमरे होते हैं। घर में एक पूजाघर भी होता है।

भोजन : थारूओं का भोजन मुख्य रूप से चावल है। मछली, दाल, गाय-भैंस का दूध, दही तथा जंगल में आखेट किये गए जन्तुओं का मांस भी खाते हैं।

धर्म : थारू हिन्दू धर्म को मानते हैं।

त्योहार एवं पर्व : थारू जनजाति के लोग हिन्दुओं के सभी त्योहार मनाते हैं। मकर संक्रान्ति, होली, कन्हैया अष्टमी (जन्माष्टमी), दशहरा और बजहर थारुओं के मुख्य त्योहार हैं।

अर्थव्यवस्था : थारुओं की अर्थव्यवस्था कृषि-प्रधान है। ये लोग मुख्यत: धान की खेती करते हैं।

इनके अन्य व्यवसायों में पशुपालन, लकड़ी की ढलाई, कटाई, शिकार, वन्य भूमियों से लकड़ी, जड़ी-बूटी, फल-फूल एकत्र करना और कुटीर उद्योग हैं।

बुक्सा

निवास : बुक्सा अथवा भोक्सा जनजाति उत्तर प्रदेश के बिजनौर जिले में छोटी-छोटी ग्रामीण बस्तियों में निवास करती है।

उत्पत्ति व शारीरिक गठन : अधिकांश लोगों का मत है कि बुक्सा जनजाति पतवार राजपूत घरानों से संबंध रखती है। कुछ विद्वानों ने इन्हें मराठों द्वारा भगाए जाने के बाद यहां पर आकर बसा माना है। बुक्सा जनजाति के लोगों का कद और आंखें छोटी होती हैं। उनकी पलकें भारी, चेहरा चौड़ा एवं नाक चपटी होती है।

भाषा : बुक्सा लोग मुख्यत: हिन्दी भाषा बोलते हैं। इनमें जो लोग लिखना-पढ़ना जानते हैं वे देवनागरी लिपि का प्रयोग करते हैं।

भोजन : इनका मुख्य भोजन मछली व चावल है।

वेश-भूषा : बुक्सा पुरुष धोती, कुर्ता, सदरी और सिर पर पगड़ी धारण करते हैं। नगरों में रहने वाले पुरुष गांधी टोपी, कोट, ढीली पैंट और चमड़े के जूते, चप्पल आदि पहनते हैं।

सामाजिक संरचना : बुक्सा जनजाति चार सामाजिक वर्गों में बंटी है। बुक्सा ब्राह्मण समाज में सबसे ऊंचा स्थान रखते हैं। उसके बाद क्रमश: क्षत्रिय बुक्सा, अहीर बुक्सा और नाई बुक्सा का स्थान है।

विवाह : बुक्सा लोगों में भी हिन्दुओं के समान ही अनुलोम तथा प्रतिलोम विवाह भी प्रचलित हैं, साथ ही अन्तर्जातीय विवाह अधिकांशत: होते हैं।

धर्म : बुक्सा आदिवासियों में धर्म का पारम्परिक रूप हिन्दू धर्म का ही प्रतिरूप है। ये लोग महादेव, काली माई, दुर्गालक्ष्मी, राम, कृष्ण की पूजा करते हैं।

राजनीतिक संगठन : बुक्सा जनजाति में बिरादरी पंचायत एक प्रमुख आदिवासी राजनीतिक संगठन है जो बुक्सा समाज में न्याय एवं व्यवस्था बनाए रखने के लिए उत्तरदायी है।

अर्थव्यवस्था : कृषि एवं पशुपालन इनकी अर्थव्यवस्था के प्रमुख साधन हैं।

खरवार

निवास क्षेत्र : उत्तर प्रदेश के मिर्जापुर जिले में खरवार जनजाति निवास करती है। इनका मूल क्षेत्र बिहार का पलामू और अठारह हजारी क्षेत्र है।

उत्पत्ति : खरवार आरम्भ में एक शिकारी जनजाति थी। कुछ इतिहासकारों का कहना है कि खरवार कत्थे का व्यापार करते थे, जबकि कुछ लोग इन्हें बिहार में सोन घाटी क्षेत्र का शासक मानते हैं। वर्तमान में इस जाति के लोगों की आर्थिक दशा बहुत खराब है; इस कारण इन्हें जनजातियों की श्रेणी में सम्मिलित कर लिया गया है। इनकी उपजातियों में सूरजवंशी, पटबन्दी, दौलतबन्दी, खेरी, राउत, मौगती, मोझयाली, गोजूं, आर्मिया आदि हैं।

भाषा व बोली : विभिन्न स्थानों पर रहने वाले खरवारों की भाषा व बोली पर स्थानीयता का प्रभाव परिलक्षित होता है। इनकी वाणी में कर्कशता अधिक देखी जाती है तथा किसी शब्द का उच्चारण खींचकर करते हैं। मुख्यत: खरवार जनजाति के लोग अनुनासिक ध्वनियों का प्रयोग अधिक करते हैं जिनमें 'रे', 'तोर', 'मोर', 'केकर', 'ओकर' आदि शब्दों का प्रयोग किया जाता है।

वेशभूषा : खरवार जाति के लोग साधारणत: धोती, बंडी एवं सिर पर पगड़ी पहनते हैं तथा स्त्रियों साड़ी पहनती हैं। इनके आभूषणों में हैकल, बाजूबन्द, हंसुली, बरेखा, कड़ा, नथिनी, गुरिया या मूंगा की माला आदि मुख्य हैं।

धर्म : यह जनजाति मुख्यत: हिन्दू धर्म के रीति-रिवाजों का पालन करती है। ये लोग बहाउस, वनसन्ती, दूल्हादेव, धमसान, गोरइया, शिव, दुर्गा, हनुमान आदि देवी-देवताओं के अतिरिक्त वृक्षों में सेमल, पीपल, नीम तथा जन्तुओं में नाग-बिच्छू आदि की पूजा करते हैं। इनकी स्त्रियां टोना करने में बड़ी दक्ष होती हैं।

पर्व व त्योहार : खरवार जीवितपुत्रिका (जिउतिया), अनन्त चतुर्दशी, होली, नवरात्रि आदि पर्व हर्षोल्लास से मनाते हैं।

माहीगीर

माहीगीर आदिवासी उत्तर प्रदेश के बिजनौर जिले के नजीबाबाद क्षेत्र में निवास करते हैं। इसके अतिरिक्त सहारनपुर, जलालाबाद, किरतपुर, मनेरा, मंडवार और धारानगर में भी निवास करते हैं। ये मछुआरे हैं तथा इस्लाम धर्म का पालन करते हैं।

❑❑❑

1. उत्तर प्रदेश की प्रथम महिला मुख्यमंत्री सुचेता कृपलानी थीं।
2. प्रदेश की प्रथम राज्यपाल श्रीमती सरोजनी नायडू थीं।
3. प्रदेश के प्रथम मुख्यमंत्री श्री गोविन्द बल्लभ पंत थे।
4. प्रदेश का सबसे प्रथम हिन्दी साप्ताहिक समाचार-पत्र 'बनारस अखबार' नाम से जनवरी, 1845 में काशी (बनारस) से प्रकाशित हुआ।
5. प्रदेश का प्रथम हिन्दी दैनिक समाचार-पत्र 'हिन्दोस्तान' का प्रकाशन 1887 ई. में प्रतापगढ़ में हुआ जिसे कालाकांकर के राजा रामपाल सिंह ने प्रारम्भ किया था।
6. प्रदेश के प्रथम अंग्रेजी दैनिक 'लीडर' का प्रकाशन 1909 ई. में पं. मदनमोहन मालवीय जी ने इलाहाबाद से प्रारम्भ किया था।
7. प्रदेश के उर्दू गद्य के प्रथम लेखक मिर्जा रजब अली सुरूर थे, वे लखनऊ के रहने वाले थे। उन्होंने 'फसाना-ए-अजायब' की रचना की।
8. प्रदेश के हिन्दी के प्रथम गंभीर चिन्तन निबंधकार और आलोचक आचार्य रामचन्द्र शुक्ल थे।
9. उत्तर प्रदेश का प्रथम विश्वविद्यालय, इलाहाबाद विश्वविद्यालय है, जिसकी स्थापना 1887 ई. में की गई थी।
10. प्रदेश में 1791 ई. में बनारस में रेजिडेंट डंकन ने प्रथम संस्कृत महाविद्यालय की स्थापना की थी जिसमें हिन्दू धर्म, साहित्य एवं कानून की शिक्षा की व्यवस्था की गई थी।
11. प्रदेश की ही नहीं बल्कि सम्पूर्ण भारत की इण्डियन आर्मी की प्रथम महिला ब्रिगेड रानी झांसी ब्रिगेड थी, जो 23 अक्टूबर, 1943 ई. को ब्रिगेड बनी।
12. उत्तर प्रदेश का सबसे बड़ा तेल-शोधक कारखाना मथुरा में है।
13. प्रदेश का क्षेत्रफल की दृष्टि से सबसे बड़ा जिला लखीमपुर (खीरी) है।
14. प्रदेश का क्षेत्रफल की दृष्टि से सबसे छोटा जिला संत रविदास नगर है।
15. प्रदेश का सबसे बड़ा दरवाजा बुलन्द दरवाजा है।
16. प्रदेश का सबसे बड़ा औद्योगिक नगर कानपुर है।
17. प्रदेश ही नहीं बल्कि सम्पूर्ण भारत के प्रथम खेलकूद परिषद् की स्थापना 1956 ई. में लखनऊ में हुई थी।
18. प्रदेश की पहली महिला वकील कारनेलिया सोराबजी थीं जो 1923 ई. में इलाहाबाद उच्च न्यायालय में वकील थीं।

19. प्रदेश ही नहीं बल्कि सम्पूर्ण भारत में सर्वप्रथम ट्रैक्टर का प्रयोग लखीमपुर खीरी में सरदार जोगेन्द्र सिंह ने 1904 ई. में किया था।

20. प्रदेश की ही नहीं बल्कि सम्पूर्ण भारत में सबसे पहली सीधी ट्रंक डायलिंग सेवा लखनऊ-कानपुर के बीच 26 नवम्बर, 1960 ई. को शुरू की गई थी।

21. प्रदेश का ही नहीं बल्कि सम्पूर्ण भारत का पहला ग्रामीण बैंक मुरादाबाद व गोरखपुर में 2 अक्टूबर, 1975 को खुला।

22. प्रदेश में सर्वाधिक गर्मी आगरा व झांसी जिले में पड़ती है। सबसे कम गर्मी बरेली के मैदानी भागों में पड़ती है।

23. प्रदेश का नहीं बल्कि सम्पूर्ण भारत का पहला राष्ट्रीय पार्क 1936 में स्थापित हेली पार्क है जिसे आजादी के बाद रामगंगा पार्क नाम मिला; आज जिसे जिम कार्बेट नेशनल पार्क (अब उत्तराखंड में) कहा जाता है।

24. प्रदेश की सबसे लम्बी नदी गंगा नदी है।

25. प्रदेश की सर्वाधिक लम्बी नहर शारदा नहर है।

26. प्रदेश का सबसे बड़ा रेलवे यार्ड, मुगलसराय रेलवे यार्ड है।

27. प्रदेश की सबसे बड़ी विद्युत परियोजना ओबरा (मिर्जापुर में) है।

28. एशिया की सबसे बड़ी परीक्षा संस्था 'उत्तर प्रदेश माध्यमिक शिक्षा परिषद्' है।

29. प्रदेश का सर्वाधिक साक्षरता वाला जिला गौतमबुद्ध नगर है।

30. प्रदेश का सबसे कम साक्षरता वाला जिला श्रावस्ती है।

31. प्रदेश की एकमात्र आण्विक परियोजना नरौरा (बुलन्दशहर) में संचालित है।

32. 2011 की जनगणना के अनुसार, जनसंख्या की दृष्टि से उत्तर प्रदेश का सबसे बड़ा जिला इलाहाबाद है।

33. 2011 की जनगणना के अनुसार, जनसंख्या की दृष्टि से उत्तर प्रदेश का सबसे छोटा जिला महोबा है।

34. 2011 की जनगणना के अनुसार प्रदेश का सर्वाधिक जनसंख्या घनत्व वाला जिला गाजियाबाद है।

35. प्रदेश में चीनी मिट्टी के बर्तनों के लिए खुर्जा नगर प्रसिद्ध है।

36. भारत में सबसे पहले उर्दू अकादमी की स्थापना उत्तर प्रदेश राज्य में हुई।

37. उत्तर प्रदेश में सर्वाधिक प्रचलित लोकनृत्य नौटंकी है।

38. उत्तर प्रदेश की अनुसूचित जाति की पहली महिला मुख्यमंत्री मायावती बनी थीं।

39. प्रदेश ही नहीं बल्कि पूरे भारत का सबसे बड़ा रेलवे प्लेटफार्म गोरखपुर में स्थित है।

❑❑❑

अध्याय 10 प्रमुख उद्योग एवं औद्योगिक केन्द्र

देश के प्रमुख औद्योगिक प्रदेशों में से उत्तर प्रदेश एक है। चीनी उत्पादित राज्यों में यह प्रदेश सम्पूर्ण देश में अग्रणी है। यहां का सबसे बड़ा उद्योग हथकरघा उद्योग है। प्रदेश के प्रमुख औद्योगिक नगरों में कानपुर प्रथम स्थान पर है। यह नगर प्रदेश का सबसे बड़ा औद्योगिक नगर है। अन्य औद्योगिक नगरों में आगरा, अलीगढ़, मेरठ, गाजियाबाद, गोरखपुर, लखनऊ, मिर्जापुर, मोदीनगर, वाराणसी और बरेली है। इस प्रदेश में सूती कपड़ा, ऊनी, रेशमी, जूट उद्योग, शराब, कागज, रासायनिक पदार्थ, कृषि उपकरण, कांच का सामान बनाने के उद्योग उन्नत दशा में हैं।

प्रदेश के प्रमुख उद्योग-धंधे

चीनी उद्योग : उत्तर प्रदेश सम्पूर्ण देश में चीनी उद्योग की दृष्टि से अग्रणी है। इस प्रदेश में 122 चीनी मिलें हैं। भारत का लगभग 50 प्रतिशत चीनी का उत्पादन इस प्रदेश में होता है। चीनी मिलें मुख्यत: मेरठ, बरेली, गोरखपुर, शाहजहांपुर, कानपुर, इलाहाबाद, फैजाबाद, वाराणसी, लखनऊ, बस्ती में हैं। गुड़ उत्पादन में भी यह प्रदेश सबसे आगे है। मेरठ, मुजफ्फरनगर, सीतापुर और बरेली गुड़ बनाने के मुख्य केन्द्र हैं।

कागज उद्योग : प्रदेश में लखनऊ और सहारनपुर में कागज की मिलें हैं। इलाहाबाद, कानपुर, मेरठ और सहारनपुर में गत्ता (कार्ड-बोर्ड) बनाने की मिलें हैं। मेरठ की मिल में गन्ने की खोई से कार्ड-बोर्ड बनाया जाता है।

वनस्पति घी उद्योग : प्रदेश में गाजियाबाद, कानपुर, मेरठ, मोदीनगर, अलीगढ़ तथा इलाहाबाद में वनस्पति घी बनाया जाता है।

चमड़ा उद्योग : प्रदेश में चमड़ा उद्योग के प्रमुख केन्द्र हैं : आगरा, मेरठ, बरेली, लखनऊ और दयालबाग में चमड़े के जूते, जीन, पेटियां, सूटकेस आदि बनाए जाते हैं।

दियासलाई उद्योग : इस उद्योग का प्रमुख केन्द्र बरेली है। इसके अतिरिक्त इलाहाबाद, लखनऊ, सहारनपुर, रामपुर और मेरठ में दियासलाई के कारखाने हैं।

सूती वस्त्र उद्योग : सूती वस्त्र उद्योग की दृष्टि से उत्तर प्रदेश देश में तीसरे स्थान पर है। यहां पर सूती कपड़ों की 60 मिलें हैं। ये मिलें कानपुर, ऊझानी, मोदीनगर, मिर्जापुर, इटावा, बरेली, मेरठ, हरदोई, हाथरस, अलीगढ़, सहारनपुर, बदायूं, इलाहाबाद, वाराणसी, मुरादाबाद आदि में हैं। कानपुर उत्तर प्रदेश का मानचेस्टर कहलाता है। यहां पर सूती कपड़ों की कई प्रमुख मिलें हैं। प्रदेश में करीब 24 कताई मिलें हैं। जिनमें से 13 कताई मिलों का संचालन उत्तर प्रदेश राज्य वस्त्र निगम द्वारा किया जा रहा है तथा 11 का संचालन उत्तर प्रदेश सहकारी कताई मिल संघ द्वारा किया जा रहा है।

दरियां प्रमुख रूप से अलीगढ़, आगरा, इटावा, बरेली, मिर्जापुर, मुरादाबाद, शाहजहांपुर में बनाई जाती हैं। मैनपुरी, मिर्जापुर, वाराणसी और आगरा गलीचे बनाने के केन्द्र हैं।

रेशमी वस्त्र उद्योग : प्रदेश में इटावा और वाराणसी रेशमी वस्त्र उद्योग के प्रमुख केन्द्र हैं और इसके अतिरिक्त कानपुर व मोदीनगर में भी रेशमी वस्त्रों की मिलें हैं।

ऊनी वस्त्र उद्योग : प्रदेश में कानपुर और मिर्जापुर ऊनी वस्त्रों के प्रमुख केन्द्र हैं। कानपुर में स्थित लाल इमली का कारखाना देश में ऊनी वस्त्रों के लिए प्रसिद्ध है।

जूट उद्योग : प्रदेश में कानपुर और शहजनवा, जूट उद्योग के प्रमुख केन्द्र हैं।

खाद्य तेल उद्योग : प्रदेश में खाद्य तेल की आधुनिक प्रमुख मिलें कानपुर, आगरा, मोदीनगर और गाजियाबाद में हैं।

कांच उद्योग : प्रदेश में कांच उद्योग के प्रमुख केन्द्र फिरोजाबाद, गाजियाबाद, बहजोई, नैनी, लखनऊ, हाथरस, वाराणसी, मेरठ, सासनी, हिरनगऊ, मक्खनपुर, रामनगर, शिकोहाबाद आदि हैं। प्रदेश में कांच उद्योग के 32 कारखाने तथा चूड़ी उद्योग के 90 कारखाने हैं। फिरोजाबाद कांच की चूड़ियां बनाने का भारत का प्रमुख केन्द्र है।

इंजीनियरिंग उद्योग : इस उद्योग के अन्तर्गत सामान्यत: सभी धातुओं के निर्माण सम्मिलित हैं परन्तु प्रदेश में इसकी उन्नति की दृष्टि से प्रमुखत: संरचनात्मक अभियान्त्रिकी, औद्योगिक संस्थान, मशीन टूल्स, विद्युत् उपकरणों से संबंधित उद्योगों का विकास हुआ है। इसके अन्तर्गत इलाहाबाद के पास स्थित नैनी में त्रिवेणी स्ट्रक्चरल लिमिटेड कारखाना उल्लेखनीय है जिसमें हाइड्रोलिक, ट्रांसमिशन टावर, इस्पाती पुल, औद्योगिक भवनों के निर्माण में प्रयुक्त होने वाली क्रेनें आदि अनेक चीजें बनाई जाती हैं।

अल्यूमीनियम उद्योग : प्रदेश में अल्यूमीनियम उद्योग की उन्नति मिर्जापुर जिले में हुई है। यहां पर हिन्दुस्तान अल्यूमीनियम कार्पोरेशन के रेनूकूट स्थित कारखाने में अल्यूमीनियम धातु की चादरें व पिण्ड बनाए जाते हैं। यहां परवर्ष में 1.20 लाख टन से भी अधिक अल्यूमीनियम का निर्माण किया जाता है। इसके अतिरिक्त आगरा, अलीगढ़, मेरठ, मथुरा व कानपुर आदि में भी अल्यूमीनियम के कारखाने हैं।

इलेक्ट्रॉनिक उद्योग : प्रदेश में पिछले कुछ वर्षों में ही इलेक्ट्रॉनिक उद्योग का बहुत विकास हुआ है। इस क्षेत्र में अपट्रॉन टी.वी. कम्पनी ने सादे व रंगीन टी.वी. सैटों का निर्माण कर काफी प्रसिद्धि प्राप्त की है। अपट्रॉन टी.वी. के कारखाने लखनऊ, इलाहाबाद, जौनपुर, बनारस, नोएडा, रायबरेली व साहिबाबाद आदि में स्थित हैं।

खाद उद्योग : प्रदेश में गोरखपुर, कानपुर, इलाहाबाद, मगरवाड़ा आदि नगरों में खाद बनाने के प्रमुख कारखाने हैं।

सूक्ष्म यन्त्र बनाने का उद्योग : इस उद्योग का प्रदेश में मुख्य केन्द्र लखनऊ है। इस उद्योग के अन्तर्गत स्टेथेस्कोप, औद्योगिक हीरे, जलमापक मीटर आदि यन्त्र बनाए जाते हैं।

साइकिल उद्योग : प्रदेश में साइकिल उद्योग के प्रमुख केन्द्र लखनऊ, कानपुर, आगरा, वाराणसी, इलाहाबाद व रामपुर आदि हैं।

कृषि-यंत्र बनाने के उद्योग : प्रदेश में बुआई, जुताई, निराई, फसल काटने, गहने, दुग्धशाला, कुकुटशाला उपस्कर, पादप संरक्षण उपस्कर व फार्म परिवहन उपस्कर आदि बनाने के अनेक कारखाने हैं, जो प्रदेश में मुख्य रूप से कानपुर, लखनऊ, आगरा, अलीगढ़ व मेरठ आदि नगरों में स्थित हैं।

सीमेंट उद्योग : प्रदेश में सीमेंट के कारखाने चुर्क और डल्ला में स्थित हैं।

रासायनिक उद्योग : प्रदेश में इस उद्योग के अन्तर्गत प्रमुख रूप से रासायनिक क्रियाओं द्वारा अन्य उद्योगों के लिए रासायनिक पदार्थ का निर्माण किया जाता है। ब्लीचिंग पाउडर, दवाइयां, रंग-रोगन, गंधक का तेजाब, हाइड्रोक्लोरिक एसिड, अमोनिया आदि रासायनिक पदार्थों का निर्माण इस उद्योग के अन्तर्गत आता है। रासायनिक उद्योग के कारखाने प्रदेश में मुख्य रूप से कानपुर, वाराणसी, बरेली, गाजियाबाद, इलाहाबाद के शंकरगढ़ में स्थित हैं।

साबुन उद्योग : प्रदेश में साबुन बनाने के कारखाने मुख्य रूप से आगरा, मोदीनगर, गाजियाबाद, मेरठ, कानपुर आदि नगरों में स्थित हैं।

स्प्रिट और शराब उद्योग : प्रदेश में स्प्रिट व शराब के कारखाने मुख्य रूप से गाजियाबाद, सहारनपुर, मेरठ, उन्नाव, लखनऊ, रामपुर, दौराला, नवाबगंज व मंसूरपुर में स्थित हैं।

सिगरेट निर्माण : प्रदेश में सिगरेट का निर्माण मुख्य रूप से गाजियाबाद व सहारनपुर में होता है।

नल के पाइप का निर्माण : प्रदेश में कानपुर, लखनऊ, इलाहाबाद व गाजियाबाद नल के पाइप बनाने के प्रमुख केन्द्र हैं।

चीनी मिट्टी के बर्तन : खुर्जा व गाजियाबाद में चीनी मिट्टी के बर्तन प्रमुख रूप से बनाए जाते हैं।

टॉर्च बनाना : प्रदेश में लखनऊ में प्रमुख रूप से टॉर्च बनती है।

टीन के कनस्तर : आगरा, हाथरस, गाजियाबाद, इटावा व मैनपुरी टीन के कनस्तरों के निर्माण के प्रमुख केन्द्र हैं।

लघु एवं कुटीर उद्योग

उत्तर प्रदेश लघु एवं कुटीर उद्योगों व हस्तकला उद्योग के लिए प्राचीनकाल से प्रसिद्ध रहा है। इन उद्योगों में हथकरघा उद्योग, लकड़ी व फर्नीचर उद्योग, पीतल व अन्य धातु उद्योग तथा खेल का सामान, बिस्कुट, इत्र-सुगन्धित तेल, कैंची, छुरी व चाकू आदि अन्य उद्योग प्रदेश में विकसित हैं।

हथकरघा उद्योग : यह प्रदेश हथकरघा उद्योग की दृष्टि से महत्त्वपूर्ण रहा है। यहां पर सूती वस्त्र, हाथ के बुने वस्त्र, चिकन का काम, छींट व लिहाफों की छपाई, कालीन व दरियां, ऊनी वस्त्र, कम्बल आदि बनाए जाते हैं।

हथकरघा सूती वस्त्र के केन्द्र : देवबन्द, धामपुर, अमरोहा, सिकन्दराबाद, मेरठ।

हाथ के बुने वस्त्रों के प्रमुख केन्द्र : बनारस, संडीला, मऊ, बिलासपुर।

रेशमी वस्त्र, जरी व चिकन के केन्द्र : जहांगीराबाद, पिलखुआ, मथुरा व फर्रुखाबाद।

कालीन व दरियां बनाने के केन्द्र : अलीगढ़, मिर्जापुर, आगरा, बरेली व मथुरा।

ऊनी वस्त्र बनाने के केन्द्र : कानपुर, मिर्जापुर।

कम्बल बनाने के केन्द्र : मुजफ्फरनगर, नजीबाबाद और लावड (मेरठ)।

लकड़ी व फर्नीचर उद्योग : प्रदेश में लकड़ी के फर्नीचर व खिलौने बनाने के केन्द्र प्रमुख रूप से सहारनपुर, बरेली, हाथरस में हैं। लकड़ी पर नक्काशी का कार्य मुख्य रूप से सहारनपुर व नगीना में होता है। लकड़ी के खिलौने मुख्य रूप से वाराणसी व लखनऊ में बनाए जाते हैं।

बेंत व छड़ियां बनाने के केन्द्र : बरेली।

खेल का सामान बनाने के केन्द्र : मेरठ व आगरा।

पीतल व अन्य धातु उद्योग

पीतल व कलई के बर्तन बनाने का केन्द्र : वाराणसी, मिर्जापुर, हाथरस, फर्रुखाबाद, अतरौली, मुरादाबाद, हापुड़, शामली में बर्तनों पर कलई करने का कार्य होता है तथा नक्काशी का कार्य मुरादाबाद व मिर्जापुर में होता है।

पीतल के ताले बनाने का केन्द्र : अलीगढ़।

चाकू, कैंची व छुरे के केन्द्र : हाथरस, अलीगढ़, मथुरा व मेरठ।

पीतल की मूर्तियां व तांबे के बर्तन बनाने का केन्द्र : मथुरा।

लोहे के बांट बनाने के केन्द्र : आगरा व सहारनपुर।

अन्य उद्योग : प्रदेश के अन्य उद्योगों में हाथ से कागज बनाने का काम मथुरा, कालपी व कागजी सराय में होता है। बैंड-बाजे, हारमोनियम, तबला व बांसुरी आदि मेरठ, लखनऊ व कानपुर में बनाए जाते हैं। कन्नौज व लखनऊ इत्र व सुगन्धित तेल बनाने के प्रमुख केन्द्र हैं।

प्रदेश में केन्द्र सरकार के प्रमुख औद्योगिक प्रतिष्ठान

1. तेल शोधन कारखाना, मथुरा।
2. हिन्दुस्तान एल्यूमीनियम कॉर्पोरेशन, रेनूकूट।
3. सीमेंट कारखाना, डल्ला।
4. सीमेंट कारखाना, चुर्क।
5. भारत इलेक्ट्रॉनिक लिमिटेड, गाजियाबाद।
6. स्कूटर्स इंडिया लिमिटेड, लखनऊ।
7. कृत्रिम अंग निर्माण निगम, कानपुर।
8. भारतीय चमड़ा रंगाई तथा जूता संस्थान, कानपुर।
9. अपट्रॉन डिजिटल सिस्टम लिमिटेड, लखनऊ।
10. अपट्रॉन कैपिसिटर सिस्टम लिमिटेड, लखनऊ।
11. इंडियन टेलीफोन इंडस्ट्रीज, नैनी (इलाहाबाद)।
12. इंडियन टेलीफोन इंडस्ट्रीज, रायबरेली।
13. हिन्दुस्तान एयरोनॉटिक्स लिमिटेड, कानपुर।
14. ट्रांसफॉर्मर फैक्ट्री, झांसी।
15. डीजल लोकोमोटिव फैक्ट्री, वाराणसी।
16. त्रिवेणी स्ट्रक्चरल, नैनी (इलाहाबाद)।
17. उर्वरक कारखाना, गोरखपुर।
18. उर्वरक कारखाना, फूलपुर तहसील (इलाहाबाद)।
19. मॉडर्न बैकरीज, कानपुर।

20.	सिंगरौली कोयला खान, सिंगरौली।		जगदीशपुर (सुल्तानपुर)
21.	भारत पम्प्स एण्ड कम्प्रेसर्स, नैनी (इलाहाबाद)।	**23.**	आयुध उपस्कर कारखाना, हजरतपुर।
22.	हिन्दुस्तान एयरोनॉटिक्स लिमिटेड,	**24.**	भारत हैवी इलेक्ट्रिकल्स लिमिटेड, जगदीशपुर (सुल्तानपुर)।

प्रमुख औद्योगिक केन्द्र

कानपुर : कानपुर का प्रदेश के औद्योगिक नगरों में प्रथम स्थान है तथा देश के आठ औद्योगिक नगरों में यह प्रमुख स्थान रखता है। कानपुर जिले में वृहत् तथा मध्यम स्तर के 75 उद्योग हैं, जिनमें सूती कपड़ा, ऊनी कपड़ा, जूट, रसायन, चमड़ा, प्लास्टिक, इंजीनियरिंग, लोहा, कृत्रिम अंग, वनस्पति घी, रक्षा सामग्री आदि का उत्पादन होता है। जिले के औद्योगिक विकास में लघु एवं ग्रामीण उद्योगों का उल्लेखनीय योगदान रहा है।

आगरा : ऐतिहासिक महत्त्व से परिपूर्ण आगरा जिला औद्योगिक दृष्टि से भी प्रदेश में प्रमुख स्थान रखता है। यहां जूता निर्माण, चमड़े का सामान, इंजीनियरिंग, पुस्तक प्रकाशन, कालीन की बुनाई आदि के प्रमुख उद्योग हैं, जिनमें जूता-निर्माण के क्षेत्र में प्रदेश में आगरा अग्रणी है।

हथकरघा उद्योग भी जिले के फतेहपुरी सीकरी, शमसाबाद, फतेहाबाद, अछनेरा, बाह, खेरागढ़, सैंया, जगनेर, एत्मादपुर में स्थापित हैं जिनका मुख्य उत्पादन दरी व गाढ़ा आदि हैं।

हस्तकला उद्योग में लगभग 450 इकाइयां कार्यरत हैं जिनका मुख्य उत्पादन कांच की चूड़ियां, डेकोरेशन पीस, कांच के खिलौने, जरी की कढ़ाई, पेपर, मारबिल गुड्स, मोर पंखों का सामान, हाथी दांत का सामान, प्लास्टिक की गुड़िया, कलात्मक सूती फूल आदि हैं।

अलीगढ़ : उत्तर प्रदेश का अलीगढ़ नगर अपने ताला उद्योग के कारण गत लगभग 150 वर्षों से विश्वविख्यात रहा है और यह 'तालानगरी' के नाम से विश्व के मानचित्र में अंकित है। ताले के अतिरिक्त बिल्डिग हार्डवेयर, कलात्मक मूर्तियां, बिजली का सामान, चाकू, बकलस एवं हुक्स, कांच के मोती, बोतल, शीशियां, हथकरघा, सूती कारपेट्स, इनेमिल बोर्ड्स, केमिकल उत्पाद, फूड प्रोडक्ट्स, पेपर हौजरी उत्पाद, गारमेण्ट आदि अनेक वस्तुएं इस नगर में निर्मित की जाती हैं और पर्याप्त एवं उपयुक्त सुविधाएं मिलने पर इन उद्योगों का इतना विकास किया जा सकता है कि इसमें निर्मित वस्तुएं राष्ट्रीय और अन्तर्राष्ट्रीय बाजार में अपना शानदार स्थान बना सकें।

बरेली : बरेली जिला औद्योगिक दृष्टि से एक विकसित जिला है। यहां के मुख्य उद्योग माचिस, चीनी, कृत्रिम रबर, अल्कोहल सूती धागा, रेलवे वेगन्स एवं क्रेन, रेलवे स्लीपर, भारी मशीनरी उपकरण, खाद्य पदार्थ, शीतल पेय तथा रासायनिक खाद आदि हैं।

सहारनपुर : सहारनुपर जिला उद्योग की दृष्टि से काफी विकसित है।

यहां पर कई लघु औद्योगिक इकाइयां कार्यरत हैं जिनमें सल्फर चीनी, चावल एवं दाल मिल, कोल्ड स्टोरेज, शुगर, मशीनरी पार्ट्स, कृषि यंत्र, टी.वी. एवं पार्ट्स, इलेक्ट्रॉनिक आइटम, टायर

ट्यूब, प्लास्टिक, एलोपैथिक एवं आयुर्वेदिक दवाएं एवं स्टील व लकड़ी का फर्नीचर, पोलिथीन बैग, विभिन्न रसायन, विद्युत् उपकरण आदि प्रमुख हैं।

मेरठ : इस जिले में उद्योगों का काफी विकास हुआ है। इनमें चीनी मिलें प्रमुख हैं। इस जिले में बड़ौत नगर 'कृषि उपकरण' के लिए प्रसिद्ध है। यहां बुग्गी बनाने के कई कारखाने अन्तर्राष्ट्रीय ख्यातिप्राप्त हैं। गन्ना बाहुल्य क्षेत्र होने के कारण लघु खाण्डसारी इकाई तथा क्रेशर के लिए आवश्यक विभिन्न यंत्रों एवं संयंत्रों के उद्योग भी विशेष रूप से उल्लेखनीय हैं।

गाजियाबाद : इलेक्ट्रॉनिक सामान, पान मसाले, विभिन्न यंत्रों के पाट्र्स का यह प्रमुख औद्योगिक केन्द्र है।

वाराणसी : रेशम और जरी के काम के लिए यह जिला प्रदेश में प्रसिद्ध है।

खलीलाबाद : हैण्डलूम की साड़ियों आदि का उद्योग प्रदेश के इस नगर में प्रमुख रूप से विकसित है।

गोरखपुर : नेपाल की तराई में आबाद गोरखपुर जिला मध्यम श्रेणी के उद्योगों के लिए प्रसिद्ध है। यह नगर अल्यूमीनियम, प्लास्टिक तथा खाद उद्योग के लिए भी प्रसिद्ध है।

मिर्जापुर : उत्तर प्रदेश के पूर्वी जिलों में कानपुर के बाद मिर्जापुर का औद्योगिक दृष्टि से बड़ा नाम है। मिर्जापुर में लाठियों तथा डंडों का बहुत बड़ा और पुराना उद्योग है। यहां के डंडे और कालीन विदेशों तक जाते हैं। इस जिले में चुर्क और डल्ला नामक स्थानों में सीमेंट की बहुत बड़ी फैक्ट्रियां हैं।

मुरादाबाद : मुरादाबाद नगर कलई के बर्तनों के लिए पूरे भारत में प्रसिद्ध है। यहां के बर्तन विदेशों में भी जाते हैं। यहां पर छोटी श्रेणी के ही उद्योग हैं।

इस जिले में नगीना आबनूस की लकड़ी का काम काफी होता है।

लखनऊ : लखनऊ चिकन उद्योग के लिए प्रसिद्ध रहा है। यहां पर मलमल के झीने कुर्ते भी बनाए जाते हैं। चीनी की रेवड़ी व दियासलाई उद्योग के लिए भी यह प्रसिद्ध है।

खनिज पदार्थ

उत्तराखंड राज्य के उत्तर प्रदेश से अलग हो जाने के कारण यहां खनिजों की बहुत कमी हो गई है। कुछ प्रमुख खनिज पदार्थों का संक्षिप्त विवरण निम्नलिखित है :

चूना पत्थर व संगमरमर : मिर्जापुर जिले के विन्ध्याचल क्षेत्र में स्थित कजराहट तथा रोहताश नामक स्थानों में उच्च श्रेणी का चूना पत्थर बड़े पैमाने पर उपलब्ध है। चूना, सीमेन्ट उद्योग में कच्चे माल के रूप में, लोहा इस्पात के निर्माण में, शक्कर उत्पादन में, शीशा उद्योग में, सोडावाटर, आग बुझाने वाली गैस, कोयला खानों, कागज, चमड़ा, दफ्ती, कपड़ा उद्योग में, कीटनाशक के रूप में, भवन-निर्माण व सफेदी के रूप में प्रयुक्त होता है।

हीरा : हीरे कुछ मात्रा में बांदा में प्राप्त होते हैं। उत्तर प्रदेश में मिर्जापुर के कुछ क्षेत्रों में खोज के दौरान कुछ हीरे प्राप्त हुए हैं।

सोना : इसकी प्राप्ति शारदा और रामगंगा नदियों की रेत में होती है। यह एक बहुमूल्य धातु है। अलकनन्दा और सोन नदी में पिण्डार की बालू में कणों के रूप में भी यह प्राप्त होता है। सोने का उपयोग औषधियां बनाने, इलैक्ट्रोप्लेटिंग, फोटोग्राफी, कांच की चूड़ी को चमकीला बनाने और आभूषण बनाने में किया जाता है।

कोयला : इसकी खुदाई का कार्य उत्तर प्रदेश में मिर्जापुर, सिंगरौली, क्षेत्रों में किया जा रहा है। मिर्जापुर जिले में सिंगरौली क्षेत्र में कोल इण्डिया लिमिटेड द्वारा खुदाई का काम हो रहा है। इसका उपयोग ओबरा के ताप विद्युत गृह द्वारा हो रहा है।

कांच बालू : उत्तर प्रदेश में वाराणसी के चकिया क्षेत्र, झांसी के मुडारी बाला बहेट और इलाहाबाद तथा बांदा जिलों के शंकरगढ़, लौहगढ़, बोरगढ़ और धानद्रोल में स्फटिक कूटकर उद्योग में उपयुक्त बनाया जाता है। इस प्रदेश में गंगा (वाराणसी और बालावली के निकट) तथा यमुना (आगरा और इलाहाबाद के निकट) से कांच बनाने योग्य बालू प्राप्त किया जाता है। कांच बालू के उत्पादन की दृष्टि से उत्तर प्रदेश देश में अग्रगण्य है। भू-गर्भ वेत्ताओं के अनुसार प्रदेश में कांच बालू के 10 करोड़ टन से भी अधिक सुरक्षित भण्डार हैं।

कंकड़ : यह उत्तर प्रदेश के पूरे मैदानी भाग में पाया जाता है। इसमें चूना और चिकनी मिट्टी का मिश्रण होता है। पहले यह सड़क के निर्माण के कार्य में होता था किन्तु अब इससे हाइड्रोलिक चूना बनता है जो सीमेंट उद्योग के लिए आवश्यक वस्तु है।

तांबा : ललितपुर के सोनराई नामक स्थान पर तांबा पाया जाता है।

जिप्सम : यह झांसी और हमीरपुर जिलों में पाया जाता है।

ग्लास सैण्ड : यह इलाहाबाद की करछना तहसील, बांदा की करवी तहसील तथा मऊ जिले में पाया जाता है।

नान प्लास्टिक फायर क्ले : यह मिर्जापुर जिले के बांसी तथा मकरीखोह क्षेत्र में पाया जाता है।

यूरेनियम : ललितपुर जिले में इसके भण्डार पाए गए हैं।

डोलोमाइट : यह मिर्जापुर, सोनभद्र एवं बांदा जिलों में पाया जाता है। मिर्जापुर जिले के कजराहट क्षेत्र में उच्च स्तर के डोलोमाइट की उपलब्धता की जानकारी मिली है।

सेलखड़ी : हमीरपुर और झांसी जिलों में सेलखड़ी पाई जाती है।

राक फॉस्फेट : यह बांदा जिले में उपलब्ध है।

उत्तर प्रदेश राज्य खनिज विकास निगम द्वारा खनिज भण्डारों का व्यापारिक उत्खनन किया जाता है तथा निदेशालय द्वारा खोज करके मूल्यांकन किए गए खनिजों पर खनिज-आधारित उद्योग की स्थापना की जाती है।

खनिज पदार्थों की खोज : उत्तर प्रदेश में खोज कार्यों से प्राप्त परिणामों के आधार पर 19 कार्यक्रम सम्पन्न किए जा रहे हैं, जिनमें से निम्नलिखित कार्यक्रम प्रमुख हैं :

(1) चूना पत्थर सोपस्टोन, मैग्नेसाइट, क्ले आदि खनिजों की खोज एवं मूल्यांकन, बेस मैटल, तांबा, यूरेनियम, निकिल, क्रोमियम, टिन, टंग्स्टन आदि धातुओं की विस्तृत एवं समन्वित खोज। तराई एवं बुन्देलखण्ड क्षेत्र में बुहमूल्य धातु सोना का विधिवत् सर्वेक्षण एवं खोज।

(2) दुर्लभ धातुओं की खोज हेतु आधुनिकतम भू-रासायनिक एवं भू-भौतिक आदि विधियों से खनिजों की खोज की गति में तीव्रता एवं खनिज विशेषज्ञों का सृजन।

(3) बुन्देलखण्ड एवं सोनभद्र में ग्रेनाइट, सैन्ड स्टोन तथा मार्बल आदि चट्टानों से पॉलिश स्लेब तथा टायल्स के उपयोग हेतु चुने हुए क्षेत्रों में वर्गीकृत खोज।

(4) उत्तर प्रदेश में 4000 करोड़ रुपए मूल्य से अधिक महत्त्वपूर्ण खनिजों एवं उनके अनेक भण्डारों का निर्धारण किया जा चुका है, जिनका सार्वजनिक क्षेत्र में तथा निजी संस्थाओं द्वारा विकास किया जा रहा है।

(5) खनिज-आधारित उद्योगों की स्थापना के परिणामस्वरूप परोक्ष और अपरोक्ष रूप से अनुमानत: 2 लाख से अधिक व्यक्तियों को रोजगार मिले हैं।

उत्तर प्रदेश में पाए जाने वाले प्रमुख खनिज

खनिज	*पाए जाने वाले स्थान एवं जिले*
चूना पत्थर	मिर्जापुर (गुरूमाकनाच-बपुहाटी), सोनभद्र (कजराहट)
डोलोमाइट	मिर्जापुर, सोनभद्र, बाँदा (मिर्जापुर के कजराहट क्षेत्र में उच्च स्तर का डोलोमाइट उपलब्ध है)
ताँबा	सोनराई (ललितपुर जिला)
जिप्सम	झाँसी, हमीरपुर जिले
ग्लास सैण्ड	इलाहाबाद (करछना तहसील), बाँदा (करवी तहसील), मऊ जिला
संगमरमर	मिर्जापुर, सोनभद्र
नौन प्लास्टिक फायर क्ले	मिर्जापुर जिले के बांसी, मकरीखोह क्षेत्र में
यूरेनियम	ललितपुर जिला
बेराइट्स एवं एडालूसाइट	मिर्जापुर, सोनभद्र जिलों में
हीरा	बाँदा जिले में कम मात्रा में, मिर्जापुर के जंगल क्षेत्र में
कोयला	सोनभद्र के निचले गोंडवाना क्षेत्र में, मिर्जापुर जिले के सिंगरौली में
एस्बेस्टस	मिर्जापुर जिले में
रॉक फॉस्फेट	बाँदा जिले में
काँच बालू	वाराणसी के चकिया क्षेत्र, झाँसी के मुडारी बाला बहेट, इलाहाबाद, बाँदा जिले के शंकरगढ़, लौहगढ़, बोरगढ़ और धानद्रोल क्षेत्र में
एण्डालसाइट	मिर्जापुर
पाइराइट्स	मिर्जापुर
सेलखड़ी	हमीरपुर और झांसी जिलों में

❑❑❑

अध्याय 11 परिवहन व संचार के साधन

उत्तर प्रदेश के बहुमुखी विकास में परिवहन व्यवस्था का महत्त्वपूर्ण योगदान रहा है। प्रदेश में परिवहन के निम्नलिखित साधन हैं : (1) सड़क परिवहन; (2) रेल परिवहन; (3) वायु परिवहन; (4) जल परिवहन।

सड़क परिवहन : उत्तर प्रदेश में सड़कों का जाल बिछा हुआ है। राष्ट्रीय राजमार्गों के अतिरिक्त गौण एवं सहायक मार्ग व ग्रामीण मार्ग अनेक प्रमुख नगरों को ग्रामों व कस्बों से जोड़ते हैं। भारत 2017 के अनुसार राज्य में लोक निर्माण विभाग की सड़कों की कुल लम्बाई 146728 किमी हैं। इसमें 3820 किमी लंबे राष्ट्रीय राजमार्ग, 8391 किमी लंबे प्रांतीय राजमार्ग, 119726 किमी अन्य जिला सड़कें तथा 1,34,517 किमी ग्रामीण सड़कें हैं। सर्वप्रथम 15 मई, 1947 को लखनऊ-बाराबंकी मार्ग पर राष्ट्रीयकृत परिवहन उत्तर प्रदेश सरकार द्वारा बसों का संचालन प्रारम्भ किया गया। बस संचालन का मुख्य उद्देश्य प्रदेश की जनता को कुशल व सस्ती परिवहन सेवा उपलब्ध कराना था।

उत्तर प्रदेश राजकीय बसों को 1 जून, 1972 से उत्तर प्रदेश 'राज्य सड़क परिवहन निगम' में गठित कर दिया गया। वर्तमान में उत्तर प्रदेश परिवहन निगम की 8 क्षेत्रीय इकाइयां आगरा, अलीगढ़ इलाहाबाद, बरेली, गोरखपुर, कानपुर, लखनऊ, मेरठ व वाराणसी कार्यरत हैं।

रेल परिवहन : भारतीय रेल व्यवस्था सम्पूर्ण एशिया में सबसे बड़ी और विश्व में चौथे स्थान पर है। उत्तर प्रदेश के मैदानी भागों में रेल की पटरियों का जाल-सा बिछा हुआ है। उत्तर प्रदेश में उत्तरी तथा उत्तर-पूर्वी, दो प्रमुख रेलमार्ग हैं तथा मध्य और पश्चिमी, आंशिक रेलमार्ग हैं। प्रदेश के इन रेलमार्गों का संक्षिप्त विवरण निम्नलिखित है :

(अ) उत्तरी रेलवे : प्रदेश में इस रेलमार्ग का विस्तार सबसे अधिक है। इसका विस्तार पूर्व से लेकर पश्चिम तक है। इसके दो मुख्य मार्ग हैं : (1) पहला मार्ग : मुगलसराय, मिर्जापुर, इलाहाबाद, कानपुर, इटावा, टुण्डला, हाथरस, अलीगढ़, गाजियाबाद होता हुआ दिल्ली तक जाता है। (2) दूसरा मार्ग : मुगलसराय से वाराणसी, लखनऊ, बरेली, मुरादाबाद और सहारनपुर होता हुआ अमृतसर तक जाता है। इस रेलमार्ग की अनेक शाखाएं हैं, जो प्रदेश के छोटे-बड़े नगरों को परस्पर जोड़ती हैं, जैसे—मेरठ, आगरा, चंदौसी, रायबरेली, उन्नाव, प्रतापगढ़, जौनपुर, फैजाबाद आदि।

(ब) उत्तर-पूर्वी रेलवे : उत्तर-पूर्वी रेलवे का मुख्यालय गोरखपुर में है। इसकी मुख्य लाइनें हैं: (1) एक लाइन गोरखपुर से बस्ती, गोण्डा,, बाराबंकी, लखनऊ और कानपुर होते हुए आगरा तक जाती है। (2) दूसरी लाइन लखनऊ से सीतापुर, लखीमपुर, गोण्डा, पीलीभीत होती हुई बरेली तक जाती है। (3) तीसरी लाइन आगरा से बरेली होती हुई काठगोदाम तक जाती है। इसकी एक शाखा इलाहाबाद, वाराणसी होती हुई कटनी तक जाती है और एक अन्य शाखा बलिया से वाराणसी को जाती है।

(स) पश्चिमी रेलवे : प्रदेश में पश्चिमी रेलवे आगरा तथा मथुरा तक सीमित है, जबकि मध्य रेलवे का विस्तार इलाहाबाद, कानपुर तथा आगरा तक है।

(द) मध्य रेलवे : उत्तर प्रदेश में मध्य रेलवे की मुख्य लाइनें हैं: (1) ललितपुर, झांसी, आगरा, मथुरा से दिल्ली को। (2) झांसी से कालपी होकर कानपुर को। (3) बांदा से हमीरपुर होकर कानपुर को।

पश्चिमी रेलवे आगरा से अछनेरा, भरतपुर होती हुई बयाना, राजस्थान को गई है।

इसके अतिरिक्त ट्रकों तथा माल की ढुलाई भी सड़क मार्ग से होती है। इस दृष्टि से निजी स्वामित्व की सहस्रों ट्रांसपोर्ट कम्पनियां प्रदेश भर में कार्यरत हैं।

वायु परिवहन : प्रदेश में प्रमुख हवाई अड्डे बमरौली (इलाहाबाद), अमौसी (लखनऊ), चकेरी (कानपुर),बावतपुर (वाराणसी), खेरिया (आगरा) में हैं। इलाहाबाद में 'नागरिक उड्डयन प्रशिक्षण' केन्द्र भी है—यहीं हवाई अड्डा विद्यालय तथा संचार विद्यालय भी है। उपरोक्त हवाई अड्डों के अतिरिक्त सरसावा, हिंडन (गाजियाबाद), रायबरेली, गोरखपुर, झांसी, बरेली तथा सहारनपुर में भी हवाई अड्डे हैं। **प्रदेश के प्रमुख हवाई अड्डे :** 1. चौधरी चरण सिंह अन्तर्राष्ट्रीय हवाई अड्डा : अमौसी (*लखनऊ*); 2. लाल बहादुर शास्त्री हवाई अड्डा : बाबतपुर (*वाराणसी*); 3. खेरिया हवाई अड्डा : आगरा; 4. बमरौली हवाई अड्डा : इलाहाबाद; 5. चकेरी हवाई अड्डा : अहिरवां (*कानपुर*); 6. हिंडन हवाई अड्डा : गाजियाबाद; 7. फुरसतगंज हवाई अड्डा : रायबरेली; 8. डॉ. भीमराव अम्बेडकर हवाई अड्डा : मेरठ; 9. झाँसी हवाई अड्डा : झांसी; 10. बरेली हवाई अड्डा : बरेली; 11. ताज अन्तर्राष्ट्रीय हवाई अड्डा (*निर्माणाधीन*) : जेवर (*ग्रेटर नोएडा*); 12. कुशीनगर अन्तर्राष्ट्रीय हवाई अड्डा (*निर्माणाधीन*) : कुशीनगर।

जल परिवहन : प्रदेश में गंगा, यमुना, घाघरा तथा गोमती नदियों में नौका-वाहन की व्यवस्था है। प्रदेश की कुछ बड़ी नहरों में भी नौका चलाई जाती है।

संचार : प्रदेश में परिवहन के विकास के साथ-साथ संचार के साधनों का विकास भी बड़ी तेजी से हुआ है। संचार के साधनों में मुख्य रूप से डाक सेवाएं व दूरभाष सेवाएं आती हैं। प्रदेश में डाकघरों की संख्या में लगातार वृद्धि हो रही है। डाक सामग्री को शीघ्र तथा सही ढंग से पहुंचाने के लिए केन्द्र सरकार द्वारा 1972 में आरम्भ किए गए डाकसूचक अंक (पिन कोड) के आधार पर प्रदेश के डाकघरों का सूचक अंक निर्धारित किया गया है। डाकघरों में डाक लाने-ले जाने के अतिरिक्त बचत बैंक, जीवन बीमा जैसे पूंजी निवेश के कार्य भी किए जाते हैं।

भारत में दूरसंचार सेवाएं टेलीग्राफी, टेलीफोन के आविष्कार के कुछ समय उपरान्त ही आरम्भ की गई थीं। मार्च, 1854 में आगरा और कलकत्ता के मध्य टेलीग्राफ द्वारा संदेश भेजे जाने से उत्तर प्रदेश में भी दूर संचार का युग आरम्भ हुआ था। इस समय प्रदेश में स्थानीय, लम्बी दूरी तथा अन्तर्राष्ट्रीय टेलीफोन सेवा सभी नगरों में उपलब्ध है। मोबाइल फोन का चलन प्रदेश में बहुत तेजी से हुआ है।

❑❑❑

प्रमुख धार्मिक, ऐतिहासिक तथा पर्यटन स्थल

हस्तिनापुर : मेरठ से लगभग 33 किमी दूर स्थित हस्तिनापुर पाँडवों की राजधानी थी। यह जैनियों का तीर्थस्थान भी है।

मथुरा : यमुना नदी के दाएं किनारे पर स्थित मथुरा का भारतीय इतिहास में प्रमुख स्थान रहा है। सप्त-महापुरियों में इसकी भी गणना है। इसका प्राचीन नाम 'मधुरा' था। यह हिन्दुओं का प्रसिद्ध तीर्थ स्थान है। श्रीकृष्ण का जन्म स्थान और द्वारिकाधीश का मंदिर एवं विश्रामघाट प्रमुख दर्शनीय स्थल हैं।

प्रयाग : प्रयाग (वर्तमान इलाहाबाद) भारत का प्रसिद्ध तीर्थस्थान है। वाल्मीकि रामायण, महाभारत, पौराणिक एवं परवर्ती साहित्य में प्रयाग के बहुत उल्लेख मिलते हैं। भारद्वाज मुनि का आश्रम तथा प्राचीन 'अक्षयवट' वृक्ष यहीं था। प्रयाग गंगा और यमुना के संगम पर स्थित है और तीर्थराज के नाम से प्रसिद्ध है। जहां तीन नदियां मिलती हैं वह स्थान त्रिवेणी कहलाता है। त्रिवेणी का अर्थ तीन नदियां नहीं, बल्कि तीन धाराएं समझना चाहिए। ये तीन धाराएं हैं : (1) गंगा, (2) यमुना तथा (3) दोनों की सम्मिलित धारा। प्रयाग में सरस्वती नदी का जो अस्तित्त्व माना जाता है वह काल्पनिक ही कहा जा सकता है।

यहां धार्मिक पर्वों और कुम्भ-कुम्भियों के अवसर पर लाखों लोगों की भीड़ एकत्रित हो जाती है।

इलाहाबाद का खुसरो बाग दर्शनीय है। यहां जहांगीर के पुत्र खुसरो की कब्र है। प्रयाग संग्रहालय में कौशाम्बी, भरहुत, खजुराहो आदि की प्रतिमाओं, प्राचीन सिक्कों, चित्रों आदि का बहुमूल्य संग्रह है।

इलाहाबाद अपने उच्च न्यायालय और विश्वविद्यालय के लिए भी देश-भर में प्रसिद्ध है।

कन्नौज : उत्तर प्रदेश के इस नगर का प्राचीन नाम 'कान्यकुब्ज' था। नगर के अन्य नाम गाधिपुर, कुशस्थल, कुसुमपुर आदि भी प्राचीन साहित्य में मिलते हैं, जिनके संबंध में अनेक कथाएं प्रचलित हैं।

संकिसा : यह स्थान फर्रुखाबाद जिले में परवना स्टेशन के लगभग 7 मील दक्षिण-पश्चिम में काली नदी के किनारे स्थित है। इसका प्राचीन नाम 'संकाश्य' था। संकिसा से बौद्ध मूर्तियां, सिक्के, मिट्टी की मुद्राएं आदि बड़ी संख्या में मिली हैं।

आगरा : मुगल स्थापत्य की दृष्टि से आगरा और उससे 24 मील दूर स्थित फतेहपुर सीकरी का स्थान उत्तर प्रदेश में अत्यन्त महत्त्वपूर्ण है। अकबर (1556-1605) को इमारतें बनवाने का बड़ा शौक था। उसने आगरा का प्रसिद्ध किला बनवाया और अपनी नई राजधानी फतेहपुर सीकरी में अनेक महलों आदि का निर्माण करवाया, जो अपनी कला के लिए अमर हैं।

अकबर द्वारा निर्मित इमारतें प्राय: लाल पत्थर की बनी हुई हैं, ये इमारतें अधिकतर आगरा और फतेहपुर सीकरी में स्थित हैं। लाल पत्थर के साथ इनमें कहीं-कहीं सफेद संगमरमर का भी इस्तेमाल किया गया है। अकबरकालीन इमारतों के अधिकांश गुम्बद लोदी काल की इमारतों की तरह अन्दर से खोखले मिलते हैं। जहांगीर के समय (1605-27) में भी कई इमारतें बनी। जिनमें आगरा के पास अकबर का तिमंजिला मकबरा तथा एतमादुद्दौला का मकबरा विशेष रूप से दर्शनीय हैं। जहांगीर ने स्थापत्य से अधिक चित्रकला की ओर ध्यान दिया।

शाहजहां के शासनकाल (1627-58) में इमारतों का निर्माण बड़ी मात्रा में हुआ। आगरा का प्रसिद्ध ताजमहल उसी के द्वारा अपनी प्रिय पत्नी मुमताज की याद में बनवाया गया जो वास्तुकला का अद्‌भुत नमूना है तथा जिसकी गणना विश्व के सात आश्चर्यों में की जाती है।

आगरे में लालकिला, ताजमहल, एतमादुद्दौला का मकबरा, जामा मस्जिद आदि प्रसिद्ध दर्शनीय स्थल हैं।

फतेहपुर सीकरी: फतेहपुर सीकरी उत्तर प्रदेश का एक प्रसिद्ध ऐतिहासिक दर्शनीय स्थल है। इसे एक सुन्दर नगर बनाने का श्रेय मुगल शासक अकबर को जाता है। यहां का बुलन्द दरवाजा, जामा मस्जिद, शेख सलीम चिश्ती की दरगाह, जोधाबाई का महल आदि प्रसिद्ध इमारतें हैं।

बिठूर : यह स्थान कानपुर जिले में कानपुर से लगभग 14 मील उत्तर-पश्चिम में गंगा के किनारे स्थित है। इसका प्राचीन नाम ब्रह्मावर्त तीर्थ मिलता है। रामायण के रचयिता महर्षि वाल्मीकि का आश्रम यहीं स्थित है। कार्तिक मास में यहां बड़ा मेला लगता है।

भीतरगांव : भीतरगांव नामक स्थान कानपुर से लगभग 20 मील दक्षिण में स्थित है। यहां गुप्तकाल का एक महत्त्वपूर्ण मन्दिर है।

कौशाम्बी : इलाहाबाद से लगभग 37 मील पश्चिम-दक्षिण यमुना के उत्तरी तट पर 'कोसम' नामक एक छोटा गांव है। यहीं भारत की प्रसिद्ध ऐतिहासिक नगरी कौशाम्बी बसी हुई थी।

चन्द्रवंशी राजा कुशाम्बु ने इसे बसाया था, इसी से यह नगरी कौशाम्बी कहलाई।

प्राचीनकाल में कौशाम्बी वत्स राज्य की राजधानी थी। भगवान बुद्ध कई बार कौशाम्बी आये और उन्होंने यहां काफी समय तक निवास किया था। उनके लिए कौशाम्बी में 'कुक्कुटाराम' तथा 'घोषिताराम' नामक दो विहारों का निर्माण कराया गया।

अयोध्या : उत्तर प्रदेश की अयोध्या नगरी भारत की सात महापुरियों में से एक है। यह स्थान फैजाबाद जिले में सरयू नदी के किनारे बसा है। इस नगरी को भगवान श्रीराम का जन्मस्थान होने का गौरव प्राप्त है। भारत में प्रसिद्ध इक्ष्वाकुवंशी राजाओं की यह नगरी बहुत समय तक राजधानी रही। अयोध्या का राज्य उस समय केवल 'कोशल' कहलाता था।

शुंग वंश के प्रथम शासक पुष्यमित्र का एक महत्त्वपूर्ण शिलालेख यहाँ से मिला है।

वर्तमान में राम मन्दिर और बाबरी मस्जिद प्रकरण के कारण यह स्थान चर्चित है।

वाराणसी : उत्तर प्रदेश का वाराणसी या काशी नगर भारत के ही नहीं बल्कि संसार के प्राचीनतम नगरों में से एक है। यह नाम 'वरना' और 'उसी' इन दो नदियों से मिलकर बना है। इसके

काशी नाम की व्युत्पत्ति के संबंध में कहा जाता है कि यह नाम यहां के शासक 'काश' के नाम के कारण हुआ, जो मानव वंश-परम्परा के सातवें राजा थे।

वर्तमान समय में वाराणसी में दर्शनीय मन्दिर विश्वनाथ, अन्नपूर्णा, संकटमोचन, दुर्गा मन्दिर, आदिविश्वेश्वर, साक्षी विनायक, पंचरत्न आदि हैं। कुण्डों में दुर्गाकुंड, पुष्कर कुंड, पिशाचमोचन, कपिलधारा, लोलाक, मान सरोवर आदि प्रमुख हैं। वाराणसी में घाटों की संख्या बहुत है। इनमें अस्सी घाट, तुलसी घाट, हरिश्चन्द्र घाट, अहिल्याबाई घाट, दशाश्वमेध घाट तथा मणिकर्णिका घाट अधिक प्रसिद्ध हैं। बनारस से लगभग छह मील उत्तर-पश्चिम में कंदवा नामक स्थान पर कर्दमेश्वर का मध्यकालीन मन्दिर है, जो वास्तुकला का एक सुन्दर नमूना है। इस मन्दिर के बहिर्भाग में अनेक हिन्दू देवी-देवताओं की कलापूर्ण मूर्तियां लगी हुई हैं।

सारनाथ : सारनाथ वाराणसी के उपनगरीय क्षेत्र का एक छोर है। भगवान बुद्ध ने सर्वप्रथम बौद्ध धर्म का उपदेश यहीं पर दिया था, जिसे 'धर्मचक्र प्रवर्तन' के नाम से जाना जाता है। बौद्धों के लिए तो यह स्थान अत्यन्त महत्त्वपूर्ण है ही, साथ-साथ यह एक आकर्षक पर्यटन केन्द्र भी है।

सारनाथ का प्राचीन नाम 'इसिपत्तन' या 'ऋषिपत्तन' है। विभिन्न देशों के बौद्ध धर्मावलम्बी इसे विभिन्न नामों से, जैसे सिंहली 'इसिपतनारामय', बर्मी 'मिगदालु', चीनी 'लुयेबा', तिब्बती वाराणसी आदि नामों से संबोधित करते हैं। जैन ग्रन्थों में, जैन तीर्थंकर श्रेयांसनाथ की जन्मभूमि होने के कारण इसे 'श्रेयांसनाथ' कहा गया है।

भगवान बुद्ध के निर्वाण के लगभग 125 वर्ष पश्चात् मौर्य सम्राट अशोक ने यहां पर अनेक स्मारक बनवाए। जिनमें धर्म-राजिक (धमेक) स्तूप तथा चक्रमण्डित अशोक स्तम्भ (जिसका अवशेष प्राप्त हुआ है) उल्लेखनीय हैं।

जौनपुर : जौनपुर नगर फिरोजशाह तुगलक के समय में 1359 ई. में आबाद हुआ। 1394 ई. से यहां शर्की वंश का आधिपत्य हुआ। इस वंश के शासनकाल में जौनपुर में अनेक कलापूर्ण इमारतों का निर्माण हुआ। सिकन्दर लोदी ने जौनपुर के शासक हुसैन शाह को 1445 ई. में परास्त कर इन इमारतों को बड़ी क्षति पहुंचाई। जो इमारतें नष्ट होने से बची रहीं वे हैं—इब्राहिम नायब की मस्जिद और किला, अटाला मस्जिद, लाल दरवाजा मस्जिद और जामा मस्जिद।

लखनऊ : यह राज्य की राजधानी है और गोमती नदी के किनारे बसा हुआ है। अनुश्रुति के अनुसार लखनऊ प्रारम्भ में श्रीराम के भाई लक्ष्मण द्वारा बसाया गया था और इसका प्राचीन नाम लक्ष्मणपुर था।

अकबर के समय में यहां वर्तमान चौक बाजार के 'अकबरी दरवाजे' का निर्माण हुआ। जहांगीर और शाहजहां के काल में भी यहां कई इमारतें बनीं।

लखनऊ को सबसे अधिक प्रसिद्धि अवध के नवाबों के समय में मिली। आसफुद्दौला (1774-97) ने लखनऊ का बड़ा इमामबाड़ा बनवाया। इस विशाल इमामबाड़े के पास का विशाल 'रूमी दरवाजा' और 'आसफी मस्जिद' भी उसी की बनवाई हुई हैं।

आसफुद्दौला ने उक्त बड़ी इमारतों के अलावा दौलतखाना, रेजीडेन्सी, बिबियापुर कोठी, चौक बाजार आदि का भी निर्माण करवाया। इसके बाद सआदत अली खां (1798-1814 ई.) दिलकुशा

महल, बेली गारद दरवाजा और लाल बारादरी का निर्माण करवाया। इसी लाल बारादरी में आजकल राजकीय संग्रहालय स्थित है।

श्रावस्ती : प्राचीन श्रावस्ती नगर के खंडहर गोंडा-बहराइच जिलों की सीमा पर 'सहेत-महेत' नाम से बड़े विस्तार में बिखरे पड़े हैं। श्रावस्ती नगर की स्थापना, पुराणों के अनुसार, श्रवस्त नाम के सूर्यवंशी राजा के द्वारा की गई। धीरे-धीरे यह उत्तर कोशल का प्रधान नगर बन गया।

बौद्ध और जैन साहित्य में 'सावत्थि', 'सावत्थिरपुर' नाम से श्रावस्ती की चर्चा बहुत मिलती है। श्रावस्ती में समय-समय पर अनेक स्तूप और विहार बने। भगवान बुद्ध ने यहाँ कुछ समय व्यतीत किया था।

श्रावस्ती जैन धर्म का भी एक महत्त्वपूर्ण केन्द्र रहा है। यहां की खुदाई से अनेक प्राचीन वस्तुएं, कलापूर्ण पाषाणखण्ड आदि मिले हैं।

कुशीनगर : देवरिया से लगभग 19 मील दूर पक्की सड़क पर वर्तमान कसिया नगर के पास स्थित है। बौद्ध धर्म के मुख्य स्थानों में इसकी गणना है। महात्मा बुद्ध ने यहां निर्वाण प्राप्त किया था।

कुशीनगर की सबसे अधिक उल्लेखनीय मूर्ति लेटी हुई बुद्ध की विशाल प्रतिमा है। इस स्थान के समीप ही बुद्ध की एक साढ़े दस फुट ऊंची अन्य प्रतिमा सुरक्षित है, जो मध्यकाल की है। इसे 'माथाकुंवर' कहते हैं।

देवगढ़ : यह स्थान ललितपुर जिले में ललितपुर स्टेशन से लगभग 23 मील पश्चिम में स्थित है। गुप्तकाल में यहां एक महत्त्वपूर्ण मन्दिर का निर्माण हुआ। यह मन्दिर 'दशावतार मन्दिर' के नाम से प्रसिद्ध है।

झांसी : झांसी नगर की भारत के स्वतंत्रता संग्राम में बड़ी महत्त्वपूर्ण भूमिका रही। यहां का किला अब भी दुर्ग-स्थापत्य की स्मरणीय कृति है। रानी लक्ष्मीबाई का निवासस्थान किले के पास ही है।

झांसी में अन्य ऐतिहासिक स्थान गंगाधर राव और रामचन्द्र राव की समाधियां, मेहंदी बाग, लक्ष्मीताल तथा लक्ष्मी मन्दिर हैं। लक्ष्मी मन्दिर के समीप पूर्व मध्यकाल की अनेक कलापूर्ण मूर्तियां हैं।

कालपी (जिला जालौन) : यह झांसी-कानपुर मार्ग पर भोगनीपुर के पास स्थित है, जो पहले महारानी लक्ष्मीबाई की छावनी था। कहा जाता है कि इस नगर को कालिया देव ने बसाया था। यहां लंका नाम की एक बहुत प्रसिद्ध प्राचीन इमारत है। इसी स्थान पर महर्षि वेदव्यास की तपोस्थली रही तथा यहां का चौरासी गुम्बद प्रसिद्ध है।

उरई (जिला जालौन) : यह ऋषि उद्दालक की तपोस्थली थी, जिसके नाम पर इस नगर का नाम उरई पड़ा। महाभारत को छोड़कर ऐतिहासिक परिवेश में प्रवेश करें तो ज्ञात होता है कि विश्व कूटनीति के जनक राजा माहिल इसी नगरी में पैदा हुए थे।

जालौन : जालौन नगर 'नानाराव' की राजधानी थी जिसके भग्नावशेष आज भी हैं। यहां 'गोललेश्वर' तथा 'मुरली मनोहर' के प्रसिद्ध मन्दिर हैं।

राजापुर (जिला बांदा) : यह स्थान बांदा से 99 किमी की दूरी पर यमुना नदी के दाहिने तट पर बसा हुआ है। गोस्वामी तुलसीदास जी का जन्म यहीं पर हुआ था।

नांदी सौरा (जिला बांदा) : यह स्थान कर्वी से 15 कि.मी. और राजापुर से 17 कि.मी. की दूरी पर, राजापुर-कर्वी सड़क से थोड़ा हटकर बसा है। यहां पर तुलसी के इष्टदेव श्री हनुमान जी की दक्षिणमुखी विशाल प्राचीन मूर्ति है। ऐसा माना जाता है कि तुलसीदास जी प्रतिदिन राजापुर से यहां हनुमान जी के दर्शन करने आया करते थे।

चित्रकूट : चित्रकूट झांसी-मानिकपुर मध्य रेलवे के बीच कर्वी स्टेशन से 8 कि.मी. दूर स्थिति है। चित्रकूट एक 'आरण्यक तीर्थ' है। हरी-भरी श्रेणियों के बीच यह ऐतिहासिक स्थल है, जो रमणीयता एवं पवित्रता के लिए युगों से प्रसिद्ध है। यहां पहुंचने के लिए रेल तथा बसों की सुविधाएं उपलब्ध हैं।

बाल्मीकि आश्रम : यह स्थान कर्वी से 18 कि.मी. पूर्व इलाहाबाद-बांदा रोड पर सड़क के पार्श्व में स्थित है। समीप में लालापुर गांव बसा हुआ है, जहां आदिकवि बाल्मीकि का पावन आश्रम एक पहाड़ी पर स्थित है।

कालिंजर : बांदा से 56 कि.मी. बस द्वारा कालिंजर पहुंचते हैं। कालिंजर बांदा का ऐतिहासिक स्थान है; इसके निर्माणकाल के संबंध में इतिहासकार मौन हैं। श्री शंकर जी ने समुद्र मंथन से निकले हुए विष का पान किया था, इसी स्मृति-स्वरूप नीलकंठ महादेव की प्रतिमा आज भी यहां विद्यमान है।

रामनगर अहिक्षत्र (जिला बरेली) : रामनगर, बरेली से 54 कि.मी. दूरी पर स्थित है। यहां पर पार्श्वनाथ का विशाल मन्दिर है तथा पुराना किला खण्डहर (टीले) के रूप में देखा जा सकता है।

फतेहगंज (जिला बरेली) : यह स्थान बरेली-दिल्ली राजमार्ग पर 16 कि.मी. दूरी पर स्थित है। यहां पर 1794 में अंग्रेजी फौज के साथ रुहेलों का युद्ध हुआ था।

दनकौर (जिला बुलन्दशहर) : यह स्थान पांडवों के गुरु द्रोणाचार्य की तपोभूमि रहा है। यहां पर द्रोणाचार्य मन्दिर एक दर्शनीय स्थल है।

कर्णवास (जिला बुलन्दशहर) : महाभारत काल के राजा कर्ण, जिन्हें कुन्ती द्वारा गंगा में प्रवाहित कर दिए जाने के बाद यहीं से निकाला गया था। यहीं पर कर्ण प्रतिदिन सवा मन सोने का दान दिया करता था।

अनुपशहर (जिला बुलन्दशहर) : प्राचीनकाल में जब सड़कों की अपेक्षा नदियों से यात्राएं तथा माल लाने-ले जाने का काम किया जाता था तब यह नगर एक विकसित स्थल था। आज भी गंगा-स्नान तथा अपने धार्मिक मन्दिरों के लिए यह स्थान प्रसिद्ध है।

यहीं पर प्रसिद्ध कवि सेनापति की जन्मस्थली भी है; जो हिन्दी साहित्य के रीतिकाल के प्रसिद्ध कवि थे। इसे लघु वाराणसी भी कहते हैं।

नरौरा (जिला बुलन्दशहर) : नरौरा पर्यटकों के लिए एक आकर्षण का केन्द्र बना हुआ है। यहां गंगा पर बैराज एवं नहर निकाली गई है। 700 करोड़ की लागत से अणुशक्ति विद्युत योजना (एन.ए.पी.पी.) के निर्माण से यह देश के वैज्ञानिक तीर्थस्थलों में से एक हो गया है।

महोबा : महोबा वीर चंदेलों का प्रधान गढ़ था। आल्हा-ऊदल की ओजपूर्ण गाथाओं से आज भी यहां का वायुमंडल गुंजरित होता रहता है।

चुनार (जिला मिर्जापुर) : यह नगर मिर्जापुर से 20 मील पूर्व उसी जिले में है। इसका प्राचीन नाम चरणाद्रि था। यहां का पहाड़ी किला बहुत प्रसिद्ध रहा है। चुनार में भर्तृहरि का एक मन्दिर है। कुछ गुफा मन्दिर भी यहां मिले हैं।

नैमिषारण्य : सीतापुर जिले से लगभग 35 कि.मी. दूर गोमती नदी के किनारे सीतापुर-हरदोई मार्ग पर नैमिषारण्य स्थित है। पृथ्वी पर सत्य की स्थापना के लिए देवताओं ने यहीं पर वृत्तासुर नामक राक्षस के वध हेतु अस्त्र बनाने के लिए महर्षि दधीचि से प्रार्थना की थी।

मिश्रिख : सीतापुर जिले से लगभग 25 कि.मी. दूर सीतापुर-हरदोई मार्ग पर यह स्थान है। महर्षि दधीचि ने अपनी अस्थि दान करने से पूर्व समस्त तीर्थों के जल से यहीं स्नान किया था इसीलिए इसका नाम मिश्रिख पड़ा।

सोरों (जिला कासगंज) : एटा जिले के मुख्यालय से बदायूं रोड पर 45 कि.मी. दूर सोरों नामक स्थान है। पुरातन काल में वाराह भगवान ने पृथ्वी का उद्धार करके सोरों में विश्राम किया था। यह स्थान कपिलमुनि तथा सन्त शिरोमणि, रामचरितमानसकार, गोस्वामी तुलसीदास की साधना स्थली, सूर्यकुण्ड, भागीरथी गुफा, तुलसी घाट एवं प्राचीनतम मन्दिरों के लिए प्रसिद्ध है।

पटियाली : पटियाली एटा शहर से 22 मील उत्तर में गंगा नदी के निकट स्थित है। महाभारत काल का राजा द्रुपद का किला आज भी अपनी भग्नावस्था में पटियाली में स्थित है। मध्य युग के सूफी संत, कवि, संगीतकार, राग यमन, तबला और सितार के आविष्कारक अमीर खुसरो की जन्मस्थली यही स्थान है।

वृन्दावन (जिला मथुरा) : वृन्दावन, मथुरा से 9.6 कि.मी. पर स्थित है। यहां करीब 4 हजार मन्दिर, घाट और सरोवर हैं। जिसमें गोविन्द देव मन्दिर और रंगनाथ का मन्दिर प्रमुख है।

गोला गोकर्णनाथ : यह स्थान लखीमपुर-खीरी से लगभग 35 कि.मी. दूर स्थित है। यहाँ एक बड़ी झील है तथा पास ही गोकर्णनाथ महादेव का मन्दिर है।

कम्पिल : यह स्थान जिला फर्रुखाबाद में स्थित है। गंगा नदी के दायें तट पर कायमगंज तहसील के कस्बे से 10 कि.मी. पश्चिमी में सड़क द्वारा सम्बद्ध यह तीर्थस्थान जैन धर्म के प्रवर्तक तेरहवें तीर्थंकर भगवान विमलनाथ, महासती द्रोपदी तथा गुरु द्रोणाचार्य की जन्मस्थली है। द्रोपदी का स्वयंवर भी यहीं हुआ था।

राज्य के प्रमुख विश्वविद्यालय

विश्वविद्यालय	स्थापना वर्ष
केन्द्रीय विश्वविद्यालय	
1. बनारस हिन्दू विश्वविद्यालय, वाराणसी	1916
2. अलीगढ़ मुस्लिम विश्वविद्यालय, अलीगढ़	1921
3. डॉ. भीमराव अम्बेडकर विश्वविद्यालय, लखनऊ	1989
4. इलाहाबाद विश्वविद्यालय, इलाहाबाद	(1887, 2005 से केन्द्रीय)
राज्य उच्च शिक्षा निदेशालयाधीन विश्वविद्यालय	
1. लखनऊ विश्वविद्यालय, लखनऊ	1921
2. डॉ. भीमराव अम्बेडकर विश्वविद्यालय, आगरा	1927
3. पं. दीनदयाल उपाध्याय विश्वविद्यालय, गोरखपुर	1957
4. सम्पूर्णानन्द संस्कृत विश्वविद्यालय, वाराणसी	1958
5. छत्रपति शाहूजी महाराज विश्वविद्यालय, कानपुर	1965
6. चौधरी चरण सिंह विश्वविद्यालय, मेरठ	1965
7. महात्मा गांधी काशी विद्यापीठ, वाराणसी	1974
8. मैथलीशरण गुप्त बुन्देलखण्ड विश्वविद्यालय, झाँसी	1975
9. डॉ. राम मनोहर लोहिया अवध विश्वविद्यालय, फैजाबाद	1975
10. ज्योतिबा फूले रूहेलखण्ड विश्वविद्यालय, बरेली	1975
11. वीर बहादुर सिंह पूर्वांचल विश्वविद्यालय, जौनपुर	1987
राज्य विधि विश्वविद्यालय	
1. डॉ. राम मनोहर लोहिया राष्ट्रीय विधि विश्वविद्यालय, लखनऊ	2006
विशेष राजकीय विश्वविद्यालय	
1. गौ.बु. औ. विश्वविद्यालय, गौतमबुद्ध नगर	2002
2. उत्तर प्रदेश विकलांग उद्धार डॉ. शकुन्तला मिश्रा विश्वविद्यालय, लखनऊ	2009
3. मा. श्री कांशीरामजी उर्दू-अरबी-फारसी विश्वविद्यालय, लखनऊ	2010

राज्य उच्च शिक्षा निदेशालयाधीन मुक्त विश्वविद्यालय

1. राजर्षि पुरुषोत्तमदास टण्डन मुक्त विश्वविद्यालय, इलाहाबाद 1998

कृषि विश्वविद्यालय

1. चन्द्रशेखर आजाद कृषि एवं प्रौद्योगिकी विश्वविद्यालय, कानपुर 1974
2. आचार्य नरेन्द्र देव कृषि एवं प्रौद्योगिकी विश्वविद्यालय, फैजाबाद 1974
3. सरदार बल्लभ भाई पटेल कृषि विश्वविद्यालय, मेरठ 2000
4. सेम हिगिनबाटम इन्स्टीट्यूट ऑफ एग्रीकल्चर, टेक्नोलॉजी एण्ड साइंसेज (डीम्ड विश्वविद्यालय), नैनी, इलाहाबाद 2000
5. कांशीराम कृषि एवं प्रौद्योगिकी विश्वविद्यालय, बांदा 2009 से निर्माणाधीन

राज्य विधि द्वारा निर्मित पशु चिकित्सा विश्वविद्यालय

1. पं. दीनदयाल उपाध्याय पशु चिकित्सा विज्ञान विश्वविद्यालय एवं गौ अनुसंधान संस्थान, मथुरा 2002

राज्य विधि द्वारा निर्मित चिकित्सा विश्वविद्यालय

1. किंग जार्ज मेडिकल विश्वविद्यालय, लखनऊ 2002
2. किंग जार्ज दन्त विज्ञान विश्वविद्यालय, लखनऊ 2004

राज्य विधान द्वारा निर्मित तकनीकी विश्वविद्यालय

1. गौतमबुद्ध टेक्निकल विश्वविद्यालय, लखनऊ 2000
2. महामाया तकनीकी विश्वविद्यालय, नोएडा, गौतमबुद्धनगर 2009

राज्य उच्च शिक्षा निदेशालयाधीन डीम्ड विश्वविद्यालय

1. दयालबाग शिक्षा संस्थान, दयालबाग (आगरा) 1981

अन्य डीम्ड विश्वविद्यालय

1. पशु चिकित्सा अनुसंधान संस्थान, इज्जतनगर (बरेली) 1983
2. संजय गांधी स्नातकोत्तर आयुर्विज्ञान संस्थान, लखनऊ 1983
3. केन्द्रीय उच्च तिब्बती शिक्षा संस्थान, सारनाथ (वाराणसी) 1989
4. भातखण्डे हिंदुस्तानी संगीत महाविद्यालय, लखनऊ 2001
5. राष्ट्रीय सूचना प्रौद्योगिकी संस्थान, इलाहाबाद 2002
6. केन्द्रीय हिंदी शिक्षण मण्डल, आगरा 2008

राज्य विधान द्वारा निर्मित निजी विश्वविद्यालय

1. इंटेग्रल विश्वविद्यालय, लखनऊ 2004
2. एएमटी विश्वविद्यालय, गौतमबुद्धनगर 2005

3. मोहम्मद अली जौहर विश्वविद्यालय, रामपुर 2006
4. मंगलायतन विश्वविद्यालय, अलीगढ़ 2006
5. स्वामी विवेकानन्द सुभारती विश्वविद्यालय, मेरठ 2008
6. तीर्थंकर महावीर विश्वविद्यालय, मुरादाबाद 2008
7. शारदा विश्वविद्यालय, ग्रेटर नोएडा 2009
8. श्री वेंकटेश्वर विश्वविद्यालय, ज्योतिबा फुले नगर 2010
9. बाबू बनारसी दास विश्वविद्यालय, लखनऊ 2010
10. नोएडा इण्टरनेशनल यूनिवर्सिटी, गौतमबुद्धनगर 2010
11. मोनाड विश्वविद्यालय, हापुड़ पंचशील नगर 2010
12. आईएफटीएम विश्वविद्यालय, मुरादाबाद 2010
13. जी.एल.ए. विश्वविद्यालय, मथुरा 2010
14. इन्वर्टिस विश्वविद्यालय, बरेली 2010
15. एक्सिस विश्वविद्यालय, हाथीपुर, कानपुर 2011
16. गलगोतियाज विश्वविद्यालय, ग्रेटर नोएडा 2011
17. शिवनादर विश्वविद्यालय, दादरी, गौतमबुद्ध नगर 2011

कुछ अन्य निजी विश्वविद्यालय

1. महर्षि सूचना प्रौद्योगिकी विश्वविद्यालय, लखनऊ 2001
2. जगदगुरु रामभद्राचार्य विकलांग विश्वविद्यालय, चित्रकूट 2001
3. एक्सिस विश्वविद्यालय, बरेली 2010

प्रदेश के सांस्कृतिक विभाग

1. प्रदेश में संस्कृति विभाग की स्थापना 1957
2. प्रदेश में पुरातत्व विभाग की स्थापना 1951
3. प्रदेश में प्रथम कला एवं शिल्प विद्यालय की स्थापना 1911 (लखनऊ में)
4. भारत कला भवन की स्थापना 1920 (वाराणसी में)
5. भारत कला भवन की स्थापना 1950 (वाराणसी में)
6. भातखण्डे संगीत संस्थान 1926 (लखनऊ में)
7. राज्य ललित कला अकादमी 1962 (लखनऊ में)
8. राज्य संगीत नाटक अकादमी 1963 (लखनऊ में)

प्रमुख पुस्तकालय

1. अलीमको लाइब्रेरी, कानपुर
2. शिया लाइब्रेरी, जौनपुर

3. गवर्नमेन्ट डिस्ट्रिक्ट लाइब्रेरी, आगरा
4. स्टेट सेंट्रल लाइब्रेरी, इलाहाबाद
5. शाहजहांपुर गांधी लाइब्रेरी, शाहजहांपुर
6. लाला लाजपत राय पुस्तकालय, लखनऊ
7. एरिअल डिलीवरी रिसर्च एण्ड डेवलपमेंट स्टेब्लिशमेंट टेक्नीकल लाइब्रेरी, आगरा कैन्ट
8. उत्तर प्रदेश स्टेट म्यूजियम लाइब्रेरी, बनारसी बाग, लखनऊ
9. एप्रोप्रिएट टेक्नोलॉजी डेवलपमेंट एसोसिएशन लाइब्रेरी, लखनऊ
10. महाराजा दिग्विजय सिंह पुस्तकालय, बलरामपुर, गोण्डा
11. उत्तर प्रदेश लेजिस्लेचर लाइब्रेरी, विधानसभा, लखनऊ
12. गवर्नमेन्ट डिस्ट्रिक्ट लाइब्रेरी, झांसी
13. कानपुर पब्लिक लाइब्रेरी, कानपुर
14. गिरी इंस्टीट्यूट ऑफ डेवलपमेन्ट स्टडीज लाइब्रेरी, अलीगंज, लखनऊ
15. बोटनीकल सर्वे ऑफ इण्डिया लाइब्रेरी, अलीगंज, लखनऊ
16. जियोलॉजिकल सर्वे ऑफ इण्डिया लाइब्रेरी, अलीगंज, लखनऊ
17. सेंट्रल इंस्टीट्यूट ऑफ इंगलिश एण्ड फॉरन लैंग्वेज लाइब्रेरी, लखनऊ
18. अम्बेडकर लाइब्रेरी, अम्बेडकर नगर, मैनपुरी
19. सेंटर फॉर एग्रेमैन रिसर्च ट्रेनिंग एण्ड एजूकेशनल लाइब्रेरी, कविनगर, गाजियाबाद
20. सेंट्रल इलेक्ट्रॉनिक्स लि. लाइब्रेरी, साहिबाबाद
21. बीरबल साहनी इंस्टीट्यूट ऑफ पैलिओ-बॉटनी लाइब्रेरी, लखनऊ
22. सेंट्रल इंस्टीट्यूट ऑफ मेडिकल एण्ड एरोमेटिक प्लांट लाइब्रेरी, लखनऊ

कला, संस्कृति व संगीत प्रशिक्षण संस्थान

1. आचार्य नरेन्द्र देव बौद्ध विद्या शोध संस्थान, लखनऊ
2. सांस्कृतिक कार्य निदेशालय, लखनऊ
3. भातखण्डे हिन्दुस्तानी संगीत महाविद्यालय, लखनऊ
4. शोध संस्थान, अयोध्या, फैजाबाद
5. उत्तर प्रदेश संस्कृत अकादमी, लखनऊ
6. राजकीय वास्तुकला विद्यालय, लखनऊ
7. राज्य पुरातत्व विभाग, लखनऊ
8. राज्य संग्रहालय, लखनऊ

9. उत्तर प्रदेश संगीत नाटक अकादमी, लखनऊ
10. राजकीय संग्रहालय, मथुरा और झांसी
11. राज्य ललित कला अकादमी, लखनऊ
12. राजकीय अभिलेखागार, लखनऊ और इलाहाबाद
13. क्षेत्रीय अभिलेखागार, बनारस
14. जैन विद्या शोध संस्थान, लखनऊ

भाषा व साहित्य

हिन्दी साहित्य की प्रमुख विभूतियाँ

कबीर, सूरदास, मीराबाई, तुलसीदास, रविदास, पदमाकर, मलिक मुहम्मद जायसी, रहीम, चन्दबरदाई, बिहारीदास, केशवदास, रसखान, अमीर खुसरो, आचार्य महावीर प्रसाद द्विवेदी, राजा शिव प्रसाद सितारे हिन्द, भारतेन्दु हरिशचन्द, बाल कृष्ण भट्ट, बाबू श्याम सुन्दर दास, प्रेम चन्द्र, पुरुषोत्तम दास टंडन, अयोध्या सिंह उपाध्याय हरिऔध, पंडित बंशीधर शुक्ल, रामचन्द्र शुक्ल, जगन्नाथ दास रत्नाकर, मैथिलीशरण गुप्त, जयशंकर प्रसाद, देवकी नन्दन खत्री, संपूर्णान्नद, सोहन लाल द्विवेदी, रामकृष्ण दास शिव पूजन सहाय, परशुराम चतुर्वेदी, कृष्णदेव प्रसाद गौड़, सूर्यकान्त त्रिपाठी 'निराला', पाण्डेय बेचन शर्मा, 'उग्र', प्रताप नारायण मिश्र, राहुल सांकृत्यायन, यशपाल, शांतिप्रिय द्विवेदी, नन्ददुलारे बाजपेयी, महादेवी वर्मा, अज्ञेय, अमृत लाल नागर, वृन्दावन लाल वर्मा, भगवती चरण वर्मा , बनारसी दास चतुर्वेदी, डॉ. रामकुमार वर्मा, अमृत राय, रामविलास शर्मा, नामवर सिंह, हरिवंश राय बच्चन, नरेश मेहता, त्रिलोचन, धर्मवीर भारती, भवानी प्रसाद मिश्र, कमलेश्वर, लक्ष्मीकांत वर्मा, रवीन्द्र कालिया, भारत भूषण, मार्कण्डेय, सोम ठाकुर, अमर कान्त, डॉ. जगदीश शुक्ल, डॉ. रामा सिंह, रघुवीर सहाय, सुदामा प्रसाद पाण्डेय 'धूमिल', केदारनाथ अग्रवाल, राही मासूम बिस्मिल्लाह, मुद्रा राक्षस, शमशेर बहादुर सिंह, सर्वेश्वर दयाल सक्सेना, दुष्यन्त, केदारनाथ सिंह, श्री लाल शुक्ल, श्री चन्द नागर।

प्रमुख साहित्यकार

बीर राजा, माता प्रसाद, दूध नाथ सिंह, रमेश कुन्तल मेघ, कामता नाथ, काशी नाथ सिंह, विवेकी राय, कन्हैया लाल नन्दन, राम दरश मिश्र, विद्या निवास मिश्र, गिरिराज किशोर, गोरख पाण्डे, ठाकुर प्रसाद सिंह, लीलाधर जगुड़ी, राजेश शर्मा, मोहन थपलियाल, से.रा.यात्री, नरेश सक्सेना, ज्ञानेन्द्र पति, मैत्रेयी पुष्पा, के.पी. सक्सेना, मनोहर श्याम जोशी, बेकल उत्साही, हृदयेश, काका हाथरसी, रामस्वरूप 'सिन्दुर', इन्दु जैन, चित्रा मुद्गल।

उर्दू साहित्य की प्रमुख विभूतियाँ

मीर अनीस, मिर्जा दबीर, अकबर इलाहाबादी, आरजू लखनवी, सफी लखनवी, अब्दुल माजिद, दयिबादी, डॉ. आब्दुल अलीम, सज्जाद ज़हीर, नुरूल हसन हाशमी, मौलाना इम्तिमाज अली (अशी), आनन्द नारायण मुल्ला, अली अब्बास हुसैनी, सागर निजामी, चौधरी मो. अली रूदौलवी, कुर्तुल एन हैदर, मंजनू गोरखपुरी, आले अहमद सुरूर, रजिया सज्जाद जहीर, ज्ञान चन्द्र जैन, मसूद हसन रिज़वी 'अदीब', एहतेशाम हुसैन रिज़वी, मसूद हुसैन खाँ, इस्मत चुगतई, खलीलुरेहमान आजमी, मोहम्मद हसन, फिराक गोरखपुरी, मजाज लखनवी, कैफी आज़मी, रशीद अहमद सिद्दकी, मुइन अहसन जबे, मसीह उज़ज़मा, वामिम जौनपुरी, अली सरदार जाफरी, सलाम संदलेवी, गुलाम रब्बानी ताबाँ, काज़ी अब्दुस्सतार, खुमार बाराबंकवी, शहरयार, एजाज हुसैन, अली जव्वाद जैदी, वजाहत अली संदेलवी, सलाम मछली शहरी, चौधरी सिब्ते मोहम्मद, मोहम्मद, अकील रिजवी, रशीद हसन खाँ, महमूद इलाही, कमर रईस, महमूदुल हसन रिजवी, कृष्ण बिहारी नूर, रामलाल, नैयर मसूद, काजिम अली खाँ, आबिद सुहेल, फज़ल इमाम रिजवी, अहमद जमाल पाशा, हनीफ नकवी, मंजूर सलीम, मलिक जादा मंजूर अहमद, बाकर मेहदी, बरोशर प्रदीप, मसीहूल हसन रिज़वी, इरफान सिद्दकी, नाज़िश प्रतापगढ़ी, बशीरबद्र।

वरिष्ठ पत्रकार

गणेश शंकर विद्यार्थी, पं. जवाहरलाल नेहरू, पं. मदन मोहन मालवीय, बाबू राव विष्णु पराड़कर, अम्बिका प्रसाद बाजपेयी, एम.चेला पतिराव, के. रामा. राव, हयातुल्ला उंसारी, सी.वाई. चिन्तामणि, एस.एन. घोष, सच्चिदानंद सिन्हा, इशरत अली सिद्दकी, एस.एम. जाफर, एस.एन. जायसवाल, अखिलेश मिश्र, के.विक्रम राव।

संस्कृत साहित्य : विश्व के सबसे प्राचीन ग्रन्थ ऋग्वेद की रचना यहीं सरस्वती के तट पर हुई थी। उसके अलावा ब्राह्मण, आरण्यक, उपनिषद्, संहिता एवं स्मृतियों के बहुत-से अंश भी यहीं पर रचे गए। आदिकवि महर्षि बाल्मीकि को बिठूर के पास का ही बताया जाता है। महर्षि व्यास ने उत्तर प्रदेश के नदी तटों पर महाभारत, श्रीमद्भागवत और पुराणों की रचना की थी। नैमिषारण्य में गोमती के तट पर व्यास जी ने अपना साहित्य रचा। आज भी वहां पर व्यासपीठ है। इसी नैमिषारण्य में ऋषि-महर्षियों की सांस्कृतिक-साहित्यिक वाणी गूंजी थी।

महाकवि कालिदास के 'अभिज्ञान शाकुन्तलम्' व मेघदूत का रचनास्थल भी उत्तर प्रदेश ही है। अनेक विद्वानों का तो यह कहना है कि महाकवि बाद में कहीं भी रहे हों, उनका जन्म कहीं मालिनी नदी (उत्तर प्रदेश) के आस-पास ही हुआ होगा। अभिज्ञान शाकुन्तलम् में वर्णित दुष्यंत का आखेट स्थल यही जंगल था। महर्षि कण्व का आश्रम रावली (बिजनौर) से लेकर कोटद्वार (गढ़वाल) तक फैला हुआ है।

प्रमुख योजनाएं

- **जवाहर रोजगार योजना :** 1 अप्रैल, 1989 से 'जवाहर रोजगार योजना' नामक योजना प्रारम्भ की गई है। इस योजना का प्रमुख उद्देश्य ग्रामीण क्षेत्रों में गरीबी रेखा से नीचे जीवन-यापन करने वाले परिवारों के बेरोजगारों व अर्द्ध-बेरोजगार इच्छुक व्यक्तियों (महिलाओं सहित) को मजदूरी (रोजगार) उपलब्ध कराना है।
- **सुनिश्चित रोजगार योजना :** यह योजना 1993-94 से प्रदेश के 12 चयनित जिलों—जालौन, हमीरपुर, झांसी, ललितपुर, खीरी, बांदा, सीतापुर, गोण्डा, बहराइच, इलाहाबाद, मिर्जापुर, सोनभद्र में चलाई जा रही है।
- **ट्राइसेम योजना :** देश की बढ़ती हुई ग्रामीण बेरोजगारी को ध्यान में रखते हुए भारत सरकार की 50 प्रतिशत वित्तीय सहायता से 1979-80 में प्रदेश के समस्त विकास खण्डों में स्व-रोजगार हेतु ग्रामीण युवकों को प्रशिक्षण की योजना (ट्राइसेम) प्रारम्भ की गई है।
- **अम्बेडकर ग्राम विकास योजना :** यह योजना डॉ. भीमराव अम्बेडकर शताब्दी वर्ष 1990-91 में उत्तर प्रदेश शासन द्वारा अनुसूचित जाति व जनजाति बाहुल्य गांवों के सर्वतोमुखी विकास हेतु प्रारम्भ की गई है।
- **कृषि रक्षा छाता योजना :** अरहर व चने की फसल पर हमला करने वाले कीड़ों को नष्ट करने के लिए किसानों को कुछ नकद रुपए अनुदान दिया जाता है। प्रदेश के सभी मैदानी-क्षेत्रों में यह योजना चलाई जा रही है।
- **खादी तथा ग्रामोद्योग बोर्ड द्वारा विशेष रोजगार योजना :** प्रदेश के ग्रामीण क्षेत्र में रहने वाले अनुसूचित जाति/जनजाति/अल्पसंख्यक तथा निर्बल वर्ग की महिलाओं को स्वाभिमान के साथ उनके घर पर रोजगार के अवसर उपलब्ध कराने तथा उनकी आर्थिक तथा सामाजिक स्थित में गुणात्मक सुधार लाने के उद्देश्य से खादी बोर्ड के अन्तर्गत न्यू मॉडल चरखा प्रशिक्षण व स्वरोजगार योजनाएं चलाई जा रही हैं।
- **नगरीय लघु उद्यम योजना :** इस योजना के अन्तर्गत चयनित लाभार्थियों को लघु उद्यम की स्थापना अथवा लघु व्यवसायों के लिए 75 प्रतिशत ऋण सार्वजनिक बैंकों से तथा 25 प्रतिशत अनुदान।
- **नगरीय मजदूर योजना :** यह रोजगार योजना प्रदेश के 1,00,000 तक की आबादी वाले नगरों में चलाई जा रही है। इस योजना में गरीब व्यक्तियों के श्रम का उपयोग करके नगर स्थानीय निकायों

में सार्वजनिक परिसम्पत्तियों का निर्माण, सामुदायिक शौचालयों, खड़ंजे, सड़क निर्माण, नालों की सफाई आदि का कार्य सम्मिलित है।

- **हस्तशिल्प वहबूदी फण्ड योजना :** यह योजना 1990-91 से चलाई जा रही है। इस योजना का मुख्य उद्देश्य प्रदेश के हस्तशिल्पियों व उनके परिवार के सदस्यों को विभिन्न कल्याणकारी योजनाओं के अन्तर्गत लाभान्वित किया जाना है।
- **स्व-रोजगार योजना :** भारत सरकार द्वारा 15 अगस्त, 1983 को शिक्षित बेरोजगार युवाओं के लिए स्व-रोजगार की घोषणा की गई। इस योजना के अन्तर्गत युवकों/युवतियों को उद्योग, सेवा व व्यवसाय के माध्यम से स्व-रोजगार में लगाया जाता है।
- **ग्रामीण आवास योजना/इन्दिरा आवास योजना :** प्रदेश के ग्रामीण क्षेत्रों में आवासों की आधारभूत आवश्यकताओं की समस्या को दूर करने हेतु उत्तर प्रदेश शासन द्वारा 2 फरवरी, 1988 से एक वृहद् आवासीय योजना के रूप में निर्बल वर्ग ग्रामीण आवासीय योजना प्रारम्भ की गई है। इन्दिरा आवास योजना भारत सरकार की शत-प्रतिशत वित्त पोषित योजना है तथा इस योजना के अधीन मात्र अनुसूचित जाति/जनजाति तथा मुक्त बंधुआ श्रमिकों के लिए आवासों का निर्माण कराया जाता है।
- **गांधी ग्राम योजना :** राष्ट्रपिता महात्मा गांधी की 125वीं जयन्ती के अवसर पर प्रदेश में गांधी ग्राम योजना लागू की गई है। इस योजना के अन्तर्गत प्रदेश के एक ऐसे ग्राम को गांधी ग्राम के नाम से चयनित किया जाता है जहां विकास खण्ड के अन्य ग्रामों की तुलना में सर्वाधिक परिवार गरीबी की रेखा के नीचे हैं।
- **ग्रामीण क्षेत्रों में पेयजल योजना :** यह योजना प्रदेश में 1971-72 से ग्रामीण अनुसूचित जाति/जनजाति के परिवारों के लिए स्वच्छ पेयजल उपलब्ध कराने के उद्देश्य से चलाई जा रही है।
- **सामुदायिक स्वास्थ्य प्रदर्शक योजना :** ग्रामीण लोगों को आकस्मिक चिकित्सा की आवश्यकता के समय तत्काल प्राथमिक चिकित्सा सुविधा उपलब्ध कराने हेतु 2 अक्टूबर, 1977 से प्रदेश के 184 प्राथमिक स्वास्थ्य केन्द्रों में सामुदायिक स्वास्थ्य प्रदर्शक योजना लागू की गई थी जोकि वर्तमान समय में प्रदेश के समस्त प्राथमिक स्वास्थ्य केन्द्रों पर लागू है।
- **ग्रीन कार्ड योजना :** यह योजना उत्तर प्रदेश में 1985 से लागू है। इस योजना के अन्तर्गत दो बच्चों पर नसबन्दी कराने वाले दम्पतियों को एक ग्रीन कार्ड उपलब्ध कराया जाता है। कार्ड धारक को कई सुविधाएं प्रदान कराई जाती हैं।
- **वन श्रमिकों की सामूहिक बीमा योजना :** वन श्रमिकों के कल्याणार्थ उनको सामूहिक सुरक्षा प्रदान करने के उद्देश्य से यह योजना 1989-90 से प्रारम्भ की गई है।

नवीन योजनाएं

- **सावित्री बाई फुले बालिका शिक्षा मदद योजना :** इस योजना के तहत गरीबी रेखा के नीचे के परिवारों की बालिका को 11वीं कक्षा में प्रवेश लेने पर प्रोत्साहन स्वरूप 15 हजार रुपए

एवं एक साइकिल दी जाती है तथा कक्षा 12वीं में प्रवेश लेने पर 10 हजार रुपए की अतिरिक्त धनराशि भी प्रदेश सरकार देती है।

- **महामाया गरीब बालिका आशीर्वाद योजना :** इस योजना के अन्तर्गत गरीबी रेखा के नीचे के परिवारों में 15 जनवरी, 2009 अथवा उसके बाद जन्म लेने वाली बालिका के नाम एकमुश्त धनराशि का फिक्स डिपॉजिट राज्य सरकार द्वारा कराया जाएगा। इससे 18 वर्ष की उम्र के पश्चात् अविवाहित बालिका को एक लाख रुपए प्राप्त हो सकेंगे।
- **कन्या विद्या धन योजना :** यह योजना 2003-04 से लागू है। इस योजना के तहत राज्य के प्रत्येक जिले से गरीबी की रेखा के नीचे जीवनयापन करने वाले परिवारों से कक्षा 8 पास औसतन 1500 छात्राओं का चयन किया जाएगा। इन छात्राओं में से कक्षा 12 पास करने वाली छात्राओं को प्रोत्साहन स्वरूप 20 हजार रुपए की एकमुश्त राशि राज्य सरकार द्वारा प्रदान की जाती है।
- **विद्यार्थी सुरक्षा बीमा योजना :** उत्तर प्रदेश सरकार ने राज्य के सभी विश्वविद्यालयों तथा महाविद्यालयों में छात्र-छात्राओं के लिए 'विद्यार्थी बीमा योजना' लागू की है। विद्यार्थी बीमा योजना लागू करने वाला उत्तर प्रदेश प्रथम राज्य है।
- **आपका अपना नलकूप योजना :** इस योजना के अन्तर्गत प्रदेश के कठिन तथा असिंचित क्षेत्रों में कृषकों के लिए बड़े नलकूपों का निर्माण किया जा रहा है।
- **सर्वजन हिताय शहरी गरीब आवास (स्लम एरिया) मालिकाना हक योजना :** इस योजना के तहत वास्तविक रूप से गरीब बस्ती में निवास कर रहे व्यक्ति को अधिकतम 30 वर्ग मी. की भूमि पर मालिकाना हक मिलेगा।
- **भूमि बैंक योजना :** इस योजना के अन्तर्गत राज्य सरकार विभिन्न पर्यटन केन्द्रों पर भूमि क्रय करके होटलों के निर्माण हेतु इसे उद्यमियों को उपलब्ध कराएगी।
- **समाजवादी पेंशन योजना :** उत्तर प्रदेश की पूर्ववर्ती अखिलेश यादव सरकार ने समाजवादी पेंशन योजना नाम से सामाजिक सुरक्षा की एक नई महत्वाकांक्षी योजना का सूत्रपात वर्ष 2014 से किया है। समाज के सभी वर्गों को उनकी जनसंख्या के अनुपात में सही प्रतिनिधित्व देते हुए प्रदेश के ग्रामीण व नगरीय क्षेत्र के ऐसे गरीब परिवार, जिनके पास आय के उपयुक्त साधन उपलब्ध नहीं हैं, के जीवनयापन, आर्थिक व सामाजिक उन्नयन हेतु आर्थिक सहायता दिए जाने के उद्देश्य से यह योजना प्रारम्भ की गई है। इसके अन्तर्गत 55 लाख परिवारों के एक-एक लाभार्थी को लाभान्वित कराए जाने का लक्ष्य है। योजना के अन्तर्गत प्रत्येक परिवार के मुखिया को न्यूनतम ₹500 प्रतिमाह से प्रारम्भ कर लाभान्वित परिवार की पेंशन में प्रतिवर्ष ₹50 की वृद्धि करते हुए पेंशन की अधिकतम धनराशि ₹750 प्रतिमाह तक होगी। परिवार की महिला मुखिया को एवं महिला मुखिया के न होने की दशा में परिवार के पुरुष मुखिया को लाभार्थी बनाया जाएगा।

अध्याय 15 विविधा

सूचना एवं प्रचार

- उत्तर प्रदेश का सूचना केन्द्र लखनऊ में स्थित है। इसके अन्तर्गत एक बाल व महिला कक्ष, रवीन्द्र केन्द्र एवं संगीत कक्ष है।
- प्रदेश के प्रकाशन विभाग द्वारा दो हिन्दी मासिक पत्रिकाओं 'उत्तर प्रदेश मासिक' तथा 'उत्तर प्रदेश संदेश' और एक उर्दू मासिक पत्रिका 'नया दौर' का नियमित प्रकाशन होता है। सूचना पंचांग, डायरी तथा 'उत्तर प्रदेश वार्षिकी' इसके वार्षिक प्रकाशन हैं।
- उत्तर प्रदेश चलचित्र विभाग की स्थापना 1975 में हुई थी।
- प्रदेश की गीत व नाट्य योजना के माध्यम से सांस्कृतिक कार्यक्रमों जैसे–भजन, आल्हा, बिरहा, कव्वाली, नृत्य, कठपुतली, नौटंकी, क्षेत्रीय लोकगीत, नाटक, जादू आदि द्वारा शासन की नीतियों व उपलब्धियों आदि का प्रसारण किया जाता है।
- प्रदेश की फोटो फिल्म शाखा शासन की योजनाओं, कार्यक्रमों तथा नीतियों-निर्णयों को विभिन्न प्रकार के कार्यक्रमों तथा उपकरणों के द्वारा प्रचारित करने का कार्य करती है।

समाज, महिला व बाल कल्याण

- उत्तर प्रदेश में समाज-कल्याण विभाग की स्थापना फरवरी, 1955 में की गई थी।
- विभुक्त जाति के अभ्यर्थियों के लिए 1 अप्रैल, 1986 से लखनऊ में औद्योगिक प्रशिक्षण केन्द्र चलाया जा रहा है।
- स्वतः रोजगार योजना का उद्देश्य प्रदेश में गरीबी की रेखा से नीचे निवास करने वाले अनुसूचित जाति के परिवारों के आर्थिक उत्थान के लिए उन्हें धन उपलब्ध कराकर, गरीबी की रेखा से ऊपर उठाना है।
- उत्तर प्रदेश शासन द्वारा 1995-96 में अल्पसंख्यक कल्याण विभाग, विकलांग कल्याण विभाग, पिछड़ा वर्ग कल्याण विभाग एवं इससे संबंधित निदेशालय का अलग से गठन कर दिया गया एवं उनसे सम्बन्धित समस्त योजनाओं को समाज कल्याण विभाग से स्थानान्तरित करके संबंधित विभागों को संचालन हेतु दे दिया गया है।
- विक्रम योजना स्वच्छकार और उनके आश्रितों के लिए वित्तीय वर्ष 2001-02 से शुरू की गई है।
- उत्तर प्रदेश समाज-कल्याण निर्माण निगम लिमिटेड की स्थापना कम्पनी अधिनियम 1956 के अन्तर्गत 25 जून, 1976 को हुई थी। कम्पनी का पंजीकृत कार्यालय वर्तमान में लेखराज मार्केट, इन्दिरा नगर, लखनऊ में स्थित है।

- भिक्षावृत्ति सामाजिक कुप्रथा को हतोत्साहित करने के उद्देश्य से वर्ष 1975 से प्रदेश सरकार ने भिक्षावृत्ति प्रतिषेध अधिनियम लागू किया है।
- बालिका शिक्षा को प्रोत्साहित करने के लिए उत्तर प्रदेश के 2003-04 के बजट में एक नई 'कन्या विद्या धन योजना' का प्रावधान किया गया।
- सावित्री बाई फुले बालिका शिक्षा मदद योजना के तहत गरीबी रेखा के नीचे के परिवारों की बालिका को 11वीं कक्षा में प्रवेश लेने पर प्रोत्साहन स्वरूप 15 हजार रुपए एवं एक साइकिल दी जाती है तथा कक्षा 12वीं में प्रवेश लेने पर 10 हजार रुपए की अतिरिक्त धनराशि भी प्रदेश सरकार देती है।
- प्रदेश में लागू की गई 'मैरिट उच्चीकृत योजना' का संबंध अनुसूचित जाति/जनजाति के बच्चों की कोचिंग व्यवस्था से है।
- उत्तर प्रदेश में वृद्धावस्था पेंशन का शुभारंभ दिसम्बर 1957 में किया गया है।
- अनुसूचित जाति/जनजाति के विद्यार्थियों को अध्ययन की सुविधा हेतु प्रदेश में 1978-79 से बुक बैंकों की स्थापना की गई है।
- 'मार्जिन मनी ऋण योजना' के तहत उद्यमी महिलाओं को बैंक द्वारा कम ब्याज पर ऋण देने की सुविधा प्रदान की गई है।
- 'विपणन सहायता योजना' के अन्तर्गत प्रदेश के विभिन्न क्षेत्रों में महिला उद्यमियों के उत्पादों की बिक्री को प्रोत्साहन देने हेतु प्रदर्शनियों का आयोजन किया जाता है।
- उत्तर प्रदेश मे सैनिक कल्याण व पुनर्वास निदेशालय की स्थापना 1972 में की गई थी।
- प्रदेश में मानसिक रूप से अविकसित बालकों के लिए दो विद्यालय लखनऊ तथा इलाहाबाद में चलाए जा रहे हैं।
- प्रदेश में दहेज प्रथा से पीड़ित महिलाओं को 'आर्थिक सहायता' देने हेतु योजना का आरम्भ 1990-91 मे हुआ है।
- प्रदेश में 0 से 6 वर्ष की आयु के निराश्रित व परित्यक्त बच्चों को आश्रय देने हेतु 'पोषण गृह' लखनऊ में स्थित है।
- 'रिवाल्विंग फण्ड फाउंडेशन' की व्यवस्था तलाकशुदा मुस्लिम महिलाओं के लिए की गई है।
- प्रदेश के 'शिशु-सदनों' में जन्म से लेकर 6 वर्ष तक के बच्चों को रखा जाता है।
- प्रदेश में 1990-91 से हस्तशिल्पियों के कल्याणार्थ 'हस्तशिल्प वहबूदी फण्ड योजना' चलाई जा रही है।
- प्रदेश में महात्मा गांधी की 125 वीं जयंती के अवसर पर 'गांधी ग्राम योजना' चलाई गई।
- प्रदेश के गरीब परिवारों के जीवनयापन तथा आर्थिक व सामाजिक उन्नयन हेतु बजट 2014-15 से समाजवादी पेंशन योजना नाम से सामाजिक सुरक्षा की एक नई योजना शुरू की गई है।

पंचायत राज

- उत्तर प्रदेश में पंचायतों ने 15 अगस्त, 1949 से कार्य करना आरम्भ किया।
- उत्तर प्रदेश 'पंचायत राज संशोधन अधिनियम' 1994 में पारित किया गया।
- प्रदेश में क्षेत्र के प्रमुख और उप प्रमुखों का कार्यकाल 5 वर्ष होता है।
- ग्राम सभा की सदस्यता प्राप्त करने के लिए कम-से-कम 18 वर्ष की आयु होना आवश्यक है।
- ग्राम सभा के प्रधान का कार्यकाल 5 वर्ष होता है।
- ग्राम सभा के प्रधान पद के लिए कम-से-कम आयु सीमा 21 वर्ष है।
- ग्राम पंचायत का कार्यकाल 5 वर्ष होता है।
- वर्तमान में प्रदेश की पंचायती राज-व्यवस्था तीन स्तरीय है।
- उत्तर प्रदेश 'पंचायत राज संशोधन अधिनियम, 1994' के अनुसार जिला परिषद् व क्षेत्र समिति के नाम बदलकर जिला पंचायत व क्षेत्र पंचायत रख दिए गए हैं।
- ग्राम पंचायत में एक प्रधान और एक उप-प्रधान के अतिरिक्त 9 से 15 सदस्य हो सकते हैं।
- जिला पंचायत का कार्यकाल 5 वर्ष होता है।
- प्रधान/उप-प्रधान को हटाने के लिए कोई बैठक उसके चुनाव के एक वर्ष के बाद ही बुलाई जा सकती है।
- प्रधान के हटाए जाने पर कार्यभार उप-प्रधान को तथा उप-प्रधान के हटाए जाने पर उसका कार्यभार प्रधान को सौंपा जाता है। दोनों के पद रिक्त होने की स्थिति में जिला मजिस्ट्रेट पंचायत के किसी सदस्य को प्रधान का कार्य करने के लिए नामित करता है।
- ग्राम पंचायत अपने कार्यों के सम्पादन में सहायता के लिए 6 समितियों का गठन करती है। ये हैं (1) समता समिति, (2) विकास समिति, (3) शिक्षा समिति, (4) लोकहित समिति, (5) प्रशासनिक समिति, (6) जल प्रबन्धन समिति।
- कृषि उत्पादन, पशुपालन, ग्राम उद्योग और गरीबी उन्मूलन कार्यक्रमों से संबंधित कार्यों के लिए विकास समिति का निर्माण किया गया है।
- प्रशासनिक समिति कर्मियों संबंधी समस्त विषयों का संचालन करती है।

खेल

- के. डी. सिंह 'बाबू' स्टेडियम प्रदेश के लखनऊ नगर में स्थित है।
- वीर बहादुर सिंह स्पोर्ट्स कॉलेज प्रदेश के गोरखपुर नगर में स्थित है।
- प्रदेश में खेल का सामान बनाने का सबसे बड़ा केन्द्र कानपुर है।
- प्रदेश के प्रसिद्ध खिलाड़ी ध्यानचन्द हॉकी से संबंधित थे।
- लखनऊ नगर से लगभग 10 किमी. दूरी पर गुडम्बा नामक स्थान पर स्पोर्ट्स कॉलेज स्थित

है जहाँ पर खिलाड़ियों को कक्षा 9 में प्रवेश देकर इन्टरमीडिएट तक शिक्षा व खेल का तकनीकी तथा वैज्ञानिक प्रशिक्षण प्रदान कराया जाता है।

- उत्तर प्रदेश का सर्वोच्च खेल पुरस्कार लक्ष्मण पुरस्कार है।
- अन्तर्राष्ट्रीय स्तर पर खेलों में उत्कृष्ट प्रदर्शन करने वाले प्रदेश के खिलाड़ियों के लिए मान्यवर कांशीराम अन्तर्राष्ट्रीय खेल पुरस्कार की स्थापना उत्तर प्रदेश शासन ने 25 सितम्बर, 2007 को की है।

संग्रहालय

प्रदेश की कला एवं पुरातत्त्व की सामग्री यहां कई सार्वजनिक संग्रहालयों में सुरक्षित है, उत्तर प्रदेश में लगभग 70 संग्रहालय हैं, इनमें प्रमुख संग्रहालयों का संक्षिप्त वितरण निम्नलिखित है :

1. राजकीय संग्रहालय, लखनऊ : उत्तर प्रदेश का यह संग्रहालय सबसे पुराना है। इसकी स्थापना 1853 ई. में हुई थी। इसके विशाल संकलन में लगभग एक लाख से अधिक कलाकृतियां हैं। पुरातात्त्विक सामग्री, सिक्के, लघुचित्र, धातु कलाकृतियां, हाथी दांत आदि कलाओं का प्रतिनिधित्व करती हैं। सुविधा की दृष्टि से इसके विशाल संकलन को 26 विभागों में विभक्त किया गया है। इस संग्रहालय में पुराने हथियारों का अच्छा संग्रह है। आहत मुद्राओं (पंच मार्क्ड) से लेकर अवध के नवाबों तक के समय के सिक्कों का बहुमूल्य भण्डार इस संग्रहालय में है। 'चित्र विभाग' में हिन्द-ईरानी, राजपूत, पहाड़ी तथा दक्षिणी शैली के अनेक चित्र संग्रहित हैं। अवध के नवाबी काल की भी एक 'चित्र-वीथिका' है।

2. राजकीय संग्रहालय, मथुरा : इस संग्रहालय की स्थापना 1874 ई. में हुई थी। इनमें 5,000 पुरातन वस्तुओं का संग्रह है। यह कुषाणकालीन कला का सर्वोत्तम संग्रह है।

3. पुरातत्त्व संग्रहालय, सारनाथ : सारनाथ का प्रसिद्ध पुरातत्त्व संग्रहालय 1904 ई. में स्थापित किया गया था। यह स्थानीय संग्रहालय है और इसमें सारनाथ की खुदाई से प्राप्त मूर्तियां आदि संग्रहित हैं। इनका समय ई. पूर्व तीसरी शदी से लेकर 12वीं सदी तक है।

4. भारत कला-भवन, वाराणसी : भारतीय ललित कलाओं के संग्रह-रूप में कला-भवन का आरम्भ वाराणसी में 1920 ई. में हुआ था। इस समय यह काशी हिन्दू विश्वविद्यालय के अन्तर्गत है। इसमें मुगल और कांगड़ा शैली के चित्रों का बहुमूल्य संग्रह सुरक्षित है।

5. प्रयाग संग्रहालय, इलाहाबाद : इलाहाबाद म्युनिसिपल बोर्ड के अन्तर्गत इस संग्रहालय की स्थापना 1931 ई. में हुई। इसमें पुरातत्व, कला एवं हस्तशिल्प की वस्तुएं संग्रहीत हैं।

6. महात्मा गांधी हिन्दी संग्रहालय, कालपी : हिन्दी भवन, कालपी में स्थापित इस संग्रहालय में प्राचीन मूर्तियां, सिक्के, हस्तलिखित ग्रन्थ तथा रानी लक्ष्मीबाई, नाना साहब, नवाब बांदा के चित्र तथा उनसे संबंधित विविध वस्तुएं संकलित हैं।

7. राजकीय संग्रहालय, झांसी : राजकीय संग्रहालय, झांसी की स्थापना 1978 में की गई।

जिसका उद्देश्य बुन्देलखंड समृद्ध पुरातात्त्विक सम्पदा को एकत्र कर इसका अध्ययन, शोध, प्रकाशन एवं प्रदर्शन आदि किया जाना है।

8. राजकीय बौद्ध संग्रहालय, रामगढ़ताल, गोरखपुर : उत्तर प्रदेश के पूर्वी क्षेत्र में यत्र-तत्र बिखरी पुरातत्त्व सामग्री, मुख्यतः बौद्ध सामग्री तथा उपलब्ध राष्ट्रीय सांस्कृतिक धरोहर को सुरक्षित रखने, शोध छात्रों को आवश्यक सहायता देने हेतु सामग्री उपलब्ध कराने एवं उन्हें प्रदर्शित करने हेतु गोरखपुर में 'राजकीय बौद्ध संग्रहालय' की स्थापना की गई है।

9. रामकथा संग्रहालय, अयोध्या, फैजाबाद : 1988 में अयोध्या, फैजाबाद में 'रामकथा संग्रहालय' की स्थापना ऐसे सांस्कृतिक केन्द्र के रूप में हुई है, जहां देश और विदेश की रामकथा-विषयक कलाकृतियों, रामलीला, छायांकित चित्रों व निगेटिव आदि का संकलन हो सके।

10. जनपदीय संग्रहालय, सुल्तानपुर : सुल्तानपुर जनपद के अनेक महत्त्वपूर्ण पुरास्थलों पर पाई गई पुरासांस्कृतिक सामग्री का यहाँ अच्छा संकलन है।

11. लोककला संग्रहालय, लखनऊ : उत्तर प्रदेश की विलुप्त हो रही लोककला के विभिन्न स्वरूपों व तत्संबंधी दस्तावेजों को भविष्य के लिए संरक्षित करने व उनकी पहचान बनाये रखने के उद्देश्य से लखनऊ का नवस्थापित 'लोककला संग्रहालय' अपने लक्ष्यों की प्राप्ति हेतु निरन्तर अग्रसर है।

12. बौद्ध संग्रहालय (कुशीनगर), पड़रौना : बुद्ध की परिनिर्वाण स्थली बौद्ध तीर्थ कुशीनगर राष्ट्रीय ही नहीं बल्कि अन्तर्राष्ट्रीय स्थल है, जो प्राचीनकालीन मल्ल गणतन्त्र की राजधानी भी रही है।

13. रज़ा लाइब्रेरी (रामपुर) : यह लाइब्रेरी अरबी, फारसी, उर्दू तथा हिन्दी व अन्य भाषाओं की बहुमूल्य पुस्तकों की अमूल्य निधि है।

14. मोतीलाल नेहरू बाल संग्रहालय (लखनऊ) : यह 1857 ई. में मोतीलाल मेमोरियल ट्रस्ट द्वारा खोला गया है।

संगीत एवं नृत्य

प्रदेश के लोकगीत

बिरहा : उत्तर प्रदेश में अवधी व भोजपुरी भाषा वाले क्षेत्रों में बिरहा नामक लोकगीत गाये जाते हैं। यह गीत विरह-मिलन की भावनाओं से जुड़ा है।

कजरी : कजरी नामक लोकगीत सावन के महीने में गाये जाते हैं।

चैता : चैता लोकगीत फाल्गुन पूर्णिमा से चैत्र पूर्णिमा के दौरान गाये जाने वाले ऋतुगीत हैं, जिनमें प्रेम की अनुभूति मुख्य होती है।

आल्हा : उत्तर प्रदेश में बुन्देलखण्ड की वीररस से भरपूर कथा 'आल्हा' का लयबद्ध गायन, वहां के लोकगायन की प्रसिद्ध शैली है।

लांगुरिया : ब्रज के गीत, जो हनुमानजी की उपासना में गाये जाते हैं, वे लांगुरिया लोकगीत कहलाते हैं।

रसिया : ब्रजभूमि में 'रसिया' लोकगायन की वह परम्परा है जिसमें आध्यात्मिक और भौतिक भक्ति-भावों की प्रमुखता होती है। इस परम्परा में श्रीकृष्ण की उपासना अनेक रूपों में की जाती है।

प्रदेश के लोकनृत्य

कलाबाजी नृत्य : यह अवध का नृत्य है, जिसमें मोरबाजा तथा कच्ची घोड़ी का प्रयोग होता है। इस नृत्य में कलाबाजी की प्रमुखता होती है।

धोबिय नृत्य : इस नृत्य में कच्ची घोड़ी पर सवार एक नर्तक अन्य नर्तकों के बीच में अद्‌भुत मुद्राओं का प्रदर्शन करता है। यह नृत्य मांगलिक अवसरों पर किया जाता है।

शैरा नृत्य : इस नृत्यु को बुन्देलखण्ड के किसान फसल काटने की खुशी में करते हैं।

नटवरी नृत्य : यह नृत्य पूर्वी उत्तर प्रदेश के अहीरों, यादवों द्वारा संगीत और नक्कारे की लय पर किया जाता है। इसमें खेल-मुद्राओं का प्रदर्शन किया जाता है।

चरकुला नृत्य : यह ब्रज का घड़ा नृत्य है। यह रथ के पहिये पर अनेक घड़े रखकर की जाने वाली अत्यन्त कठिन नृत्य शैली है।

जोगिनी नृत्य : यह अवध में रामनवमी के आस-पास किया जाने वाला नृत्य है, इसमें नर्तक साधु वेश धारण करते हैं।

धोबिया नृत्य : यह धोबी जाति का नृत्य है। इसमें एक नर्तक धोबी और दूसरा गधा बनकर नृत्य करते हैं।

पासी नृत्य : यह पासी जाति द्वारा किया जाने वाला अद्‌भुत नृत्य है, इसमें सात भिन्न-भिन्न मुद्राओं की, एक गति व लय में, युद्ध के अभिनय के रूप में प्रस्तुति की जाती है।

दीपावली नृत्य : यह नृत्य दीपावली के अवसर पर बुन्देलखण्ड के अहीरों द्वारा किया जाता है।

खयाल गायन-नृत्य : यह गायन-नृत्य सिर पर रंग-बिरंगे कागजों और बांस से बने मन्दिर को रखकर किया जाता है। बुन्देलखण्ड में पुत्र-जन्म के अवसर पर इस नृत्य का आयोजन किया जाता है।

धुरिया समाज गायन-नृत्य : इस गायन-नृत्य को बुन्देलखण्ड के कुम्हार जाति के लोग करते हैं। इसमें पुरुष ही स्त्रीवेश धारण करके नृत्य करते हैं।

पाई डण्डा नृत्य : यह बुन्देलखण्ड के अहीर जाति में किया जाने वाला नृत्य है। यह डांडिया रास जैसा नृत्य है।

करमा नृत्य : यह नृत्य मिर्जापुर जिले के आदिवासी लोगों द्वारा किया जाता है।

राई नृत्य : यह बुन्देलखण्ड की स्त्रियों द्वारा किया जाने वाला नृत्य है। इसमें स्त्रियां मयूर मुद्रा में नृत्य करती हैं। यह कृष्ण जन्माष्टमी के आस-पास किया जाता है।

कार्तिक गायन-नृत्य : यह बुन्देलखण्ड का प्रचलित नृत्य है। इस नृत्य का आयोजन कार्तिक माह में ही किया जाता है।

छपेली नृत्य : इस नृत्य द्वारा आत्मिक और आध्यात्मिक प्रेम की अभिव्यक्ति की जाती है। इस नृत्य में नर्तक एक हाथ में रूमाल और दूसरे हाथ में आइना लिए रहते हैं।

देवी नृत्य : यह नृत्य बुन्देलखण्ड में देवी-पूजा के लिए जाते समय किया जाता है। इसमें एक नर्तक देवी बना होता है।

छोलिया नृत्य : यह नृत्य-गीत राजपूत जाति में प्रचलित है, इसका आयोजन विवाह के अवसर पर किया जाता है। इसमें नर्तक तलवारें और ढाल लेकर नृत्य करते हैं।

प्रमुख तथ्य

- प्रसिद्ध सूफी कवि संगीताचार्य और शासक अमीर खुसरो ने सितार का आविष्कार किया।
- महान संगीतज्ञ स्वामी हरिदास एवं तानसेन अकबर के समकालीन थे।
- संगीताचार्य तानसेन के गुरु स्वामी हरिदास थे।
- जौनपुर का शासक सुल्तान हुसैन शर्की एक प्रसिद्ध संगीतज्ञ था, जिसने कव्वाली की तर्ज पर बड़े खयाल का सृजन किया।
- शाहजहाँ के शासनकाल में वाराणसी के प्रसिद्ध संगीतकार जगन्नाथ ने पंडितराज की उपाधि ग्रहण की थी।
- नृत्य की 'कत्थक शैली' उत्तर प्रदेश की ही देन है।
- वाजिद अली शाह के संरक्षण के फलस्वरूप ही नृत्य की कत्थक शैली को बढ़ावा मिला।
- ठाकुर प्रसाद कत्थक नृत्य शैली के प्रथम उन्नायक थे।
- महाराज बिन्दादीन ने 'ठुमरी' का आविष्कार किया।
- उत्तर प्रदेश में सर्वाधिक प्रचलित लोकनृत्य नौटंकी है।
- कालका महाराज, अच्छन महाराज, लच्छू महाराज, शम्भू महाराज और बिरजू महाराज ने कत्थक नृत्य शैली में प्रसिद्धि प्राप्त की है। इनका संबंध लखनऊ घराने से है।

समाचार-पत्र एवं पत्रिकाएँ

वर्तमान समय में उत्तर प्रदेश के विविध नगरों से प्रकाशित होने वाले प्रमुख समाचार-पत्र व पत्रिकाएं निम्नानुसार हैं :

दैनिक समाचार-पत्र	प्रकाशन का स्थान
• दैनिक जागरण	कानपुर, मेरठ, झाँसी व आगरा
• अमर उजाला	आगरा, बरेली, मेरठ, मुरादाबाद व कानपुर
• आज	वाराणसी, कानपुर व आगरा
• स्वतन्त्र भारत	पायोनियर हाउस, विधान सभा मार्ग, लखनऊ

साप्ताहिक समाचार-पत्र	प्रकाशन का स्थान
• प्रवाद	17, तमोलीपुरा, अलीगढ़
• नया भारत	19, केसरबाग, लखनऊ
• नागरिक	40, भार्गव एस्टेट, कानपुर
• जनयुग	22, केसरबाग, लखनऊ
• लोकपथ	54, गुंसाईपुरा, झाँसी
• कुटज	नवप्रभात प्रेस, बलिया

पाक्षिक समाचार-पत्र और पत्रिका	प्रकाशन का स्थान
• विकास मार्ग	जिला योजना कार्यालय, बस्ती
• उत्तर प्रदेश पंचायतीराज	निदेशक, उत्तर प्रदेश सूचना विभाग, लखनऊ
• कानपुर टाइम्स	गांधी नगर, कानपुर

मासिक पत्र और पत्रिकाएँ	प्रकाशन का स्थान
• अखण्ड ज्योति	घिया मण्डी, मथुरा
• गाँव की ओर	जिला योजना कार्यालय, गोरखपुर
• भारतीय शिक्षा	पो. बा. नं. 52, कानपुर
• धन्वन्तरी	विजयगढ़ (अलीगढ़)
• शिक्षक (अंग्रेजी, हिन्दी)	के. 21/15 एम 2-7, वाराणसी
• उत्कर्ष	108/36, तालाब गगनी सुकुल, लखनऊ
• शक्ति माँ	101, नई बस्ती, गाजियाबाद
• रानी बिटिया	नया संसार प्रेस बिल्डिंग, भेदेनी, वाराणसी
• कल्याण	गीता प्रेस, गोरखपुर
• विज्ञान लोक	हॉस्पिटल रोड, आगरा
• पंचायती कानून	नेहरू रोड, इलाहाबाद
• पंचदूत	जिला पंचायत कार्यालय, एटा

❑❑❑

जनसंख्या : वर्ष 2011 की जनगणना के अंतिम आंकड़ों के अनुसार उत्तर प्रदेश की कुल जनसंख्या 19,98,12,341 है जिसमें 10,44,80,510 पुरुष तथा 9,53,31,831 स्त्रियां हैं। 1991-2001 के बीच में प्रदेश की जनसंख्या की दशकीय वृद्धि दर 25.80 प्रतिशत थी, जोकि 2001-2011 के बीच घटकर 20.02 प्रतिशत हो गई है। वर्ष 2011 की जनगणना के अनुसार भारत की कुल जनसंख्या 1,21,08,54,977 है, जिसमें पुरुषों की संख्या 62,32,70,258 तथा स्त्रियों की संख्या 58,75,84,719 है। इस प्रकार भारत की सम्पूर्ण जनसंख्या में उत्तर प्रदेश का अंशदान 16.51 प्रतिशत है, अर्थात् प्रत्येक छठा भारतवासी उत्तर प्रदेश का निवासी है।

जनगणना 2011 : प्रदेश की जनसंख्या एक दृष्टि में
(Census 2011 : At a Glance)

• **कुल जनसंख्या**	:	19,98,12,341
• **पुरुष जनसंख्या**	:	10,44,80,510
• **महिला जनसंख्या**	:	9,53,31,831
• **दशकीय वृद्धि दर** (2001-2011)	:	20.2
• **जनसंख्या घनत्व** (व्यक्ति प्रति वर्ग किमी)	:	829
• **लिंगानुपात (प्रति 1000 पुरुषों पर महिलाओं की संख्या)**	:	912
• **साक्षरता दर (कुल)**	:	67.7%
• **पुरुष साक्षरता**	:	77.3%
• **महिला साक्षरता**	:	57.2%
• **सर्वाधिक जनसंख्या वाला जिला**	:	इलाहाबाद (59,54,391)
• **सबसे कम जनसंख्या वाला जिला**	:	महोबा (8,75,958)
• **2001-2011 के दौरान सर्वाधिक जनसंख्या-वृद्धि वाला जिला**	:	गौतमबुद्ध नगर (49.1%)
• **2001-2011 के दौरान सबसे कम जनसंख्या-वृद्धि वाला जिला**	:	कानपुर नगर (9.9%)

• **सर्वाधिक जनसंख्या घनत्व वाला जिला**	:	गाजियाबाद (3971)
• **सबसे कम जनसंख्या घनत्व वाला जिला**	:	ललितपुर (242)
• **सर्वाधिक लिंगानुपात वाला जिला**	:	जौनपुर (1,024)
• **सबसे कम लिंगानुपात वाला जिला**	:	गौतमबुद्ध नगर एवं कानपुर नगर (851)
• **सर्वाधिक साक्षरता वाला जिला**	:	गौतमबुद्ध नगर (80.12%)
• **सबसे कम साक्षरता वाला जिला**	:	श्रावस्ती (46.74%)
• **सर्वाधिक पुरुष साक्षरता वाला जिला**	:	गौतमबुद्ध नगर (88.1%)
• **सबसे कम पुरुष साक्षरता वाला जिला**	:	श्रावस्ती (57.2%)
• **सर्वाधिक महिला साक्षरता वाला जिला**	:	कानपुर नगर (75.1%)
• **सबसे कम महिला साक्षरता वाला जिला**	:	श्रावस्ती (34.8%)

प्रदेश की जिलेवार जनसंख्या

(प्रतिशत दशकीय वृद्धि दर, लिंगानुपात, जनसंख्या घनत्व एवं साक्षरता)

क्र.सं.	राज्य/जिला	कुल जनसंख्या	पुरुष	महिला	प्रतिशत दशकीय वृद्धि दर (2001-11)	लिंगानुपात	जनसंख्या घनत्व (प्रति वर्ग किमी)	साक्षरता प्रतिशत		
								व्यक्ति	पुरुष	महिला
	उत्तर प्रदेश	19,98,12,341	10,44,80,510	9,53,31,831	20.2	912	829	67.7	77.3	57.2
1.	सहारनपुर	34,66,382	18,34,106	16,32,276	19.7	890	940	70.5	78.3	61.7
2.	मुजफ्फरनगर	41,43,512	21,93,434	19,50,078	16.94	889	1034	69.1	78.4	58.7
3.	बिजनौर	36,82,713	19,21,215	17,61,498	17.60	917	807	68.5	76.6	59.7
4.	मुरादाबाद	47,72,006	25,03,186	22,68,820	25.22	906	1284	56.8	64.8	47.9
5.	रामपुर	23, 35,819	12,23,889	11,11,930	21.42	909	987	53.3	61.4	44.4
6.	अमरोहा (ज्योतिबा फुले नगर)	18,40,221	9,63,449	8,76,772	22.8	910	818	63.8	74.5	52.1
7.	मेरठ	34,43,689	18,25,743	16,17,946	15.8	886	1346	72.8	80.7	64.0
8.	बागपत	13,03,048	7,00,070	6,02,978	11.95	861	986	72.0	82.4	60.0
9.	गाजियाबाद	46,81,645	24,88,834	21,92,811	41.3	881	3971	78.1	85.4	69.8
10.	गौतमबुद्ध नगर	16,48,115	8,90,214	7,57,901	49.1	851	1286	80.1	88.1	70.8
11.	बुलंदशहर	34,99,171	18,45,260	16,53,911	16.3	896	776	68.9	80.9	55.6
12.	अलीगढ़	36,73,889	19,51,996	17,21,893	22.8	882	1007	67.5	78.0	55.7
13.	हाथरस (महामाया नगर)	15,64,708	8,36,127	7,28,581	17.12	871	850	71.6	82.4	59.2
14.	मथुरा	25,47,184	13,67,125	11,80,059	22.8	863	763	70.4	82.0	56.9
15.	आगरा	44,18,797	23,64,953	20,53,844	22.05	869	1094	71.6	80.6	61.2
16.	फिरोजाबाद	24,98,156	13,32,046	11,66,110	20.0	875	1038	71.9	80.8	61.7
17.	मैनपुरी	18,68,529	9,93,377	8,75,152	17.02	881	677	76.0	84.5	66.3
18.	बदायूँ	36,81,896	19,67,759	17,14,137	20.0	871	712	51.3	61.0	40.1
19.	बरेली	44,48,359	23,57,665	20,90,694	22.93	887	1080	58.5	67.5	48.3
20.	पीलीभीत	20,31,007	10,72,002	9,59,005	17.5	895	551	61.5	71.7	50.00
21.	शाहजहांपुर	30,06,538	16,06,403	14,00,135	22.0	872	685	59.5	68.2	49.6
22.	खीरी	40,21,243	21,23,187	18,98,056	25.4	894	524	60.6	69.6	50.4
23.	सीतापुर	44,83,992	23,75,264	21,08,728	23.9	888	781	61.1	70.3	50.7
24.	हरदोई	40,92,845	21,91,442	19,01,403	20.44	868	684	64.6	74.4	53.2
25.	उन्नाव	31,08,367	16,30,087	14,78,280	15.11	907	682	66.4	75.1	56.8

क्र.सं.	राज्य/जिला	कुल जनसंख्या	पुरुष	महिला	प्रतिशत दशकीय वृद्धि दर (2001-11)	लिंगानुपात	जनसंख्या घनत्व (प्रति वर्ग किमी)	साक्षरता प्रतिशत		
								व्यक्ति	पुरुष	महिला
26.	लखनऊ	45,89,838	23,94,476	21,95,362	25.82	917	1816	77.3	82.6	71.5
27.	रायबरेली	34,05,559	17,52,542	16,53,017	18.6	943	739	67.3	77.6	56.3
28.	फर्रुखाबाद	18,85,204	10,06,240	8,78,964	20.0	874	864	69.0	77.4	59.4
29.	कन्नौज	16,56,616	8,81,776	7,74,840	19.3	879	792	72.7	80.9	63.3
30.	इटावा	15,81,810	8,45,856	7,35,954	18.15	870	685	78.4	86.1	69.6
31.	ओरैया	13,79,545	7,40,040	6,39,505	16.91	864	684	78.9	86.1	70.6
32.	कानपुर देहात (रमाबाई नगर)	17,96,184	9,63,255	8,32,929	14.9	865	595	75.8	83.4	66.9
33.	कानपुर नगर	45,81,268	24,59,806	21,21,462	9.92	863	1452	79.7	83.6	75.1
34.	जालौन	16,89,974	9,06,092	7,83,882	16.2	865	370	73.3	83.5	62.5
35.	झाँसी	19,98,603	10,57,436	9,41,167	14.54	890	398	75.0	85.4	63.5
36.	ललितपुर	12,21,592	6,41,011	5,80,581	24.94	906	242	63.5	75.0	50.8
37.	हमीरपुर	11,04,285	5,93,537	5,10,748	11.1	861	275	68.8	79.8	55.9
38.	महोबा	8,75,958	4,66,358	4,09,600	15.5	878	279	65.3	75.8	53.2
39.	बांदा	17,99,410	9,65,876	8,33,534	19.8	863	408	66.7	77.8	53.7
40.	चित्रकूट	9,91,730	5,27,721	4,64,009	23.7	879	308	65.0	75.8	52.7
41.	फतेहपुर	26,32,733	13,84,722	12,48,011	14.1	901	634	67.4	77.2	56.6
42.	प्रतापगढ़	32,09,141	16,06,085	16,03,056	17.50	998	863	70.1	81.9	58.4
43.	कौशाम्बी	15,99,596	8,38,485	7,61,111	23.8	908	899	61.3	72.8	48.6
44.	इलाहाबाद	59,54,391	31,31,807	28,22,584	20.63	901	1086	72.3	82.6	61.0
45.	बाराबंकी	32,60,699	17,07,073	15,53,626	22.0	910	741	61.7	70.3	52.3
46.	फैजाबाद	24,70,996	12,59,628	12,11,638	18.3	962	1056	68.7	78.1	59.0
47.	अम्बेडकर नगर	23,97,888	12,12,410	11,85,478	18.30	978	1020	72.2	81.7	62.7
48.	सुल्तानपुर	37,97,117	19,14,586	18,82,531	17.9	983	856	69.3	80.2	58.3
49.	बहराइच	34,87,731	18,43,884	16,43,847	29.3	892	666	49.4	58.3	39.2
50.	श्रावस्ती	11,17,361	5,93,897	5,23,464	30.5	881	681	46.7	57.2	34.8
51.	बलरामपुर	21,48,665	11,14,721	10,33,944	27.72	928	642	49.5	59.7	38.4
52.	गोण्डा	34,33,919	17,87,146	16,46,773	24.2	922	858	58.7	69.4	47.1
53.	सिद्धार्थनगर	25,59,297	12,95,095	12,64,202	25.5	976	884	59.2	70.9	47.4
54.	बस्ती	24,64,464	12,55,272	12,09,192	18.21	963	917	67.2	77.9	56.2
55.	संत कबीर नगर	17,15,183	8,69,656	8,45,527	20.8	972	1042	66.7	78.4	54.8
56.	महाराजगंज	26,84,703	13,81,754	13,02,949	23.50	943	910	62.8	75.8	48.9
57.	गोरखपुर	44,40,895	22,77,777	21,63,118	17.81	950	1337	70.8	81.8	59.4
58.	कुशीनगर	35,64,544	18,18,055	17,46,489	23.3	961	1227	65.2	77.7	52.4
59.	देवरिया	31,00,946	15,37,436	15,63,510	14.2	1017	1221	71.1	83.3	59.4
60.	आजमगढ़	46,13,913	22,85,004	23,28,909	17.11	1019	1138	70.9	81.3	60.9
61.	मऊ	22,05,968	11,14,709	10,91,259	18.98	979	1288	73.1	82.5	63.6
62.	बलिया	32,39,774	16,72,902	15,66,872	17.4	937	1087	70.9	81.5	59.8
63.	जौनपुर	44,94,204	22,20,465	22,73,739	14.9	1024	1113	71.5	83.8	59.8
64.	गाज़ीपुर	36,20,268	18,55,075	17,65,193	19.2	952	1072	71.8	82.8	60.3
65.	चन्दौली	19,52,756	10,17,905	9,34,851	18.83	918	769	71.5	81.7	60.4
66.	वाराणसी	36,76,841	19,21,857	17,54,984	17.15	913	2395	75.6	83.8	66.7

क्र.सं.	राज्य/जिला	कुल जनसंख्या	पुरुष	महिला	प्रतिशत दशकीय वृद्धि दर (2001-11)	लिंगानुपात	जनसंख्या घनत्व (प्रति वर्ग किमी)	साक्षरता प्रतिशत		
								व्यक्ति	पुरुष	महिला
67.	संत रविदास नगर	15,78,213	8,07,099	7,71,114	16.6	955	1555	69.0	81.5	56.0
68.	मिर्जापुर	24,96,970	13,12,302	11,84,668	20.4	903	567	68.5	79.0	56.9
69.	सोनभद्र	18,62,559	9,71,344	8,91,215	23.8	918	270	64.0	74.9	52.1
70.	एटा	17,74,480	9,47,339	8,27,141	13.7	873	730	70.8	81.3	58.8
71.	कासगंज (कांशीराम नगर)	14,36,719	7,64,165	6,72,554	17.0	880	735	61.0	71.6	49.0
72.	अमेठी (छत्रपति शाहूजी महाराज नगर)	—	—	—	—	—	—	—	—	—
73.	शामली (प्रबुद्ध नगर)	—	—	—	—	—	—	—	—	—
74.	हापुड़ (पंचशील नगर)	—	—	—	—	—	—	—	—	—
75.	संभल (भीम नगर)	—	—	—	—	—	—	—	—	—

***नोटः** प्रदेश के चार नए जिलों–अमेठी (छत्रपति शाहूजी महाराज नगर), शामली (प्रबुद्धनगर), हापुड़ (पंचशील नगर) व संभल (भीम नगर) की जनसंख्या के आंकड़े उन जिलों में ही शामिल हैं, जिनसे इनका गठन किया गया है।*

जनसंख्या वृद्धि

वर्ष	जनसंख्या (1901 से 2011 तक)		जनसंख्या घनत्व (प्रति वर्ग किमी) (1901 से 2011 तक)	
	उत्तर प्रदेश	भारत	उत्तर प्रदेश	भारत
1901	4,86,27,670	23,83,96,327	165	72
1911	4,81,54,921	25,20,93,390	164	77
1921	4,66,72,411	25,13,21,213	159	77
1931	4,97,79,552	27,89,77,238	169	85
1941	5,65,35,170	31,86,60,580	192	98
1951	6,32,19,672	36,10,88,090	215	111
1961	7,37,54,573	43,92,34,771	251	134
1971	8,83,41,521	54,81,59,652	300	173
1981	11,08,62,512	68,33,29,097	377	216
1991	13,91,12,287	84,63,02,688	473	267
2001	16,61,97,921	1,02,87,37,436	690	325
2011	19,98,12,341	1,21,08,54,977	829	382

जनसंख्या संबंधी प्रमुख आंकड़े

सर्वाधिक आबादी वाले पाँच जिले

• इलाहाबाद	59,54,391
• मुरादाबाद	47,72,006
• गाजियाबाद	46,81,645
• आजमगढ़	46,13,913
• लखनऊ	45,89,838

सबसे कम आबादी वाले पाँच जिले

• महोबा	8,75,958
• चित्रकूट	9,91,730
• हमीरपुर	11,04,285
• श्रावस्ती	11,17,361
• ललितपुर	12,215,92

शीर्ष दशकीय वृद्धि दर वाले पाँच जिले

• गौतमबुद्ध नगर	49.1%
• गाजियाबाद	41.3%
• श्रावस्ती	30.5%
• बहराइच	29.3%
• बलरामपुर	27.72%

न्यूनतम दशकीय वृद्धि दर वाले पाँच जिले

• कानपुर नगर	9.9%
• हमीरपुर	11.1%
• बागपत	11.9%
• फतेहपुर	14.1%
• देवरिया	14.2%

शीर्ष जनसंख्या घनत्व वाले पाँच जिले

• गाजियाबाद	3971
• वाराणसी	2395
• लखनऊ	1816
• भदोही (संतरविदास नगर)	1555
• कानपुर नगर	1452

न्यूनतम जनसंख्या घनत्व वाले पाँच जिले

• ललितपुर	242
• सोनभद्र	270
• हमीरपुर	275
• महोबा	279
• चित्रकूट	308

सर्वाधिक साक्षरता वाले पाँच जिले

• गौतमबुद्ध नगर	80.12%
• कानपुर नगर	79.71%
• औरैया	78.95%
• इटावा	78.41%
• गाजियाबाद	78.1%

न्यूनतम साक्षरता वाले पाँच जिले

• श्रावस्ती	46.74%
• बहराइच	49.4%
• बलरामपुर	49.51%
• बदायूँ	51.3%
• रामपुर	53.34%

शीर्ष लिंगानुपात वाले पाँच जिले

• जौनपुर	1024
• आजमगढ़	1019
• देवरिया	1017
• प्रतापगढ़	998
• सुल्तानपुर	983

न्यूनतम लिंगानुपात वाले पाँच जिले

• गौतमबुद्ध नगर	851
• बागपत/हमीरपुर	861
• कानपुर नगर/बांदा/मथुरा	863
• औरैया	864
• जालौन	865

जनगणना 2011 : ग्रामीण एवं नगरीय जनसंख्या और नगरीकरण

क्रम	जिले	ग्रामीण	नगरीय	कुल जनसंख्या	नगरीकरण %
	उत्तर प्रदेश	**15,53,17,278**	**4,44,95,063**	**19,98,12,341**	**22.3**
1.	सहारनपुर	23,99,856	10,66,526	34,66,382	30.8
2.	मुजफ्फरनगर	29,52,200	11,91,312	41,43,512	28.8
3.	बिजनौर	27,57,401	9,25,312	36,82,713	25.13
4.	मुरादाबाद	31,98,383	15,73,623	47,72,006	33.0
5.	रामपुर	17,47,172	5,88,647	23,35,819	25.20
6.	ज्योतिबा फूले नगर	13,81,508	4,58,713	18,40,221	24.93
7.	मेरठ	16,84,507	17,59,182	34,43,689	51.1
8.	बागपत	10,28,023	2,75,025	13,03,048	21.11
9.	गाजियाबाद	15,19,098	31,62,547	46,81,645	67.6
10.	गौतम बुद्ध नगर	6,73,806	9,74,309	16,48,115	59.12
11.	बुलन्दशहर	26,31,742	8,67,429	34,99,171	24.8
12.	अलीगढ़	24,56,698	12,17,191	36,73,889	33.13
13.	महामाया नगर	12,32,015	3,32,693	15,64,708	21.3
14.	मथुरा	17,91,191	7,55,993	25,47,184	29.7
15.	आगरा	23,94,602	20,24,195	44,18,797	45.81
16.	फिरोजाबाद	16,64,987	8,33,169	24,98,156	33.4
17.	मैनपुरी	15,80,087	2,88,442	18,68,529	15.44
18.	बदायूँ	30,37,301	6,44,595	36,81,896	17.51
19.	बरेली	28,79,950	15,68,409	44,48,359	35.3
20.	पीलीभीत	16,79,592	3,51,415	20,31,007	17.30
21.	शाहजहाँपुर	24,12,446	5,94,092	30,06,538	19.8
22.	खीरी	35,60,208	4,61,035	40,21,243	11.5
23.	सीतापुर	39,53,208	5,30,784	44,83,992	11.84
24.	हरदोई	35,51,039	5,41,806	40,92,845	13.24
25.	उन्नाव	25,76,721	5,31,646	31,08,367	17.10
26.	लखनऊ	15,50,842	30,38,996	45,89,838	66.21
27.	रायबरेली	30,97,564	3,07,995	34,05,559	9.04
28.	फर्रुखाबाद	14,69,019	4,16,185	18,85,204	22.1
29.	कन्नौज	13,75,775	2,80,841	16,56,616	17.0
30.	इटावा	12,15,511	3,66,299	15,81,810	23.2
31.	औरैया	11,45,323	2,34,222	13,79,545	17.0
32.	कानपुर देहात	16,22,761	1,73,423	17,96,184	9.7
33.	कानपुर नगर	15,65,623	30,15,645	45,81,268	65.83
34.	जालौन	12,71,074	4,18,900	16,89,974	24.8

क्रम	जिले	ग्रामीण	नगरीय	कुल जनसंख्या	नगरीकरण %
35.	झाँसी	11,65,119	8,33,484	19,98,603	41.70
36.	ललितपुर	10,46,214	1,75,378	12,21,592	14.4
37.	हमीरपुर	8,94,437	2,09,848	11,04,285	19.00
38.	महोबा	6,90,577	1,85,381	8,75,958	21.2
39.	बाँदा	15,23,655	2,75,755	17,99,410	15.32
40.	चित्रकूट	8,95,398	96,332	9,91,730	9.71
41.	फतेहपुर	23,10,740	3,21,993	26,32,733	12.23
42.	प्रतापगढ़	30,33,899	1,75,242	32,09,141	5.5
43.	कौशाम्बी	14,75,140	1,24,456	15,99,596	7.8
44.	इलाहाबाद	44,81,518	14,72,873	59,54,391	24.74
45.	बाराबंकी	29,29,896	3,30,803	32,60,699	10.15
46.	फैजाबाद	21,30,743	3,40,253	24,70,996	13.8
47.	अम्बेडकर नगर	21,17,158	2,80,730	23,97,888	11.71
48.	सुल्तानपुर	35,97,201	1,99,916	37,97,117	5.3
49.	बहराइच	32,03,687	2,84,044	34,87,731	8.14
50.	श्रावस्ती	10,78,712	38,649	11,17,361	3.5
51.	बलरामपुर	19,82,274	1,66,391	21,48,665	7.74
52.	गोंडा	32,08,890	2,25,029	34,33,919	6.65
53.	सिद्धार्थनगर	23,98,606	1,60,691	25,59,297	6.3
54.	बस्ती	23,26,367	1,38,097	24,64,464	5.60
55.	संत कबीर नगर	15,86,652	1,28,531	17,15,183	7.5
56.	महाराजगंज	25,49,973	1,34,730	26,84,703	5.02
57.	गोरखपुर	36,04,766	8,36,129	44,40,895	18.3
58.	कुशीनगर	33,96,437	1,68,107	35,64,544	4.72
59.	देवरिया	27,84,143	3,16,803	31,00,946	10.22
60.	आजमगढ़	42,20,512	3,93,401	46,13,913	8.53
61.	मऊ	17,06,760	4,99,208	22,05,968	22.63
62.	बलिया	29,35,665	3,04,109	32,39,774	9.4
63.	जौनपुर	41,47,624	3,46,580	44,94,204	7.71
64.	गाजीपुर	33,45,908	2,74,360	36,20,268	7.6
65.	चंदौली	17,10,203	2,42,553	19,52,756	12.42
66.	वाराणसी	20,79,790	15,97,051	36,76,841	43.44
67.	संत रविदास नगर	13,48,911	2,29,302	15,78,213	14.53
68.	मिर्जापुर	21,49,403	3,47,567	24,96,970	13.92
69.	सोनभद्र	15,48,217	3,14,342	18,62,559	16.9
70.	एटा	15,06,338,	2,68,142	17,74,480	15.11
71.	कांशीराम नगर (कांसगंज)	11,48,512	2,88,207	14,36,719	20.1

1808

www.ingramcontent.com/pod-product-compliance
Lightning Source LLC
LaVergne TN
LVHW050539160826
845677LV00011B/2101

9789350121368